戦後教育史をひらく

◉編者――米田俊彦・鳥居和代・齋藤慶子・大多和雅絵・松島のり子

六花出版

『戦後教育史をひらく』目次

第Ⅰ部　子どもの生活と教育の接点を問う――学校行事、算数教育、保育・幼児教育

第Ⅱ部　ジェンダーの視点から教育を捉える
――母親教育、女性教員組織、家庭科教育

第Ⅲ部　教育改革の理念と現実を検証する

――高等普通教育、特別科学教育、教師教育

第Ⅳ部　教育・文化の格差と分断を乗り越える
――文明、沖縄、夜間中学校、方言と標準語

まえがき

本書は、戦後教育史に関する論集である。四部に区分してあるが、個々の論文は独立した研究成果である。

筆者はこれまで、学部の卒業論文でも大学院の修士論文でも博士論文でも、学生の研究テーマを尊重し、学生が決めたテーマでの論文執筆を指導、支援してきた（中国教育史をテーマとする留学生にも対応した）。学生は、筆者の中心的な研究テーマ（一九九〇年代頃までは中等教育史、二〇〇〇年代に入って教育制度・政策史）とは関係なく、いろいろなテーマを課題として目の前に現れた。しかし、そんなテーマは指導できない、他の先生のところに行ってほしい、などと言って突き返したことはない。なんとしてでも一定の水準の論文に仕上げるために、自分がそのテーマについて先回りして調べ、それぞれに対応した。七、八人が同時に私のところで卒論を書いたこともあり、その場合はとても大変な思いをしたし、修論や博論の場合はさまざまな文献や資料をきちんと読んで対応しなければならなかった。

二〇〇〇年前後は、まだ戦前あるいは戦後教育改革期のテーマの論文が多かった。学部や大学院のゼミでも、戦前のテーマの文献や資料を取り上げて読んでいた。ところが、二〇〇〇年代半ばを過ぎる頃から、卒論のテーマに高度経済成長以降の時期にかかわるものが増え始め、二〇一〇年代に入るとマスターからドクターへと同様の傾向が現れてきた。学生の研究志向に合わせるためにも、また、論文を指導するたびに筆者自身も現在に近い時期のことに関心を深めてきたので、学部のゼミはほぼ完全に戦後から現代に関する文献や資料を読み合わせるようになり、大学院のゼミでも、戦前と戦後の文献を半々に取り上げるようになった。

筆者を主指導教員とする院生の博士論文は、二〇一〇年度までのものが六本、二〇一一年度以降のものが一〇本ある。二〇一〇年度までの論文のテーマはすべて戦前であるが、二〇一一年度以降の一〇本のうち六本は戦後をテーマとする論文である。さらに、つねに数人ずつ在籍していた中国人の修士課程の留学生は、ほとんど日本の戦後の事象を研究していたので、二〇一〇年代には戦後の研究をしている院生の方が多くなっていた。筆者の研究室の戦後教育史研究への傾斜は、筆者が意識的にそのように仕向けた結果ではなく、集まってきた学生や院生の研究の志向の反映である。本書の執筆に参加したのは、博士論文以来戦後教育史に取り組んでいる人や博士論文以後に戦後教育史を進めてきた人が中心であるが、戦前の教育史を研究し続けつつ、今回の企画に参加して自分の研究テーマについての戦後への見通しを論じた人もいる。

「戦後教育史をひらく」とはどういうことか。筆者が大学院生であった一九八〇年代には、占領軍文書の公開を機に戦後教育改革の研究がさかんになったものの、それ以降の時期についての教育史研究者による教育史研究はほとんど進まなかったと言ってよい。二〇〇七年に刊行された教育史学会他編『教育史研究の最前線』（日本図書センター）には、戦後教育史という括りで研究動向が捉えられていない。わずかに「第3章　中等教育史」において、日本の第二次世界大戦後の動向が項を立てて論じられているが、その最後に「この時期がいまだ歴史研究の対象時期になっていない」と指摘されている。ところが、二〇一八年に刊行された教育史学会編『教育史研究の最前線Ⅱ』（六花出版）は、全一〇章のうちの一つの章を「戦後日本教育史」としている（筆者が執筆を担当）。二〇一〇年代に入って、ようやく「戦後」が一つの時期区分として、日本教育史研究のなかで形をなしてきたのである。

戦前の教育史の研究においては、現代とは異なる天皇制公教育とも呼称される教育制度や戦前固有のさまざまなシステムを前提とするため、教育史研究者は、戦前という時期を固有の対象として、いわば主役として研究を展開することが可能であった。しかし戦後の場合、まず教育を動かすシステムが戦前と異なる（政党と官僚による統治、日教組という教員組合の存在など）から、戦前の教育史の手法をそのまま適用できない。また、教育行政学、教育社会学、教育方法学、社会教育学等の他の教育学の領域が先行して戦後のさまざまな教育事象の解明に取り組んできた。教育史研究は、歴史研究として、その時代の総体（全体的な動向）との関係で、あるいは前後の時期との関係で対象を位置づけることが求められるので、すでに他の専門領域によって明らかにされた知見を、補ったり組み換えたり整理し直したりすることも必要になることが予想される。そういった作業の見通しの上に立って、これから時間をかけて戦後教育史研究を開拓していくというメッセージを込めて、本書は「戦後教育史をひらく」というタイトルを掲げることにした。これをもって「ひらいた」のではなく、これから「ひらいていく」という意味として受けとめていただけたら幸いである。

二〇二四年夏

米田　俊彦

序章　戦後教育史覚え書き

米田　俊彦

はじめに

筆者は、一九八八（昭和六三）年度から一〇年間勤務した東京女子大学で担当した「日本教育史」「教育史」、および一九九八年度にお茶の水女子大学に着任して以来担当してきた「教育史概論」の授業において、少しずつ戦後教育史の内容を増やしてきた。二〇〇九（平成二一）年に学文社の「教師教育テキストシリーズ3」として『教育史』を古沢常雄氏と共編し、日本教育史の部分はすべて筆者が執筆した。そのときは一九六〇年代までしか執筆することができなかった。学部の演習（「教育史演習」「教育制度演習」等）では、しだいに一九七〇年代から二〇〇〇年代に関する文献や資料を読み合わせるようになった。大学院のゼミでも毎年度、前期に戦前、後期に戦後を扱うようになった。加えて、二〇一一年から神奈川県教育史（戦後編）の編纂に関与し、二〇一六年から野間教育研究所の「一九五〇年代教育史」、二〇二二年から「高度経済成長期教育史」の共同研究に参加した。それらで得た知見を毎年概論の授業の内容に少しずつ反映させてきたが、二〇二三年度をもって退職をするため、教育史概論における戦後史の部分の進化が停止してしまう。そこで、これまで改良を重ねて到達した「教育史概論」の戦後の部分（一九五〇年代以降の四回分の授業の内容）の骨子を、ここに覚え書きの形で書き留めておくことにしたい。

なお、教育史概論の授業は全一五回で、欧米の近代化と教育で一回、近世で一回、戦前の日本で八回、戦後改革以降で五回を充ててきた。配付資料を多数用意して授業を進めた（本書には配付した資料の多くを省略した）。授業が終わってからメールで感想、質問などのコメントを書いてもらい、それを一つのファイルに貼り付けて「コメント集」を作り、次の回に受講者に配付した。必要に応じて質問に答えたり、理解が不十分だと思われた箇所の補足資料を配ったりした。試験もレポートも課さず、コメントだけで評価することにしていたうえ、互いに他の学生のコメントを読むことができたので、回を重ねるごとに力作のコメントが増えていった。二〇二一年度までは学科内の教育科学コースの選択必修科目、二〇二二年度から必修科目となった。コースの専門科目であり、同時に幼稚園から高等学校までの教職科目でもある。

第一節　一九五〇年代の教育——政治と教育

(一)冷戦体制と「平和」をめぐる対立

一九四八（昭和二三）年八月に大韓民国、同年九月に朝鮮民主主義人民共和国が建国され、四九年一〇月に中華人民共和国が建国されて中華民国（国民党政府）が台湾に移った。この一連の東アジア情勢の変化により、アメリカの日本占領（軍政）の方針は、民主化から親米化、独立後の同盟国化へと転換した。とくに戦後改革で育成してきた労働組合運動への警戒が強まった。四八年七月に「昭和二十三年七月二十二日附内閣総理大臣宛連合国最高司令官書簡に基く臨時措置に関する政令」（通称「政令二〇一号」）が制定されて、ストライキなどを背景とする公務員の団体交渉が禁止された。この措置は同年一二月の国家公務員法改正、五〇年一一月の地方公務員法制定で確定し、戦後誕生した労働組合としての各都道府県教職員組合やその全国組織としての日本教職員組合（以下、「日教組」）は、それぞれ「職員団体」「任意団体」となった[1]。

一九五〇年六月から朝鮮戦争が始まり（五三年七月休戦）、東アジアにおける東西対立が冷戦から戦争の段階に入った。アメリカは日本の独立と再軍備を要求し始め、平和条約の締結を急いだ。五一年九月にサンフランシスコで講和会議が開催されたが、韓国・北朝鮮、中華人民共和国・中華民国は招請されず、インド等三カ国が欠席、ソ連等三カ国が出席しつつ調印しなかった。日本の侵略戦争についての一つの決着であるはずの条約に、植民地化されて侵略戦争に加担させられた韓国・北朝鮮・中華民国（台湾）や、最大の侵略戦争の被害者である中国が参加しなかったため、処理すべきさまざまな問題がそのまま持ち越された。またアメリカに軍事占領されていた沖縄を切り離した形での日本の独立であった。加えて平和条約と同時にアメリカとの間で日米安全保障条約（以下、「安保条約」）が締結されて、占領軍がそのまま日本国内の基地に駐留軍として残ることになった。第三次吉田茂内閣の与党自由党などの保守勢力は、平和条約や安保条約の締結を急いでアメリカとの親密な関係のもとで復興を進めようとした。一方、アメリカとその友好国のみとの講和は「単独講和」と言われ、すべての関係国との講和（「全面講和」）を求めた革新勢力（社会党、労働組合など）は平和条約や安保条約の締結に反対した。

一九五〇年に警察予備隊が創設され、それが五二年に保安隊、五四年に自衛隊に改組され、再軍備が着実に進展していった。五三年一〇月に自由党政調会長の池田勇人とアメリカ国務次官補のロバートソンとの会談が行われ、日本の防衛力増強について合意したが、同時に本格的な再軍備にはさまざまな制約があることもアメリカは認めた。ただし、「日本政府は教育および広報によって日本に愛国心と自衛のための自発的精神が成長するような空気を助長することに第一の責任をもつ」ことを約束させられた。[2]

労働組合の最大のナショナルセンターであった日本労働組合総評議会（以下、「総評」）が一九五〇年に結成された。総評は平和四原則（全面講和・中立堅持・軍事基地反対・再軍備反対）を掲げて政府・自由党との対決姿勢を強め、この総評の主力組合の一つであった日教組も「平和」を守る運動に傾斜していった（一九五〇年代の日教組にはほとんどの教員が参加していた）。

日教組は、一九五一年一月に「教え子を再び戦場に送るな」をスローガンとすることを決定した。アジア・太平洋戦争において、侵略戦争を正義であると教え、教え子を少年兵に志願させるなど、教員が国家の戦争遂行の担い手にさせられたことをふまえた反戦平和の態度表明であった。[3] また、長田新編『原爆の子』（岩波書店、一九五一年）を日教組は映画化した（五三年七月完成）。映画製作にあたっては多数の広島市民が協力し、教育映画等審査委員会は文部省選定とすることを決めたが、映画が反米的であるとして、自由党内閣の大達茂雄文部大臣は文部省選定とすることを拒否した。[4]

『原爆の子』をめぐる平和教育は青森県で「おとなはばかだ」事件を引き起こした。青森県教職員組合（以下、「教職員組合」は「教組」）が学習帳『なつやすみ二ねんせい』に黒石小学校四年生の「おとな」という次の詩を掲載した。

いまのおとなはばかだ／せんそうをやるからだ／ぼくたちの苦しみも／考えないで／せんそうをはじめている／そのため／ひろしまさピカドンおちて／たくさん人が死んだ／いまのおとなは／こうして人にめいわくをかける

教師で、のちに児童文学作家になる鈴木喜代春が、この詩を自ら編集した文集『みつばちの子』に収録し、それが学習帳に転載されたのであるが、ＰＴＡや教育委員会（以下、「教委」）で「大人に対する子どもの信頼感をそこなう危険がある、道徳教育上も好ましくない」、さらに「思想的な背景がある」といった批判が起こり、「二年生にああした表現で平和思想を徹底させることは難しく、ふさわしくない」という県教委と「あの詩は戦争をする大人はバカだというので、すべての大人がバカだというのではない」と反論する県教組との間で論争となった。(5)「平和」は思想対立のキーワードになってしまったのである。

(二) 教育委員会・勤務評定・学習指導要領

戦後改革で文部省は廃止（中央教育委員会の設置）が検討されたが、結局存置された。文部大臣は内閣の構成員であり、内閣は国会の多数派が組織する。戦後の各内閣の文部大臣は、第三次吉田内閣の天野貞祐《ていゆう》（在任一九五〇年五月―五二年八月）(6)までの七人がいずれも学者であったが、天野の後任の岡野清豪以降は与党の議員が就任した。与党議員が文部大臣であれば、文部省の行政は与党の政策に沿ったものになりがちになる。

日教組は、政府（＝保守与党）に対抗するため、とりわけ「地方公務員法」で労働組合としての地位を失ったことを挽回することを意図して、一九五〇年の参議院議員選挙以降、国政選挙や都道府県教育委員の選挙で、積極的に候補者を立てて選挙運動を行い、政府・自由党の政治を、日本を再び戦争に導くものとして痛烈に批判した。日教組は、五五年の衆議院議員選挙では二〇人、五六年の参議院議員選挙では一〇人の組織候補者を当選させ（ほぼ全員が社会党所属）、全国で社会党等の革新派の候補者の選挙を支援した。たとえば、『山びこ学校』の作者無着成恭《むちゃくせいきょう》は、五三年の衆議院議員選挙に立候補した西村力弥（元山形県教組委員長、社会党（左派））の「応援演説にとびまわり、山元村の古老たちの間に根強くあった『アカ』のイメージを決定づけていた」と、佐野眞一『遠い「山びこ」』に記録されている。(7)

「教育基本法」、「公職選挙法」（一九五〇年）、地方公務員法には教員の政治的中立あるいは選挙運動の制限に関する規定が盛り込まれていたが、日教組は五二年八月に「政治資金規正法」により日本民主教職員政治連盟（五四年に「日本民主教育政治連盟」と改称、以下、「日政連」）という政治団体を結成し、組合員がこの政治団体のメンバーとして選挙運動を行った。五四年には「義務教育諸学校における教育の政治的中立の確保に関する臨時措置法」および「教育公務員特例法の一部改正」（いわゆる「教育二法」）によって、勤務地域外でも教員が街頭で選挙運動をすることなどはできなくなったが、(8)日政連の選挙運動は同様に続けられた。(9)また都道府県や政令指定都市の教育委員選挙でも多数の組合の候補者が当選した（五二年の都道府県委員の半数改選では定員の半数強の七〇人が当選した）。(10)教育委員会は、知事や市町村長に匹敵する教育行政の担い手であるから、誰が委員に就任するかは住民にとって大きな意味をもつ。教組のメンバーが就任することは不可ではないとしても、少なくとも制度はそれを想定していない。

一九五六年には「地方教育行政の組織及び運営に関する法律」（以下、「地方教育行政法」）が制定された。国会審議では日教組出身議員を多数含む社会党議員が激しく抵抗したため、採決にあたって五〇〇人もの警察官が導入されたほどであった。この法律により、教育委員会法が廃止され、教育委員は都道府県知事・市町村長が議会の同意を経て任命することになって住民による選挙は実施されなくなった。また、地方教育行政法は、教育長の任命にあたり都道府県教委は文部大臣の、市町村教委は都道府県教委の承認を必要とし、教委の事務の管理や執行に問題があった場合に文部大臣が当該教委に必要な措置を講ずることを求めることができることとするなど、国（文部省）―都道府県教委―市町村教委の上下の関係を強化し、教育行政を国に集権化することを可能にした。この法律により、日教組推薦の教育委員はほとんどいなくなった。

一九五〇年代後半以降、文部省が教育内容について主導権を発揮し始めた。まず、一九五五年に日本民主党と自由党が合同して自由民主党（以下、「自民党」）が結成された。日本民主党（党首は鳩山一郎、以下「民主党」）は自由党以上に憲法改正・再軍備に熱心で、民主党が主導して自民党が結成されたため、自民党は憲法改正に必要な国会の議席の三分の二の確保をめざした。社会党が議席を減らせば自動的に自民党の議席が増えるという状況にあって、社会党の選挙を全国で強力に支えていた日教組を弱体化させるため、日教組の委員がいなくなった都道府県教委により教員の勤務評定が全国で強行された。教員の勤務状況を校長が評価する制度を導入し、校長と一般教員を分離させて日教組の組織力を弱めようとしたのである。組合側は休暇闘争（ストライキ）を繰り返すなど勤務評定の阻止をめざしたものの、多くの組合員が地方公務員法違反などの容疑で逮捕され、あるいは懲戒解雇、停職、減給などの行政処分を受け、一部の地域では校長だけでなく一般の組合員が組合から脱退するなど、組織が大きなダメージを受けた。しかし、五八年の衆議院議員選挙では、自民党は三分の二の議席を獲得できず、当時の岸信介首相は憲法改正・再軍備を先送りして安保改定をめざすことになる。憲法改正・再軍備に反対する立場からすれば日教組の功績はきわめて大きいが、教員の団体が組織を挙げて特定政党の選挙運動に深くかかわったことの問題は残り、また、組織が弱体化し始めた。

一九五八年に「学習指導要領」が文部省によって告示された。五五年以降に出された学習指導要領にはすでに「試案」の文字が入っていなかったが、この五八年の学習指導要領は「文部省告示」という形式を採用し、決定したことの公示という意味をもたせた。「各教科」に加えて「道徳」「特別教育活動」「学校行事等」の領域が設けられた（高等学校は「各教科」「特別教育活動」「学校行事等」）。五六年に教科書調査官が設置されるなど教科書検定が厳格化しており、これら一連の措置によって、戦後新教育は後退し、いわゆる教科書学習が広がっていった。小・中学校の教科書は六二年の「義務教育諸学校の教科用図書の無償に関する法律」と六三年の「義務教育諸学校の教科用図書の無償措置に関する法律」により無償配布となり、併せて広域採択制度が導入され、教科書会社が少数に限定されて、教科書の統制が進展した。また、学校行事等において「国民の祝日などにおいて儀式などを行う場合には、児童に対してこれらの祝日などの意義を理解させるとともに、国旗を掲揚し、君が代をせい唱させることが望ましい」との規定が盛り込まれた。戦争に国民をかりたてた「日の丸」「君が代」が学校教育に復活し始めた。

文部省は、それまで抽出調査だった学力調査を一九六一年度から悉皆《しっかい》調査に切り替えた。「人材」の分布状況を把握するという産業界の要求に応じたものであると同時に、教科書どおりに授業をしているかどうかを確認するという教育内容や教員の統制の徹底という意図が込められていたことから、各地で教組や父母、生徒による反対運動が行われた。全国一・二位の成績であった香川・愛媛県で大規模な不正が行われたことが発覚し、調査自体の正当性が大きくゆらいだ。

一九五〇年代の政治的対立を通じて、教育について行政機関（文部省や教委）と教組（教員団体）が話し合いをして合意を形成するという慣行が形成されず、多数派（与党）が法律を作り、教組が反対するという対立が繰り返された。現在でも行政機関と教組とが話し合いをしないまま教育の制度や内容が決められ、あるいは教育行政が進められているが、そのスタイルの出発点は一九五〇年代である。

第二節　一九六〇年代の教育——経済と教育

(一)高校進学率上昇と中教審の二つの答申

一九五〇年代後半から高度経済成長が始まった。六〇（昭和三五）年には安保条約改定の賛否をめぐって保革が激しく対立したが、同年六月に改定案が国会で批准され、その直後に岸内閣が総辞職し、七月に池田勇人内閣が発足。一一月の衆議院議員選挙で自民党が圧勝し、池田内閣は六四年一一月までの長期政権となった。池田内閣は、所得倍増政策を掲げて経済成長を最優先しつつ、憲法改正・再軍備については何も言わず、革新勢力とのイデオロギー対立を回避した。池田以降も自民党内閣が続くが、佐藤栄作、田中角栄内閣などほとんどが保守本流内閣であった。保守本流は、吉田茂（自由党）の軽武装、経済成長優先のスタンスを継承しており、自民党結党直後の鳩山・岸内閣のときの、日教組が前面に出て闘うような政治的な対立を引き起こさなかった。そして、労働組合は、経済成長で増えた企業収益や税収の分配をめぐって賃金闘争を展開することになる。

高度経済成長の前半期には白黒テレビ・洗濯機・冷蔵庫が各家庭に、後半期になるとカラーテレビや自動車などが普及した。国産の製品が売れ、増産のために工場が作られ、そこで雇用が生み出され、勤労者の所得が増えてさらに購買力が高まるという循環が形成された。物価も賃金も上昇していくなかで、農家はその成長に取り残される形になった。本来、農家はその土地を子ども（長男）に継がせて家業を守ろうとする。五〇年代半ば頃までは、農家を継ぐためには中学校卒業で十分だと考えられていたが、高度経済成長が進むにつれて農業の将来に不安を抱く農家が増え、長男も就職させるために高校に進学させるようになった。そのため、農村地域では農業後継者が急減してゆき、一九五五年には四一・一%を占めた第一次産業従業者が七五年には一三・八%にまで減少した（国勢調査）。農村地域に中卒・高卒で就職できる企業が潤沢になかったから、多くの中卒・高卒者が東京・大阪・名古屋などの大都市圏の小規模の工場や商店に住み込みで就職した。

高校進学率は、一九五五年の五一・五%から六〇年五七・七%、六五年七〇・七%、七〇年八二・一%と急増し、七四年に九〇%を超えた。五五年から七五年までに短期大学進学率は二・二%から一一・二%に、大学（学部）進学率は七・九%から二七・二%に、それぞれ大幅に上昇した。

高校進学率の急上昇を受けて、文部省は一九六三年六月に中央教育審議会（以下、「中教審」）に「後期中等教育の拡充整備について」諮問した。中教審（会長は森戸辰男）は六六年一〇月、「後期中等教育の拡充整備について」答申した。答申では、「全日制、定時制および通信制の高等学校では、さまざまな生徒の能力と将来の進路に応じた教育が施されているとはいいがたく、教育課程をじゅうぶんに消化できなかったり、ほとんど職業に対する準備もなく就職したりする多くの生徒」がいるとの問題状況をふまえ、高等学校に関しては「職種の専門的分化と新しい分野の人材需要とに即応するよう改善し、教育内容の多様化を図る」こと、とくに定時制・通信制の課程を併置する独立高校を普及させること、各種学校制度や青年学級制度を整備、改善すること、特殊教育諸学校の高等部を拡充すること、高等学校と技能教育施設との連携を各種学校や職業訓練施設にまで拡大することなどを提言した。[11] このまま進学率が上昇すると高校がその教育機能を十分に果たせなくなるとして、高校自体を多様化するとともに、今後増える進学希望者は定時制・通信制併置の高校、各種学校、青年学級、特殊教育諸学校の高等部、高校と技能教育施設との連携施設などに振り分けるという、まさに「後期中等教育の拡充整備」の提案であった。

一九六五年度の全国の各種学校の学校数は七八三七校、生徒数は一三八万人余りで、このうち中・高卒の女子が多く通っていたことが推測される「和洋裁」「和裁」「洋裁」「編物手芸」「料理」「栄養」「家庭」「茶華道」の課程を置く学校の生徒数は六三万一五六六人、さらにそのうち「洋裁」の課程だけで三三万八二五五人を占めていた（学校基本調査）。六三年度の全国の青年学級は、学級数が八五三〇、学級生数が四二万人余りで、このうち一五―一八歳の学級生は一四万人余りだった。高校定時制課程と職業訓練校の連携施設として、神奈川県が技術高等学校を六三年に四校、六四年に三校設置していた。このように後期中等教育の多様化には一定の実態があったが、高校以外の教育施設や高校であっても定時制や通信制の課程は学歴秩序において不利であったことから、高校（とくに全日制）への進学者がそのまま急増を続けていくことになった。

文部省は一九六三年八月に「学校教育法施行規則」の第五九条を改正し、原則として入学者決定にあたって学力検査を実施することとし、同時に、各都道府県教委宛の文部省初等中等教育局長通知「公立高等学校の入学者選抜について」[12]により「公立高等学校入学者選抜要項」を発出したが、その最初の項目で、「高等学校の目的に照らして、心身に異常があり修学に堪えないと認められる者その他高等学校の教育課程を履修できる見込みのない者をも入学させることは適当でない」と指導していた。

高校入学者を制限しようとする文部省や中教審の動向に対し、民間のさまざまな団体によって組織されていた高校全員入学問題全国協議会により、いわゆる「高校全入運動」が各都道府県で展開された。この運動もあって、高校進学率はそのまま上昇を続けていくことになる。

(二)能力主義と学歴主義

ところで、中教審への諮問文にも中教審の答申文にも「能力」という語が頻出する。前記引用文にも「さまざまな生徒の能力と将来の進路に応じた教育」という文言がある。このことについては、一九六三年一月の経済審議会（以下、「経済審」）答申「経済発展における人的能力開発の課題と対策」との関連が指摘できる。同答申は、「戦後の教育改革は、教育の機会均等と国民一般の教育水準の向上については画期的な改善がみられたが、反面において画一化のきらいがあり、多様な人間の能力や適性を観察、発見し、これを系統的効率的に伸長するという面においては問題が少くない」[13]というように、特定個人の能力や適性を伸ばすという観点から戦後教育の限界を指摘したうえで、「教育における能力主義の徹底のために」、「能力の観察と進路指導の強化」、「飛び級」、「能力がなければ入学しても進級や卒業をさせない」こと、「ハイタレントの養成にも関連して、中学と高校を直結する学校を作る」などの実施を提言していた。[14]前記の中教審答申にも、「知的、芸術的その他の面で高度の素質を有する者に対しては、特別教育を効果的に行なう必要がある。そのためには、教育制度の弾力的な運用とその特別な教育方法について検討する必要がある」といった同趣旨の提言が含まれていた。

この能力主義による学校教育の抜本的な制度改革が一九七一年七月の中教審の答申「今後における学校教育の総合的な拡充整備のための基本的施策について」[15]で提唱された。この答申では、「先導的試行」に着手するとしつつ、その方向として「4、5歳児から小学校の低学年までを同じ教育機関で一貫した教育を行う」、中等教育を「一貫した学校として教育を行い、幅広い資質と関心をもつ生徒の多様なコース別、能力別の教育を、教育指導によって円滑かつ効果的に行う」、「小学校と中学校、中学校と高等学校のくぎり方を変えることによって、各学校段階の教育を効果的に行なう」といったことが提言された。小学校低学年までの一貫した教育は、「早期教育による才能開発の可能性の検討」のためとされていた。

この大胆な学校制度改革構想は、これを推進した文部事務次官の天城勲が退任し、大臣官房審議官の西田亀久夫が日本ユネスコ国内委員会事務総長に異動して実施の担い手を失い、ほぼ立ち消えとなった。[16]なお、この答申の本体は実施されなかったが、自民党が答申中の「教員の資質の向上と処遇の改善」という項目に着眼し、教員の給与を一般の公務員よりも優遇して「すぐれた人材を確保」することを主眼とする「学校教育の水準の維持向上のための義務教育諸学校の教育職員の人材確保に関する特別措置法」（一九七四年二月公布）として実現した[17]。また、日教組の運動として六〇年代から教員の超過勤務手当の支払いを求めた訴訟が各地で起こされ、教組側の勝利判決が続いたため、七一年に「国立及び公立の義務教育諸学校等の教育職員の給与等に関する特別措置法」が制定され、教員には四％の教職調整額を一律に支給する代わりに、超過勤務について労働基準法を適用しない（一部の業務を除いて超過勤務手当を支給しない）ことになった[18]。日教組は教員を労働者と定義していたことから超過勤務手当の支給を強く要求していたが、自民党は教職を聖職とみていたため、待遇を改善することには前向きであったものの、勤務時間に対して手当を支給することには否定的だった。

政府の政策としては「能力主義」が掲げられていたが、経済審や中教審の答申で提言された個人の「能力」を識別し、早期に発見して特別に育てるといった仕組みは具体化されず、実際には大企業が学歴（出身校）で採用した社員を終身雇用と年功序列賃金で抱え込んだことから、学歴主義の秩序が広範に形成され、入学すれば卒業できるという日本の学校文化が重なって、高校や大学の入学をめぐる受験競争が激化していった。

この受験競争は、普通科高校の学区拡大によって促進された。戦後、小学区制で出発した新制高校であったが、一九五〇年代には多くの都道府県で中学区あるいは大学区となり、複数（多数）の高校から進学したい高校を選んで受験するようになった。成績上位者は自由に学校を選べたが、中位以下の生徒は、自身の成績に見合った学校にしか行くことができない。普通科に行きたくても工業科や農業科にしか行けない場合などもあり、それだけに志望校を決めるための中学校での試験が一点を争う必死の競争になった。

さらに競争に輪をかけたのが、学校や家庭での市販テストの活用、普及であった。教委も教組も市販テストへの大きな依存は望ましくないと考えていたものの、「まだ多くの父母は、テストに少しでもいい点をとって、いい高校へ、いい大学へ入れたいと考えている。そこから、テストをばんばんやる先生がいい先生だという評価が生まれる」[19]という現実があった。

(三) 教育をめぐる欧米の指標からの離反

一九六六年一二月に国連で「国際人権規約」が全会一致で採択された。日本は、そのうちの「社会権規約」の第一三条第二項の「(b) 種々の形態の中等教育（技術的及び職業的中等教育を含む。）は、すべての適当な方法により、特に、無償教育の漸進的な導入により、一般的に利用可能であり、かつ、すべての者に対して機会が与えられるものとすること」、「(c) 高等教育は、すべての適当な方法により、特に、無償教育の漸進的な導入により、能力に応じ、すべての者に対して均等に機会が与えられるものとすること」の「特に、無償教育の漸進的な導入により」を留保して、一九七九年に批准した[20]。国立大学の授業料は、七一年度の年一万二〇〇〇円から二〇〇六年度の五三万五八〇〇円まで、ほぼ二年ごとに引上げられ続けた。留保したとはいえ、これでは大学教育を受けることが権利ではなくなり、中位以上の社会階層に属する家庭でなければ大学に行くことが困難になってしまった。日本は条約の無償化という趣旨とはまったく逆のことをしていたのである。

また同じ第一三条第二項の（d）が「基礎教育は、初等教育を受けなかった者又はその全課程を修了しなかった者のため、できる限り奨励され又は強化されること」であった。日本で義務教育未修了者の教育を担っていたのは夜間中学校であったが、規約採択と同じ一九六六年に、行政管理庁が夜間中学校の廃止を勧告した。文部省は、学齢生徒が解消されてから夜間中学校を廃止することを企図していたとされる[21]。

一九六六年一〇月に国際労働機関（ＩＬＯ）とユネスコが合同で作成し、採択された「教員の地位に関する勧告」は、「教育職は専門職としての職務の遂行にあたって学問上の自由を享受すべきである」(第六一項)、「教員と教員団体は、新しい課程、新しい教科書、新しい教具の開発に参加しなければならない」(第六二項)、「教員がその責任を果たすことができるようにするため、当局は教育政策、学校機構、および教育事業の新しい発展等の問題について教員団体と協議するための承認された手段を確立し、かつ、定期的にこれを運用しなければならない」(第七五項)といった項目を含んでいる。(22) 文部省は、日教組を勧告されているとおりに尊重せず、日教組もまた、自らを労働団体として自己規定し、文部省との交渉を通じて影響力を発揮しようとしたため、日本ではこの勧告がほとんど空文となっている。

一九六一年にアメリカ・カナダと西ヨーロッパ諸国によりＯＥＣＤ(経済協力開発機構)が発足し、日本は六四年に加盟した。ＯＥＣＤ教育調査団が一九七〇年に来日し、日本の教育政策に関する報告書を作成した。そこには、次のような記載があった。(23)

　多くの都府県では毎月のように模擬テストが行われ、それにもとづいてすべての子どもたちを、それぞれの能力に見合った高校に進学させるための厳密な順位づけがなされている。

　普通高校内部での分化は、とくに一部の府県できわ立ってみられる。一九六九年の文部省調査によれば、二十六の府県において、社会的な評判と入学者の学力水準によって格づけされた七校前後の高校への進学をめざして、一部の生徒が激しく競争している。これらの府県で成績の最下位層がやむなく入学する高校の志気が、どれほど低下するかは想像にかたくない。

経済開発の観点からみても、過度の競争をもたらしている日本政府の教育政策の方向がまちがっていることを指摘している。

一九六〇年代末には全国の大学・高校で長期間にわたる紛争が発生した。そのことの意義を教育史に位置づけるには、まだ研究が蓄積されていない。紛争の原因は、たとえば神奈川県立川崎高校の場合、卒業式、定期考査、単位制、掲示、制服、政治活動への学校の干渉などとされるが[24]、学校それぞれに複雑な経緯があり、安易に一般化することはできない。大学紛争の場合はさらに複雑である。

高度経済成長によって日本は「経済大国」になった。学歴取得をめぐる競争が子どもの活力を引き出し、受験競争の勝利者が評価の高い学歴を取得して、経済発展に貢献しつつ安定した生活を得られた面があったとはいえ、その反面において、学校を息苦しいものにした点も見逃せない。経済と教育の望ましい関係のあり方は、答えのない問いであり続けている。

第三節　安定成長期の教育（一九八〇年代半ばまで）

(一)進学構造の安定、学習指導要領の改定など

一九七二（昭和四七）年には沖縄が本土復帰し、中国との国交が樹立され、放置され続けてきた戦後処理の一部が進んだ。また、七三年の第一次オイルショックで高度経済成長が終了し、低成長時代に入った。池田内

閣の次の佐藤栄作内閣は六四年から七二年までの長期政権となり、この時期に入って、田中角栄内閣（七四年まで）、三木武夫内閣（七六年まで）、福田赳夫内閣（七八年まで）、大平正芳内閣（八〇年まで）、鈴木善幸内閣（八二年まで）、中曾根康弘内閣（八七年まで）と、中曾根内閣以外はほぼ二年ごとに首相が交代したが、全体を通じて自民党の安定政権であった（ただし第二次中曾根内閣は新自由クラブとの連立政権）。中選挙区制度のもとで、自民党は多様な民意を汲み取り、国民各層の幅広い要求に行政的にも予算的にも対応することによって国会で過半数の議席を維持し続けた。

一九七四年（高校進学率が九〇％を超えた年）と八六年における高校と大学への進学率は次のとおりであった（学校基本調査）。

	高校進学率	大学（学部・短大）進学率	大学（学部）進学率	同上（女子のみ）
一九七四年	九〇・八％	三五・二％	二五・一％	一一・六％
一九八六年	九三・八％	三四・七％	二三・六％	一二・五％

大学全体の進学率も学部だけの大学進学率も、わずかにではあるが低下している。この時期には大学・学部の新増設が抑制されていたうえに、一九七〇年に私立大学等経常費補助が開始され、七五年には「私立学校振興助成法」が制定されて（七六年施行）、私立大学の定員管理が六〇年代よりも厳格になったこともあり、進学率は増えていない。女子の学部進学者は若干増加しているが、この時期は学部進学率における男女差が非常に大きく、また、短期大学の進学者はほとんど女子だった。短大卒業者は、企業や幼稚園などに短期就職して結婚するケースが多く、それゆえに四年制大学よりも短期大学の方が都合がよかった。男女の性別役割分業の観

念や慣行が非常に強い時期であった。

一九六八・六九・七〇年に改定（七一―七三年に施行）された学習指導要領では、領域が「各教科」「道徳」「特別活動」となった（高等学校は「各教科」「各教科以外の教育活動」）。五七年にソ連が人工衛星（スプートニク）の打ち上げに成功したことに危機感を抱いたアメリカで、科学技術の進歩に教育内容を即応させた数学や物理のカリキュラムや教科書が作られ、それが日本に紹介された。日本では「教育内容の現代化」という表現が使われて、このときの学習指導要領に反映された。しかし、それが学習内容の難度を上げたため、後述するように授業についていけない児童生徒を増やす結果をもたらすことになった。

一九七七・七八年に改定（八〇―八二年に施行）された学習指導要領では、高等学校でも「特別活動」の呼称が使われるようになった。授業についていけない児童生徒が増えてしまったことを受けて、教育内容を精選し、各教科の授業時数も削減し、授業時数の弾力的な運用ができるようにした。このときの改定は「ゆとりと充実」という言葉で表現された。小学校第四学年で七〇時間、第五・六学年で一四〇時間、中学校第一・二学年で一四〇時間、第三学年で一〇五時間が削減されたが、授業内容を精選しても授業時数を減らしてしまったので、学校生活にゆとりが生まれたとしても、学習そのものにゆとりが生まれたのかどうか、疑問が残る（基本的な内容は確実に身につけるという点が「充実」という言葉に含意されているとみられる）。

一九七九年度から養護学校教育が義務化された。同年度の全国の養護学校の部別の学校数は、幼稚部二四校、小学部六三五校、中学部六二九校、高等部二六三校であった（本校と分校の合計、学校基本調査）。なお、当時の養護学校には「精神薄弱」「肢体不自由」「病弱・身体虚弱」の種別があった。

(二)社会問題としての教育問題

一九七〇年代に入る頃から、教育をめぐるさまざまな問題状況がマスコミに報道され、その問題状況が社会的に広く共有され、あるいは多くの人々の関心事になっていく。そしてその問題状況への対応が教育行政や学校の大きな課題となった。そのような教育問題としては、「落ちこぼれ」「落ちこぼし」、非行・不良化問題、校内暴力、家庭内暴力、登校拒否、いじめ、管理教育（校則、体罰）などがある。

問題の出発点としては、高校進学の普遍化とそれに伴う受験競争の激化の陰で授業内容を理解できない児童生徒が置き去りにされていく「落ちこぼれ」「落ちこぼし」問題があったと考えられる。中学校の教育は高校受験を強く意識したものとなり、授業を十分に理解できない生徒は放置され、中学校で学ぶ意欲を失いがちになる。また偏差値で序列化された高校のいわゆる「底辺校」は「教育困難校」となり、高校の教育課程に準拠した授業が成立せず、生徒の問題行動への対応に追われるようになってしまった。「荒廃」という言葉がしばしば使われるほど、不正常な状態の中学校や高校が現れた。

斎藤茂男が取材し、共同通信社から全国三九の地方新聞社に配信され、七八年一月から七九年三月まで各紙に連載された記事をまとめた著作、『父よ母よ！』(25)には、家庭にさまざまな問題を抱えて逸脱行動に走ってしまった子どもたちの具体的な姿や心情がリアルに捉えられている。次の引用は、ある中学校の春治（窃盗、恐喝、シンナー等の非行）、洋一（家出して盗んだ自動車を運転）という「頭目」が少年院に送致されて不在になった後の、残った不良グループが起こした事件に関する記述である（人名はすべて仮名(26)）。

授業中の教室へズカズカはいってきて、大きな音をたててイスに座ったと思うと、

「つまんねえこと、やっとんなあ！」

と大声でぼやきながら、プイと教室を出ていってしまう。

そうかと思うと、授業中の教室のなかに向けて、爆竹をバンバーンと鳴らし授業を妨害する。廊下を自転車で突っ走る。気にくわない教師を廊下で待ち受けていて、すれ違いざま、顔にたばこの煙をプーッと吹きつける。注意する教師には集団で取りかこみ、ライターの火を顔に近づけ、脅しあげる……。

〔中略〕

その日も一時間目の授業がはじまっているのに、二年生数人が廊下をぶらぶら歩きまわっていた。おとなしく歩いているのならともかく、彼らは教室の戸を開けては、なかで授業を受けている生徒たちに大きな声で呼びかけたり、からかったりして、しきりに気を引こうとしていた。

その日、二年の教室の廊下を受け持っていた張り番の先生は、日ごろからおとなしく、生徒にきびしく接したことのない教師だった。

「やめとけ、やめとけ」

軽くたしなめる程度の先生の態度がかえって火をあおったのか、少年たちはますます調子に乗ってきた。奇声をあげたりしながら、数人はとなりの教室へ移動していった。そこでは瀬尾先生が授業中だった。廊下の騒ぎに気づいていた瀬尾先生は、彼らが自分の教室の戸を開け放ったとき、

「なんやね！　オイ！」

と飛びだしていき、少年の一人を捕まえて壁に押えつけた。

「お前ら、何しとるんや！　はよ教室行って、授業受けなさい！」

気勢をそがれたのか、少年たちはいったん姿を消した。先生はそのまま授業をつづけていた。何分たった

か、それからまもなくのことだ。さっきの少年たちのなかの三人が棒切れを片手に、再び押しかけてきた。

〔中略〕

廊下から校庭へ。一人の腕をつかみ、教室のほうへ連れもどそうとした。そのあとの記憶が、先生にはハッキリしない。グァーンと後頭部に強烈な痛みを感じて、そのまま意識を失ってしまったからだ。先生が少年を追って校庭に出たあと、急に一人が開きなおり、花壇のそばに転がっていたブロックを拾いあげると、思い切りそれを先生の顔に投げつけた。アッと避けようとした瞬間、ブロックは後頭部にまともに命中したのだ。さらにそのあと、少年たちが鉄パイプのようなもので殴りつけたのか、先生が血だらけで病院に収容されたとき、後頭部の打撲だけでなく肋骨も折れる重傷を負っていた。

強い指導をする教師に対する敵意がこのような激しい行為に発展したものと推測される。教師が命を失っても不思議ではないほどの、手加減のない暴力であった。

次の引用は、別の中学校での一九八四年度に発生した「事件」の記録である。[27]比較的記載が多い一一月の記録をそのまま引用する（日にちは算用数字を漢数字に改めた）。

五日　○3男、シンナー乱用　○2男、対教師反抗

六日　○2男間でのいじめ　○3男、施設塗装のため保管していたシンナーを求めて用務員室隣倉庫のガラスを破損し室内に

七日　○3男、再度用務員室隣倉庫のガラスを破損し室内に

八日　○3男女、シンナー乱用　○3男、体育館付帯設備のガラスを破損　○3男、体育館倉庫のガラ

スを破損　〇3男、会議室のガラスを8枚破損
九日　〇3男、校内工事中の業者からセメントを盗難し、プール下に居場所つくり　〇3男、会議室ガラスを破損　〇3女、用務員室ガラスを破損　〇3男、職員更衣室のガラスを破損
一〇日　〇3女、飲酒　〇2男、生徒用机にあったプリント類に火付け
一三日　〇3男女、シンナー乱用中に通報で駆け付けた警察官により補導
一五日　〇3男、シンナー乱用　〇2男間でのいじめ
一六日　〇3男、プレハブ倉庫を破損し板片を燃やす
一七日　〇1男間でのいじめ
一九日　〇2男、対教師暴力
二〇日　〇3男、施錠中の部活動部屋に侵入
二一日　〇3男、校長室に無断で侵入しテレビ視聴
二六日　〇3女、シンナー乱用
二九日　〇3男、シンナー乱用
三〇日　〇3男女、シンナー乱用

「3」などの数字は学年を示している。繰り返し登場する「男」「女」が同一人なのかどうか、またそれぞれが一人なのか複数人なのか、わからない。シンナー「乱用」が多いが、たんなる吸入と区別しているのか、定型句的に使っているのか、不明である。シンナー遊び以外は、ガラス破損などの破壊行為、飲酒、放火、対教師暴力、いじめなどである。一三日には警察官が呼ばれて生徒を補導している。別の月の記録には、教室でロ

ケット花火、消火器四本を授業中の教室に向けて噴霧、近隣の中学校と抗争、といった記載もある。ほとんど毎日何かが起こっているという状態で、教員は落ち着いて授業ができなかったのではないかと推測される。

校内暴力事件としてマスコミで大きく報道されたのは尾鷲市立尾鷲中学校で、一九八〇年一〇月三一日に警察官が五一人も出動して押えるほどの騒動になった。この事件を機に同校の教師集団がのべ三〇時間を費やして出した指導方針は、「生徒が主体的、自治的に活動する生徒集団を育てる」「低学力の克服、わかる授業の創造」「部活動に積極的にとりくむ」「教師の指導力量を高める」「父母との協力体制と強化」であったという(28)。

校内暴力は、一九八〇年代の半ば頃からいじめに転換していったという説明がある。村山士郎『いじめの世界が見えてきた』には次のように書かれている(29)。

七〇年代後半から八〇年代前半に社会問題化した非行・校内暴力は、学校の器物・施設や教師に向けられた直接的な暴力的攻撃性を主とするものであった。そこでは、学校や教師への不満が具体的で、暴力的攻撃の理由が、ある程度明瞭であった。生徒たちは、自己の論理で攻撃する教師を選択していた。その点では、攻撃される側と攻撃する側に一定の因果関係が見えていた。攻撃される側とする側にそれなりの因果関係があるということは、冷静になれば両者を含めた話し合いが成立した。

八四―八六年の中野区富士見中学のいじめ自殺事件などに代表される第Ⅰ期いじめ問題（九四年以降を第Ⅱ期とする）のいじめは、暴力を含む他者攻撃の一種であった。しかし、このいじめ・いじめられ関係には、両者の間に特別の因果関係がないことを特徴としていた。これは、いじめる側にとっては、特定の子どもでなくとも、誰でもよかったことを意味した。なぜなら、攻撃性のエネルギーになっている子どもたちのイライラ、ムカツキ、不安感、抑圧感、恐怖感などの原因が自分たちではつかめない匿名的なもの

になっているためと考えられる。〔後略〕

問題はさまざまな形で発生していたが、最後に、とくに中学校において校内暴力や非行などの逸脱行動を抑えるために管理教育が行われていたことを挙げておきたい。公立中学校では、男子生徒にいわゆる丸刈りを強制している地域・学校が多かった。そのことに疑問を感じた愛知県の中学生が、『朝日新聞』に率直に疑問を書いて投稿し、「論壇」欄に掲載された記事がある。その一部を次に引用する。(30)

「また伸ばせばいいや」と軽い気持ちで入った中学校は、規則・検査・体罰とびっくりすることばかりでした。先生から細かく注意され、短い髪を引っ張られ、スリッパやげんこつでなぐられる子を見ていると、髪を伸ばすどころか先回りして二週間に一度は髪を切るという有り様で、今から考えるとしかられないよう、体罰を受けないようにと逃げまわっていたのです。

〔弁護士会が「丸刈り強制は人権侵す」と勧告したことを知って「僕の人権宣言『僕髪を伸ばします』と言ったところ」―引用者〕先生は「自分の意思か」と聞かれました。僕の中学校で人権宣言するにはとても勇気がいります。高校進学を前に、毎日のように内申書という言葉が出るのに他人の意思で言えることではないのにと、とても腹が立ちました。

一九八五年一一月に熊本地方裁判所で、公立中学校の長髪禁止の服装規定が無効であることの確認を求めた同校の卒業生とその両親が起こした訴訟で、原告敗訴の判決が出されていた。長髪禁止は著しく不合理ではないから違法ではないという論理であった。(31)訴訟では著しく違法とみなされなければ問題がないことになってしまうので、そもそも裁判に教育はなじまない。それにしても、学校に大きな裁量権を与えていることが校則による管理を可能にしていたので、学校の管理職や教員集団が問題を認識しなければ解決し得なかったのである。

第四節　バブル経済以降の教育（一九八〇年代半ば以降）

(一)バブル経済の破綻とその影響

一九八九（平成元）年一一月にベルリンの壁が崩壊し、九〇年に東西ドイツが統一、九一年にはソビエト連邦が解体し、米ソの冷戦状態が終結した。また九三年に非自民非共産八党連立の細川護熙内閣が発足し、いわゆる「五五年体制」が終わりを迎えた。九四年には自民党・社会党・新党さきがけの連立政権（村山富市内閣・第一次橋本龍太郎内閣）が発足し、九六年発足の第二次橋本内閣から自民党単独政権に戻った（社会党は閣外協力）。

一九八九年一一月に総評や全日本労働総同盟（同盟）等が結集して日本労働組合総連合（以下、「連合」）が結成された。日教組も連合に加盟したが、加盟に反対する都道府県教組等が全日本教職員組合協議会を結成、さらに九一年に日本高等学校教職員組合（一橋派）と合同して全日本教職員組合となった。社会党や連合との密接な関係をもち、社会党が細川内閣やそのあとの村山内閣で与党になったことから、日教組は政治的発言力を高めたかに見えたが、社会党が与党になるにあたって日教組は、「日の丸」「君が代」、学習指導要領など重要な教育政策については根本的な批判をしないという文部省との「歴史的和解」を行った。しかも社会党が分裂したり小政党（社会民主党）に転落したりしたため、日教組は教育界における存在感を小さくした。

一九八五年九月、先進五カ国によるプラザ合意により、アメリカの貿易と財政の赤字を解消するために各国が協力することになり、為替相場に協調介入を行った。日本では急激に円高が進展したため、八六年に金融が緩和され、資金が国内に過剰に流され、不動産への投資ブームにより好景気となった。一九九〇年に入って株価が急落し、九一年には地価も下落し始め、不動産への投資が行き詰まって、泡が破裂するように経済の循環が破綻した（いわゆるバブル経済の崩壊）。金融会社が抱えた不良債権の処理が遅れ、九〇年代を通じて不景気が続いた。九〇年代は「失われた一〇年」と言われるが、その後も日本の経済力の低迷が続いたことから、現代までを「失われた三〇年」と言うこともある。

このバブル経済の崩壊による長期間の景気の低迷により、高校卒業者が正社員に就職することが非常に困難になり、高卒での就職を断念して大学に進学する者が増える一方で、正社員になることをあきらめてアルバイトやパートで生活するフリーターや就業も就学もしないニートになってしまう若年層が目立ち始めた。一九八六年と二〇〇〇年と二〇一五年の高校・大学進学率は次のとおりである（学校基本調査）。

	高校進学率	大学（学部・短大）進学率	大学（学部）進学率	同上（女子のみ）
一九八六年	九三・八％	三四・七％	二三・六％	一二・五％
二〇〇〇年	九五・五％	四九・一％	三九・七％	三一・五％
二〇一五年	九六・六％	五六・五％	五一・五％	四七・四％

一九七四年から八六年までの間に横ばいだった大学進学率が、一転して急上昇していったことがわかる。と

くに九〇年代の増加が大きい。これは女子の大学進学率の増加が大きな要因となっている。学部進学率と女子の学部進学率の差が接近しており、二〇一五年には男女差がかなり小さくなった。短期大学への進学者が減ったことの結果であるが、そのため、大学全体への進学率と学部への進学率の差も小さくなってきた。

ただ、大学に進学すれば就職できたわけではない。二〇〇〇年度の大学卒業者五三万八六八三人の卒業後は、就職五五・八％、進学一〇・七％、臨床研修医一・一％、一時的な仕事に就いた者四・二％、上記以外の者二二・五％であった（学校基本調査）。一九九〇年度は就職八一・〇％、進学六・八％、一時的な仕事に就いた者〇・九％、無業者五・六％であった（同前）。九〇年度の方が就職率が二五・二ポイント高く、「上記以外の者」を「無業者」とみなすと無業者が一六・九ポイント低い。大学に進んでも就職できるかどうか、不透明になっていた。そのうえ、前述のとおり国立大学の授業料が引き上げられ続け、私立大学も追随して値上げを続けていたから、大学四年間の学費は大きな負担であった。授業料額が大きいために借りる奨学金の金額も大きく、卒業した時点で大きな借金になった。したがって、大学を出て「無業者」になってしまった場合、そのダメージは大きかった。

(二)新自由主義の教育への浸透

一九七〇年代頃に産業社会からポスト産業社会への転換が進んだ。第一次産業従業者の割合が大きく減少した五五年と七五年の間で、第三次産業従業者は三五・五％から五一・八％に急増していた。ものを作ることを中心とする産業から、商品の流通、広告宣伝、付加価値の付与、あるいはさまざまなサービス業へと中心が移動していく。この産業の中心移動にとって、情報化社会への転換や経済・流通のグローバル化は不可欠であり、八〇年代以降、情報化や国際化が政策課題として浮上してきた。また同時に、経済の競争を活発化させるうえでは、競争に支障をもたらすような規制を緩和、撤廃することも求められ、あるいは公的な領域と考えられていた分野にも民間の競争原理をもち込む動きが出てきた。この新自由主義（市場原理主義）に基づく教育改革を進めようとしたのが、中曾根内閣のもとで内閣に設置された臨時教育審議会（以下、「臨教審」）である（一九八四―八七年）。

臨教審は四回にわたって答申を提出した。答申の内容は多岐にわたるが、生涯学習局の設置（八八年）と「生涯学習振興のための施策の推進体制等の整備に関する法律」の制定（九〇年）、教員の初任者研修（八八年―）、大学入試センター試験（一九九〇―二〇二〇年）、大学設置基準の大綱化（九一年）、大学への飛び入学の制度（九七年―）などさまざまな形で実現していった。答申の趣旨については、とくに「国際化」「情報化」への対応とともに「個性重視の原則」が注目された。それまでの文部省の政策は、どちらかと言えば集団主義的な秩序に適応する人間を重視したものであり、「個性」が強調されることは多くなかった。個性重視は、新自由主義を採用したことの表れであった。

臨教審が審議を終えた直後の一九八九年に小・中・高校の学習指導要領が改定された（一九九二―九四年施行）。八九年の学校教育法施行規則の一部改正で小学校に生活、高等学校に社会に代わって地理歴史と公民の教科が設置された。また各学校の特別活動のなかで、「入学式や卒業式などにおいては、その意義を踏まえ、国旗を掲揚するとともに、国歌を斉唱するよう指導するものとする」と規定された。これまで祝日などにおいて、掲揚・斉唱が「望ましい」としてきたことからの大きな変更である。

一九九一年三月に小・中学校の指導要録が改定され、観点別評価において「関心・意欲・態度」が最初の項目とされ、「知識・理解」よりも上位に位置づけられた。関心・意欲・態度を伸ばしていけば個性の形成につながるという意味もあり、また同時に、生涯学習社会において、関心・意欲・態度によって成人になってからもいつでも学んで新しい知識や技能を身につけ、たくましく生きていけるという意味もあったが、関心・意欲・態度が知識・理解よりも重視されることには、さまざまな疑問や批判が出された。

一九九八・九九年に学習指導要領が改定された（二〇〇二・〇三年施行）。「総合的な学習の時間」が領域に加わった。基礎・基本を身につけさせ、自ら学び自ら考える力など「生きる力」を育成することを趣旨とした。また教育内容を厳選し、「ゆとり教育」をアピールした。しかし、学力低下批判があり、さらにＯＥＣＤの学習到達度調査（ＰＩＳＡ）の順位が低下したこともあり、二〇〇三年に学習指導要領の一部が改正され、学習指導要領の内容をすべての児童生徒に確実に指導したうえで、学習指導要領に示していない内容を加えて指導することができることとした。ゆとりから脱ゆとりへの路線転換の始まりであった。

二〇〇七・〇八年に学習指導要領が改定された（二〇一一―一三年施行）。「生きる力」の育成、基礎的・基本的な知識・技能の習得、思考力・判断力・表現力等の育成のバランスを確保するといったことが趣旨とされた。授業時数が増やされ、「脱ゆとり」が本格化した。また小学校に外国語活動が導入された。

(三) 教育問題の深刻化

一九九〇年に兵庫県立神戸高塚高校で校門圧死事件が起こった。朝の登校門限時刻に教員が重い門扉を閉め、登校して来た女子生徒が頭を挟まれて死亡した。登校時刻厳守のために門扉を閉めるという生徒指導の方法としても問題とされたが、安全を十分に確認せずに機械的に閉めてしまうほどに教員が学校の生徒管理の体制に組み込まれていることにも批判が集まり、この頃から厳しい校則や違反者に対する体罰を含めた処罰による生徒管理が少しずつ緩和されていくことになる。

登校拒否・不登校の生徒の割合は増加を続けた。中学校の「学校ぎらい」（一九九七年度まで）および「不登校」（一九九八年度以降）の生徒の割合は次のように推移した（九〇年度まで年間五〇日以上、九一年度以降は三〇日以上、学校基本調査）。

一九七〇年度　〇・一五%　　一九八〇年度　〇・二七%　　一九八五年度　〇・四七%
一九九〇年度　〇・七五%　　一九九五年度　一・四二%　　二〇〇〇年度　二・六三%

このあと二〇〇〇年代はほぼ横ばいが続く。一九九五年度からは年間三〇日以上に対象が拡大してからの数値なので多めになっているが、それにしても一九七〇年代から九〇年代にかけて一貫して不登校の生徒が増加し、その増加を止められなかったということが明らかになる。九五年から臨床心理士等のスクールカウンセラーが学校に配置され[32]、不登校などの生徒の対応にあたってきたが、配置されるカウンセラーの人数あるいは学校に滞在する日数・時間が少なかったためか、増加を抑えるような結果にはつながっていない。

義務教育における不登校とともに高校中退問題が一九七〇年代頃からの教育問題の一つと認識されるようになったが、その原因や背景が変化してきた。八七年に刊行された小林剛『高校中退』の「まえがき」には、いじめに加えて「高校入学の目的や動機、学力の問題、非行や怠学の問題、対人関係、家庭環境など」高校中退は「さまざまな要因を背景にもってい」ると書かれていて、とくに貧困の問題に焦点はあてられていない[33]。ところが、二〇〇九年に刊行された青砥恭『ドキュメント　高校中退』では、「第七章　終わりに」で「中退した若者たちの親もまた、貧困の中で育ってきた。日本の貧困は特定の階層に固定化している。日本社会は社会移動ができない社会になっているのである」、「中退後の若者たちは不安定雇用と低賃金の連続で貧困の蟻地獄の中にいた。高校を中退したあとの彼らの生活はきびしい。正規雇用の可能性はほとんどない。生涯にわたって、アルバイトなど非正規雇用と失業がくりかえし続く」と、貧困問題との関連を指摘している。[34]

(四)二〇〇〇年代の教育改革

一九九九年頃から新自由主義や地方分権改革の流れを受けた新しい動きが次々と試みられた。法律の制定や改正のレベルから行政の施策のレベルまでさまざまであるが、目立った動きとしては、介護等体験、教員の人事考課制度、指導力不足教員問題、教員免許状更新制、公立小中学校の通学区域の指定の弾力化（学校選択制）、完全学校週五日制、教育特区、学校運営協議会、教育基本法改正、全国一斉学力テストの実施（再開）、などといったことが挙げられる。二〇〇〇年代はかなり活発に教育改革が行われた時期であった。しかし一方で、学校教育にとっても社会教育にとっても要の位置にある教育委員会が形骸化したままになっていた。

一九五六年の地方教育行政法で教育委員が首長による任命制となり、全体としてはあまり活発に議論が行われない会議になった。日常業務は常勤の指導主事等が文部省からの通知を頼りに進めることが常態化した結果、地方分権的な制度でありながら、文部省の指導助言が全国で同じように実施されるようになってしまった。一九九二年に教育委員の準公選をすすめるための全国連絡会と全国革新議員会議が五都道府県・五四市・五町・八区合計七二委員会を対象に行った調査によれば、月一回以下しか会議を開いていない委員会が八五％（最多は中野区の月四回）、一年間に傍聴者がまったくいなかった委員会が三六％（最多は中野区の五三六人）、傍聴者に発言が認められない委員会が九二％などであった。[35]中野区のみが活発なのは、同区で教育委員が準公選で選ばれていたためである。

二〇一一年一〇月に大津市で中学校二年の男子生徒がいじめを受けて自死した事件があった。一一月と一二月の大津市教委定例会にいじめ事案が報告された際に、教育委員長を含む五人の委員から意見も質問も出なかったという[36]。このいじめ自死事件では、教育委員会がいじめが原因ではなかったかのように問題を隠蔽しようとしたことがマスコミから批判され、教委には任せられないとして、大津市長が第三者委員会を設置した。この大津市教委の対応のまずさが契機になって、二〇一三年に「いじめ防止対策推進法」が制定され、あるいは二〇一四年の地方教育行政法の一部改正で教育委員長職が廃止され、その役割は教育長が果たすことになった。しかし、現在に至るまで、教育委員会の会議の活性化が進展しているとは言いにくい。

(五)子どもの権利条約と国連子どもの権利委員会からの勧告

一九八九年に国連で子どもの権利条約(日本政府の正式呼称は「児童の権利に関する条約」)が採択され、日本は一九九四年に批准した。しかし、さまざまな教育問題への対応にあたっても、教育改革をめぐる議論でも、子どもの権利条約が参照されることはほとんどない。

国連子どもの権利委員会は、子どもの権利条約の実施状況に関する報告を受けて、一九九八年、二〇〇四年、二〇一〇年、二〇一九年にそれぞれ「最終所見」を提示してきた。いずれも実施状況が不十分であることを指摘したものであった。このうち二〇一〇年の最終所見のポイントについての、国連子どもの権利委員会(the Committee on the Rights of the Child, 略称CRC)の委員による解説から、三カ所を引用しておく(「パラ」はパラグラフの略、パラグラフの番号は漢数字に改めた)[37]。

CRCは、高校授業料不徴収と子ども手当の増額・拡大を歓迎しました(パラ一九)。しかし、これらの措置によって、貧しい子どもたちがその人格の全面的発達を効果的に確保されるものであるとは納得できませんでした(パラ六六)。さらに日本政府が貧困に的を絞った現状分析を行っている様子を見出すことができませんでしたし（パラ二一）、物質的貧困を超えた包括的な行動計画も見当たりませんでした。

教育制度の高度に競争主義的な性格に関わっての日本政府からの回答は、少子化が競争を弱めるということを示唆するものでした。私は因果関係が逆転していると思いました。高度に競争主義的な教育制度が少子化を引き起こしている、つまり、高度に競争主義的な教育制度の負担を考慮して、若いカップルが子どもを持つことを抑制していると考えていたからです。

さらに懸念の対象となったのは、教育再生会議が、学校制度を、学力の高い子ども用のそれと、そうでない子どものそれに二分しようとしていることでした。教育再生会議は、さまざまな興味を持った子どもに等しく価値のある学校を提供するのではなく、エリート用の学校から学力の低い子どもを排除しようとしているのです。

教育再生会議は、第一次安倍晋三内閣により二〇〇六年に内閣に設置され、二〇〇八年一月に廃止された。高校授業料不徴収と子ども手当は、民主党政権下で実施された政策である。一九六〇年代に欧米の指標から離れて教育の権利（人権）という側面を軽視し続けてきた結果、国連子どもの権利委員会からこのような厳しい指摘を受けているのである。二〇一九年の最終報告でも同様に日本政府の政策が批判されている。(38)

おわりに

戦後教育史は、時期によって、その時期の教育をよく示す事象が異なり、また取り上げる事象によってその時期の教育の見え方が違ってくる。制度の変化で教育が変わるわけではないので、戦後教育史の叙述は難しい。そもそも教育史の研究の蓄積がほとんどないので、教育史の授業で一九五〇年代以降（とりわけ七〇年代以降）を扱う大学教員は少ないかもしれないが、学生はすでに二〇〇〇年代生まれであり、小学校に在学したのは二〇一〇年代である。学生が体験した教育と、それまでの教育の歴史とをつなげることも重要であり、そういう努力が、大学教育における教育史という授業科目の意味を高めることになるのではないかと思って、手探りで授業内容を作ってきた。この覚え書きが教育史の授業を担当する教員の参考になれば、幸いである。

注

（1）教員組合の法的位置づけについては、広田照幸編『歴史としての日教組　上巻』名古屋大学出版会、二〇二〇年、第四章「法的地位の変化とその影響」（徳久恭子）に詳しい。

（2）『朝日新聞』一九五三年一〇月二五日「池田・ロバートソン会談覚書」。

（3）ただし、日教組が戦中の戦争協力を組織的に総括、自己批判した痕跡は見当たらない。なお、松元賢次郎は、「戦時期を教師として過ごした者の大部分が、教師としての自身の戦争責任を明らかにしてこなかった」という長浜功の指摘（長浜『昭和教育史の空白』日本図書センター、一九八七年、九〇―九一頁）を紹介しつつ、長浜が視野に入れなかった「戦争教育の記録運動」を明らかにしている。松元が取り上げたのは山形県教職員組合の運動であるが、ほかに山梨県、福井県、埼玉県、静岡県、広島県、岡山県で記録集が作成されたことを指摘している。いずれも一九五〇年代末である。松元「教師の戦争責任を問うた教師たち――「戦争教育の記録運動」、その始まりと展開――」、立教大学史学会『史苑』第七七巻第一号、二〇一六年。

(4) 日本教職員組合編・刊『日教組十年史』一九五八年、八三六―八三七頁。

(5) 『朝日新聞』一九九一年七月一一日「空白への挑戦　原爆の子　12　反戦詩に変更批判　教委と教組真っ向対立」。

(6) 天野は文部大臣在任中に「国民実践要領」を作成し、その中で愛国心を取り上げたり天皇への「敬愛」を求め、革新勢力からの批判を浴びた。

(7) 佐野眞一『遠い「山びこ」―無着成恭と教え子たちの四十年―』文藝春秋、一九九二年、二二八頁。

(8) 地方公務員法では勤務地以外での活動は禁止されていなかった。

(9) 米田俊彦「政治団体としての日本教職員組合―日本民主教育政治連盟の誕生と政治活動―」「1950年代教育史」研究部会『1950年代教育史の研究』序章付論、公益財団法人野間教育研究所、二〇二二年。

(10) 『日教組教育新聞』一九五二年一〇月一〇日。

(11) 文部科学省ホームページ　https://www.mext.go.jp/b_menu/shingi/chuuou/toushin/661001.htm（二〇二四年八月九日閲覧）。

(12) 『現代日本教育制度史料　24』東京法令出版、一九八七年。

(13) 経済審議会『経済発展における人的能力開発の課題と対策』大蔵省印刷局、一九六三年、一五頁。

(14) 同前書、四六頁。

(15) 文部科学省ホームページ　https://www.mext.go.jp/b_menu/shingi/chuuou/toushin/710601.htm#11（二〇二四年八月九日閲覧）。

(16) レオナード・Z・ショッパ著、小川正人監訳『日本の教育政策過程　1970～80年代教育改革の政治システム』三省堂、二〇〇五年。

(17) 山田寛『人材確保法と主任制度』教育社、一九七九年。

(18) 山崎政人『自民党と教育政策―教育委員任命制から臨教審まで―』岩波書店、一九八六年、九四―九八頁。

（19）『神奈川新聞』一九七二年六月二六日「教育　かながわ広場」欄、「市販テスト追放運動の周辺　いい点とっていい学校　深い病根」。
（20）外務省ホームページ　https://www.mofa.go.jp/mofaj/gaiko/kiyaku/index.html（二〇二四年八月九日閲覧）。
（21）大多和雅絵『戦後夜間中学校の歴史―学齢超過者の教育を受ける権利をめぐって―』六花出版、二〇一七年、一四三頁。
（22）「教員の地位に関する勧告」、解説教育六法編修委員会編『解説教育六法1996 平成8年版』三省堂、一九九六年。
（23）ＯＥＣＤ教育調査団編著、深代惇郎訳『日本の教育政策』朝日新聞社、一九七六年、三八・三九頁。
（24）神奈川県立川崎高等学校六十年史編集委員会編『神奈川県立川崎中学校・高等学校六十年史』神奈川県立川崎高等学校、一九八七年。
（25）斎藤茂男『父よ母よ！』上下二巻、太郎次郎社、一九七九年。
（26）同前書（上巻）、一九七―一九九頁。
（27）酒井徹「児童生徒の問題行動の発生を抑止する学校づくりをめざした考察」、日本教育実践学会『教育実践学研究』第二三号、二〇二〇年。
（28）川上敬二（三重県尾鷲中学校）「尾鷲中学校の再生」、日本教育学会『教育学研究』第五一巻第一号、一九八四年、二〇―二二頁。
（29）村山士郎『いじめの世界が見えてきた』大月書店、一九九六年、四九―五〇頁。
（30）杉江匡「先生、僕髪を伸ばします　丸刈りでないと指導ができないの？」、『朝日新聞』一九八八年一二月三〇日、「論壇」欄。
（31）最高裁判所のホームページに掲出されている「校則一部無効確認等請求、服装規定無効確認等請求事件」の判決文による。
（32）浦野エイミ「スクールカウンセリングの歴史と実際―〝チーム学校〟の導入を見据えて―」『熊本大学教育

実践研究』第三六号、二〇一九年。
(33) 小林剛『高校中退』有斐閣、一九八七年、i頁。
(34) 青砥恭『ドキュメント高校中退—いま、貧困がうまれる場所—』筑摩書房、二〇〇九年、二三〇頁。
(35)『朝日新聞』一九九二年一一月一日「教育委員会　全国72カ所調べたら　傍聴ゼロが36%　傍聴しても発言認めず92%」。
(36)『朝日新聞』二〇一二年七月一二日「いじめ報告、質疑ゼロ　昨年末の会議　大津の教育委員5人」。
(37) ロタール・クラップマン（講演）「日本政府に対する最終所見のポイント—構造化された子どもに対する侮蔑を日本政府は自覚すべき—」、民主教育研究所『人間と教育』第六八号、二〇一〇年。引用は八—九頁、九頁、九一一〇頁。
(38) 子どもの権利条約市民・NGOの会編『国連子どもの権利条約と日本の子ども期—第4・5回最終所見を読み解く—』本の泉社、二〇二〇年。

第I部

子どもの生活と教育の接点を問う

——学校行事、算数教育、保育・幼児教育

第一章

建国祭における児童の役割と学校教育への影響に関する一考察

橋本　萌

はじめに

本稿は、戦前期に実施された建国祭の推進・拡大が、子ども、加えて学校教育（初等教育機関）へ与えた影響について考察を行うものである。民間有志により発起された行事において子どもがどのような役割を果たし、学校教育ではいかに受容され、取り組んだのか明らかにすることで、紀元節における行事の役割とその受容構造について解き明かすことを意図する。この作業により戦後の祝日儀式の実態や「建国記念の日」の制定と学校教育について考える基礎を提示できると考えた。

建国祭とは、もともと紀元節として定着していた祝日において、新たな国家的イベントを創設したもので、一九二六（大正一五）年二月に第一回が執り行われた。この建国祭の提唱者は赤尾敏（右翼団体建国会）であるが、積極的な推進者として永田秀次郎（東京市市長などを歴任）、丸山鶴吉（東京市助役、警視総監など）の存在があり、第一回は永田秀次郎が準備委員長を務めた。建国祭は民間有志が発起した行事ではあったが、官製的な意味を持つことで拡大した。「行政当局に支援された半官半民団体の運動」であったことが先行研究で明らかにされている。[1] 建国祭本部は日本青年館に置かれ、連合青年団と青年館が実務を担ったとされる。東京における第一回の建国祭では、芝公園、靖国神社、上野公園の三会場で式を行い、行進して二重橋に集結、午後は代表が明治神宮参拝を行った。その後午後六時より、日本青年館大講堂で「建国の夕」を開催し、舞踏、浪花節、劇などの催しがあった。「こうした集会、デモ行進、夜の行事はこの後東京のみならず各地建国祭の基本的パターンとなっ[2]」た。

建国祭の根拠となる建国神話がどのように教育されていたのかという点について、先行研究で検討されているが、[3] これまでの研究では、建国祭自体が学校教育に与えた影響や子どもたちが果たした役割にまで検討が及んでいない。また建国祭の拡大と企画内容の多様化の状況を整理する必要があるが、こうした作業は進んでいない。本稿ではこの基本パターンとされた行事内容から発展して、子どもが参入していった過程とその役割に焦点を当てていく。建国祭は「広く国民に建国神話に親近感をもってもらうため〔中略〕楽しい行事を取り揃え」ることで、「建国神話を秩序維持に利用しようとした試み[4]」であったと古川は評している。思想統制という側面のみではなく、経済活動、娯楽、政治等の諸側面から、国家的行事を分析しようとするものであるが、子どもが果たした役割は分析の余地がある。子どもは、こうした国家的行事にただ参加するだけの存在ではない。こうした行事を演出する「装置」としても機能したと考えられるのである。

第一節　学校教育における紀元節

祝祭日の起こりは、一八六八（明治元）年明治天皇の誕生日を天長節として創設したことに始まる。一八七二年に神武天皇が即位したとされる紀元前六六〇年を日本の起源とする太政官布告が出された。一八七三年一月四日太政官布告第一号において五節句が全廃され、同年一〇月一四日太政官布告第三四四号をもって元始祭・新年宴会・孝明天皇祭・紀元節・神武天皇祭・神嘗祭・天長節・新嘗祭の年八度の祭日・祝日が定められた。一八七八年に春季・秋季の皇霊祭が加えられ、年一〇度となった。(5) 大正期の祝祭日は一九一二（大正元）年九月四日公布勅令第一九号によって定められ、(6) 昭和期の祝祭日は、一九二七（昭和二）年三月三日、勅令第二五号によって一一の祭日及び祝日が定められた。(7) 大正期と昭和期の違いは①天長節の日付（大正期は八月三一日。炎暑を理由に、二カ月後の一〇月三一日に「天長節祝日」が設定されていた）、②明治天皇祭（七月三〇日）にかわり明治節（一一月三日）が創設されたこと、③新たに大正天皇祭（一二月二五日）ができたことであった。

学校儀式に関する規定が初めて定められたのは、一八九〇（明治二三）年に公布された第二次小学校令においてであった。翌一八九一年に小学校祝日大祭日儀式規程が制定された。これによって御真影拝礼、教育勅語奉読、校長訓話、式歌斉唱などからなる学校祝日儀式の基本形が定められた。この規定では「新年宴会」を除き、「一月一日」を加えた国家祝日大祭日に儀式を行うこととしたが、後に三大節のみに学校儀式を行うよう変更した。またこの儀式の定着には、「祝菓」の配布があった。(8) 紀元節は官公衙《かんこうが》学校で挙式を行い、国旗を掲揚するということが定着した。そして昭和期には学校儀式の厳格化が進んでいった。(9)

祝祭日儀式は荘厳な雰囲気の中、形式が重視され厳格な規定のもと実施された。学校儀式は戦前の学校教育

表 1-1　建国祭式典参加団体並参加人員表

年	1926	1927	1928	1929	1930	1931	1932	1933	1934	1935	1936	1937
参加団体（団体）	—	取り止め	250	426	530	748	5,147	1,837	6,105	不明	不明	不明
参加人員（人）	180,927	取り止め	58,213	62,905	92,830	96,595	3,049,575	2,198,951	5,973,456	不明	6,533,062	7,809,844
挙行報告箇所	—	—	—	—	—	—	—	—	—	不明	6,672	7,163

（注）　建国祭本部『昭和九年建国祭記録』116 頁参照。1934 年までは「挙行報告箇所」の記載がなかった。1936 年については『昭和十一年建国祭記録』、1937 年については『昭和十二年建国祭記録』を参照。1938 年以降の参加団体、参加人員については確認ができていない。

において絶対的なものであった。ただその厳格さゆえに児童生徒との心理的距離を縮めることはなかった。

第二節　建国祭拡大状況

建国祭の成立・推進については、先行研究において提唱者の思想的背景や動きについて明らかにされているところである。[10] 建国祭の拡大について参加人員、参加団体の状況を明らかにしたのが、**表1―1**である。

第一回建国祭（一九二六年）の参加人員は一八万人で、翌年の第二回は服喪につき取り止めとなった。一九三二（昭和七）年には参加人員の激増が確認できる。同年から式典における全国ラジオ中継放送が開始されたことは、建国祭拡大の素地となったであろう。児童作品展覧会が開催されたのもこの年からである。また一九三四年に六〇〇万人に迫る人員が参加したのは、前年一二月の皇太子の誕生を奉祝する意味合いが付加されたためであった。同年の参加団体の所在地には、「朝鮮、台湾、樺太、関東州、海外」も含まれており、海外には「亜米利加」などがあり、「北亜米利加州ランポーク市日本人会」主催による「建国紅白餅投げ」が実施され「日本人会の手により建国紅白餅を作り当日餅投げを行つて非常に人気を博した。あたかも故郷に帰つた感をいだかしめ母国を追憶するに充分であつた」と記されている。[11]

一九三六年からは「陸上式典」「海上式典」「空中式典」とそれまでの行進行列のみならず、「汽艇を有する水上各種団体」や「民間飛行団体、学校、会社」による式典の拡大が確認できる。[12] 一九四〇年の紀元二六〇〇年に関わる奉祝記念行事に対して建国祭本部の担った役割は大きいものであったといえるが、[13] 奉祝式は一一月一〇日であり、[14] 本来二月一一日の紀元節に合わせた行事としての建国祭とは異なっているため、紀元二六〇〇年と子どもたちの関わりについては他稿に譲ることとしたい。

当初、建国祭は参加対象者として地方自治体と社会教育団体、宗教団体等を視野に準備を進め、[15] ラジオ放送等メディアの参加により拡大していく。加えて家庭生活に関わる行事も取り組まれていった。

第三節　「梅の節句」と子どもたち

(一)梅の節句——家庭まつりの趣旨とその受容

梅の節句の提唱、そして実施は一九三一（昭和六）年からであった。梅の節句は、建国祭を家庭にまで広めることを意図したものだった。建国祭委員より案内された梅の節句の趣旨は次のようなものであった。

桃の節句、菖蒲の節句と子供中心の楽しい行事が古くから行はれてゐるが国の誕生日、国のお正月たる紀元節は官公衙学校の挙式だけに止つて国民一般の家庭に於ては単に国旗を掲揚するだけで赤飯の一つも焚いてお祝ひするといふことが尠いのは遺憾である。〔中略〕家庭は何といつても子供中心の生活が主体となつてゐる幼い子供が建国に因んだ飾り物をし季節の梅の花常磐に色変らぬ松などを生け甘酒、赤飯、お餅、水菓子などを供へて紀元節を中心に家庭まつり（梅の節句）とすれば不識不知の間に建国の精神を涵養されることと思ふ。(16)

「桃の節句」のような民衆の習俗を例に「国の誕生日」を祝う行事として構想している。「家庭は何といつても子供中心の生活」であるとし、「子供」が飾り物や供え物をして家庭で紀元節を祝うことがめざされ、これによって幼い子どもに「不識不知の間に建国の精神」が養われると考えられた。建国祭本部は学務部長、視学官、東京市各区小学校長代表、府下各郡の代表校長を日本青年館に招き梅の節句の趣旨を説いた。(17)東京市教育局では、梅の節句の構想について「建国祭本部では、是非此の日を中心に家庭に於ても何か意義あることを行ひたい何か子供を中心としたお祝をしたいと云ふことになり、こゝに新しく、紀元節を中心として梅の節句を提唱することになつたが、本市教育局にも此の梅の節句の提唱に賛同されたき旨の来意があつた。／本市教育局でも校外教育に力を注いで居る折柄、時宜に適したものとなし充分の応援を行ふことになつて、過日市立小学校、実業補習学校、中、女学校の校長に対し、藤井〔教育〕局長より夫々、この梅の節句に対する本市の意向と希望とを伝へ、又それらの代表者と当日催物等に就ても協議するところがあつた」。(18)

建国祭を推進した一人であり地方改良運動で活躍した石田伝吉によれば「建国祭の趣旨を一層深く、明徹すべく更に建国祭の趣旨を家庭まで行はるゝやう梅の節句として新らしく提唱さるゝことゝなつた」という。梅にした由来は「松竹梅」の一つとして「古来からの目出度きを寿ぐの表象」を意図したものだった。(19)「節句」は近代化を意図して一度は否定したものであったが、官公庁において太陽暦に変わろうとも民衆の暮らしが一変するわけではなく、その後も「節句」行事は継続した。とくに大正新教育の流れの中で、「生活」への着目があり、学校教育への節句行事の流入が見られる。ただし「生活」への着目という側面だけで、学校教育における節句行事が隆盛したわけでもないことが、節句人形の販売に現れている。(20)雛人形を天皇皇后に見立てたり、天皇家における子、孫の出生に伴い、初節句の人形が献上される慣行なども、節句行事の広がりに影響を与えたと考えられる。つまり、百貨店に代表されるような「大衆消費文化」(21)の中で、「皇室ブランド」(22)を利用し、それを楽しむ近代的生活の定着があった。勅令で定められた祝祭日がナショナルイベントとして定着にするには心理的な距離があった。学校における厳格な儀式こそが、「大衆消費文化」との接続を妨げていたと考えられるが、建国祭という「祭」を演出することで心理的な距離を縮めることが可能となった。

梅の節句は「子供を中心とした家庭まつり」として提案されている。具体的には、「飾りもの」「供へもの」「行事」を行うことが推奨された。飾り物として「建国に因んだ」人形、「三種の神器になぞらへたもの、それに日月旛、武具」、「建国掛図」などの室内飾り、屋外には国旗の掲揚と、提灯などが提案されている。子どもの手工作品などもあげている一方で、建国祭本部で売り出している「建国掛図」を紹介している点は、商業的である。「供へもの」については、「建国団子」なるものが考案された。「行事」には、筆頭に「神詣」が掲げられ、氏神詣について述べられている。その他は遊びが示されている。「建国かるた、建国双六」「建国凧あげ、建国追羽子」と、もともと行われている遊びに「建国」という付加価値をつけている。「子供を中心にたのしく元気に建国の回顧と明日への希望を味はせたい」と考えられており、子どもを中心に家庭で紀元節に親しむことが意図されていた。(23)

この行事は一般にどのように受け止められたのであろうか。この点について一九三三年二月の「大邱支部報」に掲載された文章が残されている。

「梅のお節句」!!　何と云ふよい名をつけたものであろうか！　「紀元節」とは明治の始めに日本の三大節の一つとして制定せられて以来の六十年の大文字である、が残念な事には官庁と学校との範囲を僅か計り出たに過ぎなかつた。／それと同体の「建国祭」の名によつて此の数年以来紀元節が全民衆に拡充されて来た――「建国祭」の名によつて、勃然たる国民的自覚と大日本建国の大精神、大理想が明快に全国民に徹底して来た誠に結構な事であつた。然し是れでもまだ、街頭の大声たるの憾みが多分に有つた。／然るにそれと同体の「梅のお節句」に依つて此の国民的大祭典、大祝典の紀元節が、更に街頭から完全に家庭に拡充徹底して来ました。〔中略〕／私には七つと五つの二人の子供がある、彼等には「紀元節」や「建国祭」ではサッパリ響かぬ、「梅のお節句」に至つて始めて桃のお節句、菖蒲のお節句の連想からニコニコと我意を得たりと喜ぶ、自分のものと踊ります。母は子によつて働く、即ち温かい家庭で、談笑の裡に乳飲児の時から己に建国の大精神に触れしめ、自ら国民精神を涵養せしめる事が出来且つ全家族が家庭で紀元節を祝ふ事が出来る。[24]

「紀元節」を「建国祭」として祝うことも、「街頭の大声」程度に物足りなさを感じていたのが、「梅のお節句」とすることで、乳幼児期から国民精神を涵養させ、全家族が家庭で祝えることに意義が見出されていた。「梅の節句」は、「子供中心」の家庭的行事として企画考案されたものだった。「子供中心」という発想は、新教育の教育思想を彷彿とさせる。「子供中心」という言葉が響くような家庭にとっては「梅の節句」が意味を持ったと考えられる。またこうした層は「大衆消費文化」に親和的であったことが想像される。

一方、日中全面戦争突入以後、一九三九年二月八日の『朝日新聞』には、梅の節句に対して非難の声が掲載された。「他の節句に伍して新たに節句を設定せんとするには、伝統を重じなければならない。況んや国家の最大祝典たる紀元節と相関連せしめんとするにおいてをや。／紀元節は国家の四大節の一つであるが、節句は単なる季節的行事に過ぎぬ」、「紀元節は建国を記念し、肇国の理想を宣布する最も厳粛な国家的一大祭日である。これに第二義的意味を附加して、その荘厳と神聖を疲弊すべきでない。我等は寧ろ「梅」に代ふるに「榊」を以てし、合掌三拝して皇祖建国の大精神を奉祝したいと思ふ」[25]と述べられている。新たに「榊」を提示し、「合掌三拝」して祝うことを提案している。節句といった季節的行事のようなあり方は、「国家的一大祭日」には相応しくないと考えられた。国家の祝祭の「荘厳と神聖」に価値を見出し、大衆化に対して危機感を持つ者もいた。厳格な祝祭日儀式への揺り戻しを志向する流れは常に存在したと考えられる。子どもたちにとって、「荘厳と神聖」といった価値観は学校における紀元節の儀式において保たれ、建国祭といった「祭」からは影響を受けることはなく棲み分けが続いていく。

(二)梅の節句の童謡――紀元二六〇〇年に向けて

建国祭本部は紀元二六〇〇年を記念して建国祭「梅の節句」童謡を懸賞募集した。「特に栄誉ある皇紀二千六百年の祝典を明年に控へて居りますこの時にこそ『梅の節句』が名実共に重要なる国民年中行事となります様努力せねばなりません。依つてその一助として『梅の節句』を讃へる童謡を作成し第二国民たる児童をして広く高唱せしめたく、茲に『梅の節句』童謡募集をする次第であります」との趣旨であった[26]。一九三九（昭和一四）年二月から三月三一日までの二カ月程の期間で、応募総数三一四二編が集まり、入選発表は七月一日に行われた。審査委員には井上赳（文部省図書局編集課長）、西条八十（早稲田大学教授）、沢崎定之（東京音楽学校教授）、小尾範治（日本放送協会教養部長）、村岡花子（日本放送協会）、佐藤謙三（元東京市視学）、宮川仁蔵と古谷敬二（建国祭本部幹事）の八名であった。一等（賞金二〇〇円）を獲得したのは東京市世田谷区烏山町に住む

人物であった。(27)

第四節　建国祭における学校教育の利用

梅の節句は家庭を基盤として「建国精神」を浸透させようとしたものであった。くわえて建国祭へ効率的に子どもを取り込み、全体への波及効果を狙うため学校教育が利用された。たとえば「建国祭児童作品展覧会」や「建国祭児童学芸会」といった行事は、学校における教育成果の発表との関連が挙げられる。また、各学校でもこうした行事が実施された。

(一)建国祭児童作品展覧会

建国祭児童作品展覧会（以下、「建国祭展覧会」）は一九三二（昭和七）年から取り入れられた行事である。第五回目となった一九三六年の建国祭展覧会では、明治神宮外苑日本青年館で二月九日から一一日までの三日間展示が行われた。出品は東京市内全小学校児童を対象として、出品物は図画、手工、工業（手芸を含む）、書方、綴方にくわえて、建国凧、建国羽子板などとされた。「紀元節・建国祭・梅の節句等ニ因ム創作品」に限らず、「一般的創作品」も対象となっていた。出品の形式、陳列、搬入搬出などの細かい規定があり、建国祭本部実行委員展覧会係が取り仕切っていたようである。(28) 建国祭展覧会の概況について、一九三四年では年々出品数が増加し、優秀品の審査、陳列が大変であったこと、また参観者も「三日間に十万人を突破」したほどの盛況ぶりであった。「作品も他の会場に於ては到底見ることの出来ぬ程の優秀品許りで、文字、絵画、手工品、作文

表 1-2　1937 年建国祭展覧会における東京市長崎第四尋常小学校の出品作品

【手工】半鐘	1年男	花籠	3年女（2名共作）	文鎮	5年男	建国凧	6年男
計数器	1年女	アルバム	3年男	クッション	5年女	建国凧	6年男
人形の家	2年女	三重塔	4年男	フランス人形	5年女	建国凧	5年男
兵隊	2年男	状差	4年女	彫刻	6年男	建国凧	5年男
家	3年男	状差	4年女	鏡掛	6年女	羽子板	6年女
【図画】	3年男						

（注）　東京市長崎第四尋常小学校『校報』4、正興舎印刷所、1937 年、70-71 頁。

――児童の心理に強く、正しく、建国精神が知らず知らずの裡に培かわれて、第二国民の使命をはたすに充分なものがあつた」と評価されている。[29] 一九三七年では「参観者も三日間に渡つて引きも切らず詰掛け、会場も混雑を極め整理に大童となつた。とくに建国羽子板と建国凧とは、非常なる呼び物となつて業者の注目を引き優秀品を持帰つた程であつた」[30] という。同年、東京市長崎第四尋常小学校では、**表 1-2** の作品を出品していた。

建国祭という趣旨に合わせて建国凧の出品数が多い。ただ、「人形の家」や「フランス人形」というような作品も含まれており、さまざまな教育成果物の展示が許容されていたことが確認できる。

一九四〇年の建国祭展覧会は主催を建国祭本部と帝国教育会とが名を連ね、文部省が後援した。『帝国教育』の誌上「紀元二千六百年建国祭全国児童作品展覧会（公告）」では、「紀元二千六百年を迎ふるに当り建国祭の主旨を全国民に徹底せしめ聖戦下に於ける日本精神の昂揚に資するため帝国教育会並びに建国祭本部共同主催にて左記要項に依り全国児童作品展覧会を開催せんとす、よつて各位には此の趣旨に賛同せられ、奮つて御協力・御参加せられんことを切望す」とあり、紀元二六〇〇年を迎えるに当たっていっそう建国祭の趣旨を全国民に徹底させ、日本精神の昂揚に繋げたいという意図が示されている。会期は一九四〇年二月三日から一一日までの九日間で、会場は東京市上野公園・東京府美術館が予定されていた。出品種目は「図画、手工、書方」であった。[31] 実際の様子は『帝国教育』に写真付きで報告されている。「全館一ぱいに

表 1-3　1940 年建国祭展覧会の会期と来場者数

第一日	第二日	第三日	第四日	第五日	第六日	第七日	第八日	第九日	合計
4,699 名	13,471 名	4,634 名	4,797 名	7,327 名	8,312 名	8,719 名	45,999 名	46,540 名	144,498 名

（注）『帝国教育』第 737 号、1940 年 3 月、83 頁。

陳列せられた作品は総て肇国の由来に因んだ悠久の国体を偲ぶにふさはしいもの、日本精神を十分に発揚したもののみで、その数凡そ二万点である」とされ、その規模について「此の種催しものとしては、未だかつて見ない大規模の展覧会である」と評している。陳列にも苦労があったことが語られているが、盛会だったことは来場者数からも明らかである。八日目、九日目（二月一〇日、一一日）の両日は、場内整理のため「途中一時正門の鉄扉を閉し、押し寄せた場外群集整理のため、警察官並に騎馬巡査の応援を見た程の大盛況」だった[32]。

一九四二年の建国祭展覧会は二月九日から一一日までの三日間の日程で行われ、国民学校児童の団体参観で賑わっていたことが報じられている[33]。一九四三年の建国祭展覧会（二月四日―一一日、上野日本美術協会）では、国民学校児童作品に加え、「なほ海軍省軍務局の斡旋で模型戯艦二十、模型航空機二十八、艦隊写真二十、飛行機写真五十、図面五を陳列するほか、マカッサル小学校児童一、二、三年生の代表図画作品五十点も加へられる」と報じられていた。日本軍占領下のインドネシアの小学校と推測される[34]。

建国祭展覧会開始当初は「一般的創作品」も対象に含め、三日間程度の開催であったが、一九四〇年には紀元二六〇〇年に合わせて規模を拡大し、選出された作品も「日本精神を十分に発揚したもののみ」と変化した。一九四三年頃には軍事的な情勢が建国祭展覧会にも影響した。海軍省による模型戯艦等の展示は、時局を端的に表している。また新たに植民地下においた地域の学校の作品の展示が計画されたのだった。

(二)建国祭児童学芸会

建国祭児童学芸会（以下、「建国祭学芸会」）の始まりは一九三三年で、二月一一日、一二日の二日間にわたって実施され、参加申込者は一四〇〇名であった[35]。第二回の建国祭学芸会は二月一〇日、一一日の両日にわたって日本青年館大講堂で実施された。第二回は前年の皇太子誕生を祝した特別な催しであった。同年は建国祭学芸会が東京中央放送局によって全国中継放送された。開会にあたり建国祭委員長丸山鶴吉が挨拶を行い「非常時日本の時局に対する国民の覚醒を促がされ、建国祭に対する一般認識を一層深からしめられた」と学芸会の趣旨を述べた。建国祭の行事でも皇太子誕生奉祝の意を込めた取り組みがなされていたが、建国祭学芸会のプログラムにもその傾向が表れている。たとえば本所尋常小学校の「可愛い、皇子様」の童謡、永田町尋常小学校の「御降誕奉祝」という学校舞踏が行われた。そのほかにも、二日目（一一日）午前の部では東京府豊島師範学校附属小学校が「皇子生れ給ひぬ」という学校ダンスを披露し、二日目午後の部では神田区小川尋常小学校が「皇子さまお生れになつた」という童謡を歌い、東京府青山師範学校附属小学校は「皇太子殿下の御誕生を寿ぎ奉りて」という体育ダンスを踊った。その他、建国祭学芸会の演目は、「建国精神」を発揚するような題材が選ばれているが、そればかりに偏らず一般芸術的、また童心主義的な演目が含まれていた[36]。

建国祭にふさわしい題材を用いた脚本について建国祭学芸会研究部が書籍をまとめている[37]。建国祭委員長後藤文夫ら一八名を顧問にすえ、建国祭学芸会主任佐藤謙三のほか建国祭関係者が四名、東京府視学、東京市視学、国民学校校長が三名、訓導が六名、その他、顧問でもある東京中央放送局文芸部一名、児童劇作家斎田喬、日本児童劇協会常任理事で日本児童文化協会常任理事の伊達豊の合計一九名が編纂委員として名を連ねた。『建国児童劇集』には「第一編　建国祭」に一題材、「第二編　伝統」に一三の題材、「第三篇　建設」に一五の題材の合計二九篇の題材が掲載されている。同書を貫く子ども観について、当該期建国祭委員長であった後藤文夫の思想が反映されている。後藤は「伸々した、線の太い子供らしさを……」と要望し、研究部側は「大国民として無限の発展性と指導性とを持つ、剛健明朗な生々した児童の姿」という子ども観のもとに、取り組んだ。つまり、「建国の理想」「皇国の道に則る」子ども観（子ども像）とは、「大国民として無限の発展性と指導性」を持つ存在であり、「剛健明朗」な子どもが想定されている。

編集の方針として「建国の理想に基づくこと、建国の鴻業を鑽仰することの意味で、取材其の他を日本的性格のものとすることにし、従来の国際主義的立場を去り、日本的なるもの、絶対性と普遍性の中から建設と指導の理念を見出すことにした。時間的には幽遠な神代の古より、溌剌として躍動する現代迄の間と、更に、発展して止まない将来に向つて迄も取扱ふことにし〔中略〕紀元の佳節を心から奉祝し、建国祭に勇躍参加する処に、其処に限りない日本人的感激と衿持とを持つて、行動や生活等の発展を図り、建設と指導の理念を示唆するやうな文化財の生産をと企図したのであった」と記されていた。つまり「時間的には幽遠な神代の古より」続く日本の優越性を説き、帝国主義的思想を含むと考えられる「建設と指導」のため、「日本的性格」をもつ「文化財の生産」として本書が刊行された。

建国祭に直接関わる内容として、「第一編」には、「第三編」に収められた「建国祭」「紀元節の朝」を収録することが検討されていたようだが、「梅の節句」の一題材のみとなった。「第一編」は「紀元二千六百年の建国祭行事より取材したものを輯めることにした。／建国祭の行事の描写によつて雰囲気を作り、児童が何等かの形で之に参加し、大人の建国祭と繋がりを持つ児童の建国祭を構成して頂くことにした」ものであった。

そこで「第一編」に収録された、ただ一つの題材である「梅の節句」について具体的にみていくことにしよう。この題材は、落合聡三郎という東京市太子堂国民学校訓導によって作成されたもので、脚本の冒頭に示された作者の言葉では「『梅の節句を宣伝するための劇』といふ与へられた課題に取組んだ作品であります。梅の節句の趣旨、奉祝要項等、盛り沢山な注文を出来るだけ子供の生活に溶け込ませようとしました」とある。

【脚本の概略】　二月一一日紀元節の午後、絹江（六年生）、健治（四年生）、四郎（一年生）の三人姉弟の家庭における梅の節句の模様が描かれている。急に叔父さんの迎えに出かけた母の帰りを待ちながら、姉弟は家庭における学芸会の準備をしている。絹江の友人が来訪し、持参した梅の花や武者人形、成績品等の飾り付けを進める。健治の友人には、本当に家庭で梅の節句をやるのかと疑われるが、家の飾り物（神武天皇が描かれた掛図，建国雛、成績品等）や建国団子を紹介して回る。母からの電話で帰宅の知らせを聞いて学芸会が実施できることになり、一度退出した友達を再び呼びに行くところで幕が閉じる。

「梅の節句」の児童劇は建国祭における飾りや食べ物を紹介し、また「梅の節供の歌」や建国にちなんだ「かるた」の場面なども含まれていることから家庭での祝い方の見本を示し、一般に普及させようという意図が感じられる。家庭における学芸会は児童劇関係者の中で推奨されており、日常風景のように演じられる脚本によって家庭的雰囲気を重視したものであった。

(三)各小学校で行われた催物

東京市内小学校では建国祭に合わせて行事を実施した。その内容は多種多様で、紀元節の儀式のように定式化したものではなかった。建国祭本部主催の「建国祭展覧会」や「建国祭学芸会」といった大きなイベントに合わせて、学内で展覧会や学芸会が実施された。それ以外にも各校独自の催物が行われていたことが表1―4

表 1-4　1934 年紀元節奉祝建国祭に際して行われた東京市各区小学校における催物実施数

	展覧会	学芸会	講話	挙式	建国の夕映画会	梅ノ節句節	大行進	旗行列	神社参拝	運動会	凧揚会	追羽根	ポスター作成掲出	武道大会	建国料理	かるた会	座談会
麹町			1		1												
神田	5		2		1							1	1				
日本橋	2		2	1	2												
京橋	2	2	1											1			
芝	9	6	7	1		5							2		1	1	
麻布	2	1	1		1	1							1				1
赤坂	2	1															
四谷	1	4		1		4							2	1			
牛込		2															
小石川		2	1	1													
本郷	2		3	2		1	2			1							
下谷		1	3		1	1											
浅草	4	5	2	1	1	4	1										
本所	11	9	6		1	1							3				
深川	3	8	1	2		3					1					1	
品川	1	1				1											
目黒					1												
荏原	1																
大森	2																
蒲田	1	1	2														
世田谷	7	2	1			2											
渋谷	11	7	5	2		3			1				3				
淀橋																	
中野	1																
杉並	7	3															
豊島	5	3															
滝野川																	
荒川	11	10	2			1		1		1							
王子		1															
板橋	8	7	1	1													
足立																	
向島	5		2			1							2				
城東																	
葛飾																	
江戸川	4	1				1					1		1		1		

（注）　建国祭本部『昭和九年建国祭記録』（奥付なし）、62-63 頁の間に挿入されていた表を参照した。

から明らかである。各区や各学校の判断で取り組まれたため、熱量が異なっていた様子が浮かび上がる。

（四）「学校ニ対スル勧奨」事項の提示

建国祭は、学校外における行事として実施されてきたが、建国祭本部は一九三七年の計画から「勧奨事項」を提示した。「学校ニ対スル勧奨」、「各種団体ニ対スル勧奨」、「町会並商店関係ニ対スル勧奨」、「興行関係ニ対スル勧奨」、「一般家庭ニ関スル勧奨」、「其ノ他ニ対スル勧奨」がある。「学校ニ対スル勧奨」は次の通りである。「（一）中学校ニ対シ左記事項ヲ勧誘《ママ》スルコト／イ、式典ニ参列／ロ、神社参拝／ハ、建国資料展覧会／ニ、野外演習、弁論会、体育会等／ホ、生花大会（女学校）、（二）小学校ニ対シ左記事項ヲ勧誘《ママ》スルコト／イ、児童作品展覧会／ロ、学芸会／ハ、凧揚会／ニ、追羽根会／ホ、梅ノ節句飾／ヘ、其ノ他ノ事項ハ中等学校ニ準ズ」[38]。中学校そして小学校に対して、建国祭に関連した行事を行うことを勧めている。

これらは「勧奨」とされており、強制力があったとは言えない。一方で、明らかに教科外活動の推奨拡大につながったであろう。一九三九年には東京府の国民精神総動員実行部より府下市区町村及び団体に対し建国祭への参加呼びかけが確認できる[39]。国民精神総動員運動との繋がりの中で、強化されたと考えられる。

おわりに——教育成果を競い合わされ、「慰め」として利用される

建国祭学芸会は一九四三（昭和一八）年まで確認できる。「日本橋久松国民学校肇各区代表の国民校《ママ》三十五校と高師、師範附属校代表として豊島附属国民校《ママ》が参加、府市教育関係者、文化団体関係者各国民校《ママ》児童二千

五百名が参集」した。演目には「情報局募集少国民文化一等当選作品」が含まれるなど、趣向を凝らした音楽、舞踏劇等が披露された。まさに建国祭学芸会の催しは「明るく健全な少国民芸能文化」と報じられる内容であった。[40] 昭和戦前期に隆盛した芸能文化は映画、舞台演劇等さまざまな分野に拡大していた。それを消費する主体も大人に限られたものではなく、子どもたちも含めて娯楽に興じた。建国祭での行事は、娯楽を公認のもとに享受できるという旨みがあったため戦時下まで継続した側面があった。一九三二年より建国祭の式典が、一九三四年には建国祭学芸会がラジオ放送されたことで、国内外広範囲においてこの催しが共有された。一九三九年の建国祭学芸会は「戦地へ贈る学芸会」として「戦地にあるお父さん、ラヂオで僕たちの学芸会を聞いてください」との子どもの発言があったようだ。これを受けて、「後藤元内相」が「きつと戦地にある兵隊さん、中にはあなた方のお父さんや兄さんもきかれてゐるかも知れません」と挨拶したようである。[41] 中継放送で建国祭の様子が放送されていたようであるが、具体的にどの地域まで聴取が可能だったのかは不明である。当該期中国でもラジオ放送が普及していた。[42] 戦地の兵士への慰問という意味だけでなく、ラジオ聴取者が遠い戦地へ出兵した家族を思い、家族の繋がりを思い描く時間にもなりえた。つまり子どもたちと建国神話に慰められた側面があったと考えられる。

本稿では、戦前期に実施された建国祭の推進・拡大が、子ども、加えて学校教育へ与えた影響について検討してきた。建国祭の拡大は、紀元節を楽しむ心理的な親しみを醸成することで子どもたち、そして学校教育へ少なからぬ影響があった。またラジオ放送、新聞記事による報道は全国各地、植民地へも広がりを持っていた点でその影響力を過小に評価することはできない。それ以上に建国祭の行事を学校教育に取り込むことは、紀元節の祝い方について変更をもたらした。つまり祝祭日学校儀式にくわえ、建国祭に連なる学芸会、展覧会のような教科外活動が、よりいっそう重視されることになっただろう。ただし学校儀式の厳格な雰囲気を緩めるとあらゆるものを国民統合の装置へと仕立てる危険を孕むものでもあった。

建国祭は厳格な儀式を伴う祝日を、半官半民の組織によってイベント化することで、大衆化を可能とした。子どもたちはイベントを楽しみながら、大衆化の装置の一つとして役割を果たした。くわえて建国祭展覧会や建国祭学芸会に出品、出演を許された学校は、学校の名誉（児童個人の名誉）と感じ、熱心に取り組むことになる。教育成果物への競争原理が、国家的イベントへのさらなる熱狂に繋がっていた可能性は否定できない。

終戦後、一九四五年一二月ＧＨＱの神道指令により、国家神道の排除、天皇の神格化の否定がなされ、祝祭日儀式の存続も問われることとなった。一九四六年二月の紀元節では学校儀式における軍国主義的超国家主義的な要素は排除することが求められたものの、文部省側は神道指令に抵触しないように留意しつつ、四大節学校儀式の存続をはかった。一九四六年一〇月九日「国民学校令施行規則の一部改正」（文部省令第三一号）により四大節学校儀式について指示する箇所が削除され儀式内容への論及がなくなったが、儀式の挙行義務に変更はなかった。一九四七年四月学校教育法及び同施行規則の施行により、学校儀式挙行の強制は廃止されたものの、各学校の裁量のもと祝日の学校儀式が継続された。当該期、九二％が紀元節を祝う必要があるとの世論調査の結果を受け、紀元節を含む形で祝日が検討されたが、ＧＨＱは紀元節に対して懸念を示し排除が決まった。一九四八年七月二〇日「国民の祝日に関する法律」（法律第一七八号、以下、「祝日法」）が成立・施行されることで四大節は廃止され、国民の祝日が制定された。(43) これを受けて、神道青年全国協議会会員等を中心に紀元節復活運動が取り組まれた。(44) 紀元節の復活までには、時間を要したものの周知の通り、一九六六年祝日法が一部改正され、二月一一日が「建国記念の日」と定められた。これにより天皇制神話と学校儀式の復活を成し得たかに思えたが、日教組を中心とする革新勢力の反対により、学校儀式の挙行は一部の県にとどまり、多くの道府県では「休日」として式典などは実施されなかった。[45] 時の為政者による天皇の権威復権という目論見に加え、「休日」を求めるポピュリズムが紀元節復活運動の世論を後押ししたわけだが、こうした素地を考える時、戦前の建国祭が担っていた役割を再考せずにはいられない。建国神話は、国旗・国歌のような「モノ」や行事といった「コト」の中で生きながらえ、「喜び」や「楽しみ」といった記憶を足掛かりとして、国家による国民統合の理念であり続けている。

歴史は戦前戦後といった切れ目で一変するものではなく、その理念や体制が変化しながらも引き継がれてきた側面がある。戦後教育史を描き出す上で、建国神話と道徳教育、愛国心教育、歴史教育（教科書問題）、祝日学校儀式の問題といった課題は、戦前の教育の歴史を考えなければ解き明かすことのできないものである。一九六六年の祝日法の改正と同年に中央教育審議会「期待される人間像」が答申されたことの関連についても今後の課題としたい。

注

（1）赤澤史朗『近代日本の思想動員と宗教統制』校倉書房、一九八五年、四一―四九頁。
（2）尾川昌法「建国祭の成立―日本主義と民衆・ノート―」『立命館文学』第五〇九号、一九八八年、三八八―四一五頁。
（3）古川隆久『建国神話の社会史』中央公論新社、二〇二〇年。
（4）同前、一一八頁。
（5）原武史・吉田裕編『岩波 天皇・皇室辞典』岩波書店、二〇〇五年、三六二―三六三頁。

（6）『官報』第三一号、一九一二年九月四日、四九頁。
（7）『官報』第五一号、一九二七年三月四日、九三頁。
（8）佐藤秀夫編『日本の教育課題　第五巻』東京法令出版、二〇〇二年、一一〇―一一二頁。
（9）小野雅章『御真影と学校：「奉護」の変容』東京大学出版会、二〇一四年。
（10）前掲「建国祭の成立―日本主義と民衆・ノート―」。
（11）建国祭本部『昭和九年建国祭記録』（奥付なし）、一一六頁。
（12）建国祭本部『昭和十一年建国祭記録』（奥付なし）、二二一―二二三頁。
（13）古川隆久『皇紀・万博・オリンピック　皇室ブランドと経済発展』中央公論新社、一九九八年、一七五―一七六頁。
（14）同前、一八八頁。
（15）永田秀次郎によれば、「建国祭宣言書」「建国祭綱領」を作成、配布し「全国各府県知事郡長市町村長、在郷軍人、青年団、少年団、神道仏教基督教其他の教化団体」に対し協力を求めたという。永田秀次郎『建国の精神に還れ』実業之日本社、一九二六年、四頁。
（16）石田伝吉『梅のもつ興国性』文書堂、一九三一年、二一二頁。
（17）「梅のお節句　建国の古をしのび　紀元節を家庭的に　建国祭本部でその誕生運動」『朝日新聞』一九三一年一月一三日、朝刊七面。
（18）「紀元節を中心として　梅の節句の提唱」『東京市公報』一九三一年一月三一日、一六七頁。
（19）前掲『梅のもつ興国性』二〇〇―二〇一頁。
（20）とくに関東大震災以後、東京の百貨店が雛人形を組物として売り出したことでさらに広まったという。一般社団法人日本人形玩具学会編『日本人形玩具大辞典』東京堂出版、二〇一九年「節句飾り」一八五頁。是沢博昭によれば雛人形は、内裏雛の左右の位置を宮中の御座および御真影奉掲にならうことが主張され、一九三三年改訂の国定教科書の挿絵に影響を与えたと『青い目の人形と近代日本―渋沢栄一とL・ギューリックの夢の行方』世織書房、二〇一〇年において言及している。

(21) 神野由紀『百貨店で〈趣味〉を買う　大衆消費文化の近代』吉川弘文館、二〇一五年。
(22) 前掲『皇紀・万博・オリンピック　皇室ブランドと経済発展』、iv頁。同書では「皇室ブランド」とは「皇紀のほか、天皇家の歴史、天皇の即位や長期の在位記念、皇族など、イベントや運動の大義名分となる皇室関係の言葉や概念、人物をさす」とされている。
(23) 石田伝吉『更生の日本と梅の花』地方改良協会、一九三三年、六〇―六二頁。
(24) 生駒義博編集、原田光子発行『原田愛中佐』一九三八年、【非売品】と記載あり。一九三八年に戦死した陸軍中佐が少佐時代に執筆したものだという。
(25) 「梅の節句」『朝日新聞』一九三九年二月八日、朝刊三面。末尾に「香山朱桜寄」とある。
(26) 『官報』第三六二五号、一九三九年二月六日、二二四頁。
(27) 『官報』第三七四五号、一九三九年七月一日、六三頁。
(28) 前掲『昭和十一年建国祭記録』、五一―五三頁。
(29) 前掲『昭和九年建国祭記録』、四四―四五頁。
(30) 建国祭本部『昭和十二年建国祭記録』（奥付なし）、七一頁。
(31) 「紀元二千六百年建国祭全国児童作品展覧会（公告）」『帝国教育』第七三二号、一九三九年。
(32) 「紀元二千六百年建国祭全国学童作品展覧会」『帝国教育』第七三七号、一九四〇年、八一―八六頁。
(33) 「児童作品展賑ふ」『朝日新聞』一九四二年二月一〇日、夕刊二面。
(34) 「建国祭　必勝の祝典　多彩の行事が決る」『朝日新聞』一九四三年一月三一日、朝刊三面。
(35) 「非常時の建国祭」『朝日新聞』一九三三年二月八日、朝刊三面。
(36) 前掲『昭和九年建国祭記録』、四九―五三頁。
(37) 建国祭にふさわしい題材を用いた脚本については、建国祭本部編『建国児童劇集』帝国教育会出版部、一九四二年を引用し分析した。
(38) 前掲『昭和十二年　建国祭記録』、四―八頁。
(39) 「全市『君が代』一色　紀元節の『奉祝時間』」『朝日新聞』一九三九年一月二一日、夕刊二面。

(40)「学童の建国祭学芸会」『朝日新聞』一九四三年二月八日、朝刊二面。
(41)「戦地へ贈る学芸会」『朝日新聞』一九三九年二月一三日、朝刊一一面。
(42)戦時下のラジオ放送に関する研究として、貴志俊彦・川島真・孫安石編『戦争・ラジオ・記憶　増補改訂』勉誠出版、二〇一五年、井川充雄『帝国をつなぐ〈声〉―日本植民地時代の台湾ラジオ―』ミネルヴァ書房、二〇二二年等を参照。
(43)戦後の学校儀式、国民の祝日の制定、「建国記念の日」制定までの歴史は、小野雅章『教育勅語と御真影―近代天皇制と教育―』講談社、二〇二三年を主に参照した。小野の「講和独立後の学校儀式と紀元節復活運動：高知県繁藤小学校の動向を中心にして」『日本教育史学会紀要』第七巻、二〇一七年、七〇―九二頁はより詳しく戦後の学校儀式の実態に論及している。
(44)渡辺治『戦後政治史の中の天皇制』青木書店、一九九〇年、一八五―一九一頁。
(45)小野雅章「象徴天皇制下における祝日学校儀式の展開過程―復古的天皇観と象徴天皇観との相克―」『教育学雑誌』第五七号、二〇二一年、一―一六頁。

第二章

第四期国定算術教科書『尋常小学算術』と「生活算術」

桜井　恵子

はじめに

一九二〇—三〇年代を一貫して、教育改革の中心指標となったのは「生活」であった。そのような中、「生活算術」というものが存在したことが知られている。『日本近代教育百年史』では、「生活」を指標とする改革には、木下竹次の「生活即学習」の主張の下に奈良女子高等師範学校附属小学校で展開されたような、カリキュラム全体の改新とともに、「生活算術」「生活修身」など教科内の実践があったと述べられている。そして教科の中で行われた生活教育はさらに、教育方法の「生活化」を問題にする場合（「生活算術」や「生活理科」）と、その教科を窓口としながら教育の在り方全面に関わろうとする場合（「生活綴方」）に分けられるとする。[1]「生活算術」が教育方法の「生活化」を問題にしているという把握は、中内敏夫にも共通している。中内は次のように述べる。「生活算術」は内容としての「数学の生活性」を問題とする小倉金之助らの考え方と違い、「生活」

を教科指導の手段として位置づけた。そしてこの「生活算術」の上に、第四期国定算術教科書『尋常小学算術』が成立した(2)。

「生活算術」は生活中心ではなく、その延長上に『尋常小学算術』が存在するという把握は、数学教育史の分野にも共通している。前掲の日本教育史の研究では具体例を挙げていないのだが、数学教育史の分野では、多くの具体例に即した検討が行われている。片桐重男は、大正期に始まる児童中心主義、生活教育論の影響を受けた「生活体系」の算術教育が、「子供の生活を数理化し体系立てることが困難(3)」であり行き詰まる、といった批判を受けて、「昭和六、七年頃から」「生活」と「数理」を統一した「生活算術」にまとまったと述べている(4)。片桐は成蹊学園訓導の香取良範、広島高等師範学校附属小学校訓導の中野恭一など、高等師範学校附属小、私立小の訓導が主張する「生活算術」を検討し、それらがどのように「生活」と「数理」を統一しようとしたかを示している。そしてさらに、東京高等師範学校附属小学校の訓導達の一九二〇―三〇年代にかけての主張を「真の生活算術」と高く評価し(5)、「この人々の意見に、緑表紙〔『尋常小学算術』―引用者〕は非常に近いようにみえる(6)」としている。また小西（木村）恵子は『尋常小学算術』発行に至るまでの民間の運動を、「前期生活算術運動」と「後期生活算術運動」に分けて検討している。ここで「後期生活算術運動」が片桐のいう「生活算術」に当たる(7)。小西のいう「前期生活算術運動」は、「生活中心の実践によって」当時使われていた国定算術書の課題を解決しようとしたものであり、「後期生活算術運動」は「前期生活算術運動」が残した系統性の担保といった課題に対して、「数理に基礎を置いた」実践可能なカリキュラム構成原理を求めたものである。そして小西は「後期生活算術運動」の代表的論者の一人である成蹊学園訓導の香取良範の主張を取り上げ、算術の目的、系統、内容における『尋常小学算術』との共通性を明らかにしている(8)。

このように先行研究は、「生活算術」が生活中心ではなく教科（数理）重視であるとする点、その延長上に

『尋常小学算術』をみる点で一致している。しかしじつは後に示すように、『尋常小学算術』の編纂責任者である塩野直道[9]の、新教科書発行に当たっての言説を詳細に検討すると、塩野は「生活算術」を激しく批判しているのである。

いっぽう第四期国定教科書は、国語が一九三三（昭和八）年、修身が三四年、『尋常小学算術』は三五年から使用が開始された。『日本教科書大系』によれば、国家主義的、軍国主義的色彩が濃い修身、国語に比べ、『尋常小学算術』は時勢の影響はそれほど顕著でなく、新教育思想と世界的な数学教育改造の思潮に基づいているとされている[10]。しかし筆者は、『尋常小学算術』の編纂責任者である塩野直道のめざしたものが、近代科学の基礎となる算術であり、それは戦争に勝つための科学兵器の開発と結びつけられていたこと、同時にその時期には総力戦体制に向け科学を排斥しようとする思想統制が存在し、『尋常小学算術』にも影響を与えるという、複雑な状況を明らかにした[11]。

本稿では塩野が批判した「生活算術」とはどのようなものだったのかを、この時期の算術教育をめぐる複雑な状況も念頭に置きつつ探っていきたい。そのために本稿では、第一に、塩野直道の「生活算術」に対する批判、第二に、一九三五年全国訓導協議会における「生活算術」をめぐる議論、第三に、静岡県における一九三〇年代前半の教育、の順に検討していく。

第一節　塩野直道の「生活算術」批判

(一)卑近な実用主義であり数理系統の無視により子どもの学びをさまたげる

『尋常小学算術』の発行当時、算術の目的は、一九〇〇（明治三三）年に定められた小学校令施行規則第四条により、「日常ノ計算ニ習熟セシメ生活上必要ナル知識ヲ与ヘ兼テ思考ヲ精確ナラシムルヲ以テ要旨トス」と定められていた。しかし『尋常小学算術』の目的は、教師用書の凡例に書かれた「児童の数理思想を開発し日常生活を数理的に正しくするやうに指導すること」とされた[12]。

この凡例に書かれた目的の後半部分「日常生活を数理的に正しくするやうに指導する」について、塩野は一九三四（昭和九）年の全国師範学校主事会で、「生活算術」の主張であると述べている。しかしそれに続いて「生活算術」を、「形式陶冶的の数理思想の開発」を軽く見て、教育を「卑近なる実用主義」に堕落させるものだと、強く批判しているのである。

近頃の算術教育の最も勢力を占めて居る思潮と私が考へるのであります所の生活指導・生活算術さういふものはどういふことをいつて居るかといふと、大体私の申上げる日常生活を数理的に正しく行ふといふ意味に解せられるのであります。そして形式陶冶的の数理思想の開発といふやうな点は非常に軽く見て居るか、或は殆ど無視して居る。さういふ思想が全国的に非常に勢力を占めて居る。私は特に数理思想の開発といふことを第一におきたい。その所以は結局教育を余りに卑近なる実用主義に堕落せしめないといふ意味に外ならないのであります。[13]

そして塩野はまた、指導内容を実際生活に役立つことに限っていては、極限概念などの数学的内容は教えられないと主張する。[14] 極限概念は近代科学の基礎である微分積分の元となる概念である。ここでは「生活指導・生活算術」が「近頃の算術教育の最も勢力を占めて居る思潮」と述べられていることにも注目したい。

さらに塩野は、子どもの生活の中の事実だけを中心とする「生活算術」が、数理系統を無視し子どもの学びを妨げるとも述べている。

近頃生活算術といはれて居るものも、それが全部ではないと思ひますけれども、中には事実中心主義で、数理系統等は無視して事実だけを中心として……子供の生活の中の事実を採ることによつて、それを取扱ふといふやうな人があるやうである。〔中略〕ある事実を採ればその中には加減乗除その他色々なことが含まれて居るのでありませう。尚その他空間学習に関することも、亦色々なその他の数理的方面が考へられる訳であります。事実を中心とすればさういふものを一ぺんにやらなければならないことになる。さうなるとまるで数理系統は無茶苦茶になり到底子供には出来る事柄ではないのであります。[15]

この塩野の説明からは彼の批判する「生活算術」は、大正新教育運動の中で生まれた、子どもの生活中心の考え方に立つものと思われる。片桐、小西の研究では、「生活算術」は三〇年代に生活中心から変わったとされているが、両者の研究は高等師範学校附属小学校・私立小学校訓導の主張を対象としたものである。ということは塩野が批判している「生活算術」は、一般の公立小学校で行われたものだったのではなかろうか。

(二)当初「生活算術」は『尋常小学算術』の目的に入っていなかった

では塩野が批判しているにもかかわらず、なぜ『尋常小学算術』の目的に「生活算術」の主張が見られるのだろうか。じつは当初、新教科書の目的にそれは入っていなかったのである。

『尋常小学算術』の成立過程は、以下のようである。その発行が初めて公に示唆されるのは、一九二九年の全国訓導協議会である。文部省から小学校算術書改正に関する諮問案が出され、文部省図書監修官塩野直道が児童中心主義、函数・幾何教授の必要などに言及して趣旨説明を行っている。[16]こののち三二年五月には数学教育界の代表者が文部省の名で招かれ意見聴取がなされ、翌三三年三月には同じメンバーに対して「小学算術修正方針案」[17]が示されている。この会合の後、「省内の会議」[18]及び五月の教科書調査会[19]を経て、九月には、文部省庁舎において第一回編纂会議が開かれている。

このように三三年には、ほぼ編纂の方針は固まっていたと思われる。しかし、数学教育界の代表者が二度目に招かれた際に提出された「小学算術修正方針案」には、「数理思想の開発を主眼とす」を筆頭に、空間学習、代数的学習の採用が書かれているが、「日常生活を数理的に正しくするやうに指導する」はどこにも出てこない。

どのような事情で「生活算術」の主張が入ったのかは今のところ解明できていないが、塩野をはじめ『尋常小学算術』をつくった者たちは、もともと「生活算術」を支持していなかったにもかかわらず、何らかの事情でその目的に「生活算術」の主張を入れたのである。

(三)『尋常小学算術』新編纂の意味

『尋常小学算術』が新編纂であることは、数学教育史研究では従来も知られていた。けれど先行研究ではその意味についてとくに言及されていない。[20] しかし塩野は東京府下全小学校の算術科研究主任への講演において、新編纂としたことで現行の『尋常小学算術書』も生きている、新算術書と従来の算術書のどちらを用いてもよいと述べている。

現行のものは御承知の通り書名が小学算術書でありますが、今度のは小学算術と致しました。即ち是は新編纂でありまして、修正改訂ではないのであります。さうして、現行小学算術書なるものは将来尚生きて居るのでありますから、両方どちらを用ひても宜しいのであります。[21]

塩野はこれに続けて、新編纂とした理由を次のように説明している。算術の教科書は国語や修身、地理、歴史などと違って、「学校長に於て児童に之を使用せしめざることを得」となっている（小学校令施行規則第五三条（一九〇三年改正））。教師用教科書については規定がないが、文部省としては使用すべきと考えている。『尋常小学算術書』は教師用だけでも授業ができるが、『尋常小学算術』は児童用とセットで使うようになっていて、教師用だけあっても意味をなさない。そのために『尋常小学算術書』を残した。[22] この塩野の説明からは、『尋常小学算術』を新編纂とした背景には、少なくない数の小学校が児童用書を使わないだろうという、文部省の予測があったことがうかがわれる。児童用書が使われなくても教師用書を使わせることで、国の求める算術を教えさせる必要があったのである。そしてこのようにみてくると『尋常小学算術』は、それまであった

『尋常小学算術書』とどちらを選択してもよいという、比較的弱い立場にあったのである。

第二節　全国訓導協議会における「生活算術」をめぐる議論

塩野直道が批判している「生活算術」の姿をさらに明らかにするために、一九三五（昭和一〇）年六月に開かれた、算術をテーマとした全国訓導協議会の議論を見ていきたい。全国訓導協議会は、東京高等師範学校附属小学校の主催で一九一三年から四一年まで主に教科別に、毎年春秋二回開催された。木戸若雄によれば、この協議会は終戦以前の全国的な教研集会というべきもので、実際家の登竜門となるほどの権威を持っていた(23)。

この年は『尋常小学算術』の第一学年が発行された年であるが、その教科書についてより、むしろ「生活算術」とは何か、さらにその是非に関する議論が盛んに行われている。

(一)数理系統か、子どもの心理や生活を基にした系統か(24)

清水隆一（岡山県師範学校附属小学校）は、数理を基に教科の系統を組むか、それとも子どもの心理生活を基にするかという問題を提起する。そして、心理生活を高調するあまり「極めて系統の立たないことを」やっているものを多数見受ける、と「生活算術」を批判している。

今度の算術の教科書（『尋常小学算術』―引用者）が数理思想を開発し、生活を数理的に正しくするといふこと、それに対して、その材料としては、児童の生活事実といふものをもつて来る。ここまではよく分るのであります。ところがそれを実際にやつて行く場合教師たるものは数理を基にしてやるか、児童心理を尊重してやるかといふ二つの立場になると思ふ。一般に子供の生活心理の中から数理を導き出すといふとの傾向が非常に強い。〔中略〕私共の地方の実情をみましても心理とか、生活といふことを高調する余り、極めて系統の立たないことをやつてゐるものを多数見受ける。〔中略〕私はこの導き方については教科書の教師用に書いてある様に、数理を根幹と致しましてそれを心理的に按配する以外にないと考へてゐる。[25]

これに対して田中茂（兵庫県神戸市灘高等小学校）は、新しく編纂された『尋常小学算術』の目的の「数理思想」開発は、数理生活を開発することであり、よって子どもの経験を基にしなければならない、と反論する。

数理思想といふものは……塩野先生なり他の色々編纂に携つて居られた方の話を聞いた上の判断によりますと〔中略〕新しい意味内容をもつた数理といふことで、従つて数理思想開発といふことは、数理生活を開発進展さして行く、そのことであるだらうといふ様に解釈してゐるのであります。[26]

そして、指導は「どこまでも子供の生活本位に」「指導者が子供の数量生活を眺めて、その生活を邪道に行かない様に指導する」のだと答えている。田中は「『数理思想の開発』を如何に見るべきか」と題して発表しているが、そこでは「児童の生活を方便に使ふのではなく、生活の発展其のものを目的として、児童生活を束縛せず、自由に伸ばして行く」と言っている。[27] すなわち田中は子どもの生活の発展そのものを目指す、児童中心主義の立場に立っている。そのために子どもの心理や生活を基にした系統を支持しているのである。

いっぽう佐々善作（徳島県女子師範学校附属小学校）は、高等数学というような難しい数理は数理思想の開発の数理に含まれないのか、また論理的発展は小学校の算術に認めないのか、と田中に質問する。佐々はその発表「現代生活算術の弁証的解明」の中で、いま「生活算術」実践者は、指導時間の不足、練習不足による児童の実力の低下、さらに算術教育すべてが生活から導けない、といった行き詰まりに悩んでいると「生活算術」を批判している[28]。佐々の算術教育すべてが生活から導けないという発言からは、彼が子どもの生活の発展そのものを目的としていないことがわかる。また高等数学への論理的発展を含んだ、算術教育を考えていることが、想像される。

ここでの議論からは、数理系統をとるか、子どもの心理や生活を基にした系統をとるかという対立は、算術教育の目的を、数理の発展に置くか子どもの生活の発展に置くかの違いにあることが見えてくる。

(二)国定教科書使用について[29]

石突征（北海道札幌師範学校附属小学校）は、「生活算術」反対派である。そして「生活算術」を行う人々は、教科書では子どもに興味を持たせることができないから、生活材を主に進むのだと言うが、教科書を使っていかに興味を持たせるかが吾々の仕事ではないか、と述べる。一節で『尋常小学算術』を新編纂とした背景には、国定算術書児童用を使用しない学校の存在があるのではないか、と予測したが、石突の発言からは、その中に「生活算術」を行っている学校が含まれている可能性がみえてくる。

(三)日本の算術教育がまとまっていない状況[30]

しかし、東京高等師範学校教授であり『尋常小学算術』の編纂者でもある安東寿郎は、附属小として「生活算術」に対する意見は決定しにくい、そう簡単に決められる状態でないと言う。

それ〔生活算術―引用者〕についてこちらの算術部会ではどう考へてゐるか、といふ様なことのお尋ねであつたのであります。〔中略〕皆さんが感じて居られる通りに私共も色々あるといふことを感じてゐるだけでありまして、その中のどれがいいとか、どれでなければならないといふ様なことは中々決定しにくいことであります。〔中略〕関東州辺りにお出でになれば、或は周囲の事情その他から、もっと簡明に、簡単にしたらいいだろうといふ様に思はれるかも知れませんけれども、私共内地に居ってみれば、内地の事情はさう簡単にものを片付け得るような状態ではない。(31)

安東はさらに、「生活算術、数理思想の開発といふことが話題の中心となつて居て、而もまとまつて居ないから」話し合ってはっきりしたいとの動議を提出し、有志三一名の会を作ることになる。この会では、『尋常小学算術』と「生活算術」は違うとするものが大部分を占め、「反動思想としての生活算術はその実際が行き過ぎて弊害を生じてゐる」とするものがかなり見えた、しかし結論は出なかった、とされている。(32)議論の詳しい内容は記されていないが、「生活算術」がどのようなものかという理解がまとまっていないこと、多くの訓導が『尋常小学算術』と「生活算術」は異なると考えていることがわかる。

小堀筆四郎（栃木県師範学校附属小学校）は「生活算術」反対派であり、『尋常小学算術』の編纂の目的によって「生活算術」も統制されるのではないか、と問う。これに対して池松良雄（東京高等師範学校附属小学校）は、『尋常小学算術』の二つの目標を具現していけば、「日本の算術教育はある統制された形に改善される」と述べている。池松は国民学校理数科算数教科書の編纂者の一人であるが、この言葉からは、日本の算術教育がこの時点で、彼の考える算術教育の在り方にまとまっていない状態にあることが想像される。

（四）土屋一夫（静岡県駿東郡原里尋常高等小学校）の「生活算術」

土屋は、その発表「算術科に於ける生活問題の配当」[33]において、「生活指導」の算術に対する「発展体系がない」「算術の力がつかない」という批判に対して、「算術の力」の意味に対しての価値観の改造が急務だと反論している。また数理の系統か児童生活の系統かという問題では、自分の実行している算術教育の系統は、郷土生活の事実を児童の精神発達に即して体系付けんとしたものだと述べている。そして上記の表を示している（抄録）。つまり土屋の「生活算術」は、塩野が批判している生活系統をとる「生活算術」である。しかし「〔生活問題の―引用者〕配当は地方的共同経験の分野を目標とせるもの」と述べ、疲弊した農村の更生を計るために簿記の指導の必要を強調するなど、その算術教育の目的は、純粋に児童生活の発展をめざすというよりは、郷土の振興が強く打ち出されたものとなっている。（なお上記の表に示された内容は、一九三四年に静岡県清水市駒越小学校でなされたものと書かれている。）

表　生活問題の配当（4月）

題目＼程度	3．4．年位にて指導したき要項	5．6．年位にて指導したき要項	高等科位にて指導したき要項
四月　学校の児童	1．学級児童数 2．学年（男女）児童数 3．学校の児童数等についての調査、作問指導等	1．学校児童数につき、年度別調査比較 2．市内小学校比較 同上グラフ表現 等	1．児童数と校費 2．同　愛護会費 3．同　教員数 4．同　増減傾向等 等
愛護会費	1．愛護会費を持つて来る人数（学級） 2．自分の愛護会費 3．学級の同上。（年別）等	1．学級の愛護会費（会員別、月別） 2．全校の会員、会費（種別、員数） 等	1．会費と児童数との関係（兄弟の収況考察） 2．愛護会予算 等
遠足	1．目的地（距離） 2．予定時間 3．経費の計算　等	1．目的地（図上計算） 2．予定時間（距離） 3．経費―調査　等	1．経費（総経費、団体割引） 2．其の他　等

その他四月中の問題としては学用品、メートル記念日、天長節に関して、等

　この後、五月身体検査、六月交通安全週間と続いている。これらは、どの地域にも存在する子どもの生活に基づくカリキュラムなので、参考にした事例があるのではないかと思われるが、一一月の単元「苺の植付」について土屋は自作のものと述べている。[34]

表　生活問題の配当（11月）

苺の植付 十一月	1．石垣セメントの用意と苺苗 2．植付数と収穫粒数、其の他との関係考察	1．石垣の角度（測定と、平均値について考察） 2．植付数と収穫見積（粒数、箱数、金高等） 3．作業人夫、及その賃金	1．石垣の角度と日照角度の関係（グラフとして） 2．植付数と 収穫 肥料 }に就て 其の他

ここでは地域の産業である石垣苺について、子どもの発達にあわせたカリキュラムが組まれ、高等科では「石垣の角度と日照角度の関係」という、幾何と函数を組み合わせた高レベルの内容も取り入れられている。このカリキュラムでは子どもの生活に沿った算術が行われているが、同時に地域の産業を担う人間を育てる算術教育がめざされている。

訓導協議会における議論からは、数理系統か子どもの生活を基にした系統かの対立の背景には、算術の目的を数理の発展に置くか子どもの生活の発展に置くかの違いがあることがわかる。さらに生活の発展をめざす主張には、児童中心主義だけでなく郷土振興の主張もあることが見えてきた。そして、東京高等師範学校附属小学校訓導の池松良雄は、日本の算術教育は「統制」できていないと考え、安東寿郎が附属小として「生活算術」に対する意見は決定しにくいと述べるなど、一節でみたのと同様、「生活算術」に関連して日本の算術教育が一つの方向にまとまっていない状況が想像される。

第三節　静岡県における一九三〇年代の教育

(一)土屋一夫と静岡県における郷土教育運動

この『尋常小学算術』と対立した「生活算術」の姿を、さらに明らかにするために、それを実践していた土屋一夫と、彼のいた静岡県の状況を見ていきたい。

死後長男のまとめた遺稿集によれば、土屋一夫（一九〇六—九五）は御殿場実業学校を経て静岡師範学校を卒業し、御殿場の小学校訓導となる。ここで初等数学教授法やビネー式知能検査法を独学、次席訓導杉山正賢の綴方教育にも接する。一九三一（昭和六）年、「算数教員」として当時の静岡県の中心地区であった清水市へ招かれる。三五年、全国訓導協議会で発表された実践はここで行われている。三四年末、父の急死を受け「長い夢であった数学の研究を捨て、北駿の算数教員として再出発する決心」のもと故郷に帰る。この後、四四年に三八歳で駿東郡足柄村立足柄国民学校長に抜擢され、戦後は小中学校長や行政職を歴任、六四年には御殿場市教育委員会教育長に就任、二期務めた[35]。遺稿集には書かれていないが、二八年には『静岡県教育』に「面積体積の算式について」[36]が掲載され、二九年の全国訓導協議会では「一次方程式の指導過程について」[37]を発表している。三一年の清水市への招へいは、この業績が認められたものと思われる。これらの論考は幾何、代数の小学校への導入という、数学教育改造運動の思潮を受けたものである。しかし二節でみたように、三五年の全国訓導協議会での発表では、以前の論考には全く見られない、子どもの生活に即した系統を持つ算術教育が、発表の中心となっている。そして、それは子どもの心理と生活を尊重する点で新教育運動の上にありつつ、郷土の振興を打ち出したものとなっている。

この土屋の関心の変化の背景には、静岡県さらに日本全体の教育の変化があると考えられる。第一次大戦後の慢性化した不況に加え、二九年に起きた世界大恐慌により、農村の生活は悲惨なものとなった。このような中、教育では郷土教育、生活綴方が盛んとなる。文部省は三〇年各県師範学校に郷土研究施設費を交付し、郷土教育の振興を強く奨励し始めた(38)。これを受けて静岡県も三一年、不況に対する初等教育の充実策として郷土教育の推進を決定し、指定校を決めて研究を行わせる等の施策を行い、郷土教育が県下に一斉に花開いた(39)。

(二) 静岡県駿東郡における生活と結びついた算術

土屋一夫が人生の大部分を過ごした静岡県駿東郡をみると、そこでは一九一七年に及川平治（明石女子師範学校）、二三年には木下竹次（奈良女子高等師範学校）による講習会を開くなど、早くから教育会を中心に大正新教育運動を積極的に受容していた(40)。この延長上に、三〇年代になると郷土教育が盛んに行われている(41)。

以下の事例一、二は郷土教育運動の中で行われた算術教育の例である。文部省の指導した郷土教育運動では、まず教員が郷土について知ることが求められ、駿東郡でも以下に示すような、郷土化のための資料集が作成されている。

事例一　御殿場尋常高等小学校『各科郷土化実際案』一九三一年(42)

御殿場尋常高等小学校『各科郷土化実際案』には、算術科に関する詳しい記述がみられる。

まず小学校令施行規則第五三条を論拠に、算術の児童用書は子どもに持たせず、「参考用整理用」としておくとされている。御殿場尋常高等小学校は、国定算術教科書の児童用書を用いていない学校だったのである。

また、「経験生活に触れた材料について学ばせると自ら興味が湧いて自発的に学習するようになる」「大人が考へればこんなことをといふことに、児童は全力を注いで学習するもので、それをすべて大人の考をもつて律して行つてはならぬ。そこに児童中心の学習法が必要となるわけである」と、子どもの興味と自発性を尊重する新教育の思潮の上に立っていることがわかる。

しかし純粋に子どもの生活発展をめざしているのではなく、「児童の現在生活を生かして学習させ、これによつて将来生活の準備をしていくように」すると、将来生活の準備が目的となっている。

そして土地、戸口、教育など二一の項目にわたり調査結果が掲載され、これを活用して地方化、郷土化を完成したいとされている。ここからは郷土教育と結びつけて、子どもの生活中心の算術を行おうとしていることがうかがえる。

また、学者の書物をつなぎ合わせたような研究発表は感心できない、とも書かれている。ここに見られるような地方の訓導の独自の気風が一つには、高等師範学校附属小学校や私立小学校の訓導たちの「生活算術」の主張が、数理重視にまとまっていった時期に、子どもの生活系統の「生活算術」を行わせたのではなかろうか。

いっぽうで「生活算術」とは異なる郷土化された算術もみられた。

事例二　北郷尋常高等小学校『各科教材郷土化資料』一九三一年(43)

『各科教材郷土化資料』の目次には、「資料調査事項」「関係教科及題目」「備考」「調査者」が書かれている。たとえば算術では、「付近の山の高さ比較グラフ」「算術　尋三　二七頁応用問題二(8)　尋四　七八頁応用問題(7)」「田代」といった具合に、一四項目の調査事項が並んでいる。これは国定算術書に載っている応用問題を、郷土の具体例に置き換えようとするもので、子どもの生活の系統で教える「生活算術」とは異なる。

地方の公立小学校において、このような算術の郷土化もあったことがわかる。

御殿場小では郷土教育運動の中で一九三一年から生活中心の算術が行われようとしている。土屋一夫も、二九年までは研究の対象でなかった生活系統の算術について、三五年の全国訓導協議会で発表し、さらにそこでは郷土の振興が目的とされている。静岡県におけるこの二例は、『尋常小学算術』と対立した「生活算術」が、郷土振興と結びついて行われた場合があることを示唆している。

第四節　「生活算術」は戦後にどうつながったか

(一)国民学校の理数科算数

四一年に出された国民学校令により教科の統合が打ち出され、算術は理科と統合されて理数科を構成し、その中で理数科算数となった。その教科書は一、二年が『カズノホン』、三年以上が『初等科算数』であるが、図形について新しい内容が入った他は、『尋常小学算術』と変わらないと言われている。[44] このようにみると理数科算数の教科書は、『尋常小学算術書』とどちらを選んでも良い状態にあった『尋常小学算術』が、やっと公式に認められたものであったと言っていいのではなかろうか。そしてそこでは戦争に勝つための科学振興が求められる中で、近代科学の基礎となる学び、新兵器開発のための「創造性」を培う学びがめざされたと筆者は考える。

(二)戦後新教育

占領下、民間情報教育局（CIE）の指導のもとに、新しい教育の体制が敷かれていく。国定教科書から検定教科書に変わるにあたり、一九四九年に小学四年と中学一年のモデル教科書が文部省から出された。中学一年用教科書『中学生の数学』は、そのほとんどが「住宅」「よい食事」といった生活単元からなる。この教科書は、このあと戦後新教育に対する系統性のなさへの批判の的となる。しかし蒔苗直道は、『中学生の数学』の「種本」と言われる米国の教科書が、じつはそれまでの数学教育を実際生活に関係が薄いと否定する進歩主義に対して、数学の価値や役割を主張し教科としての数学を守ろうとしたものであることを明らかにした。そして『中学生の数学』はその主張を引き継ぎ、さらに生徒が数学的活動を行う中で数学をつくっていくという、現在に通じる数学教育の理念を打ち出しているという。そしてそれは戦時期に行われた数学教育再構成運動にすでに見ることができる考え方なのである。[45] 蒔苗はさらに、国民学校理数科算数の教科書にも、子どもが数学をつくっていくという同様の理念が見られることを指摘している。[46]

一方CIEの方針、さらに戦前からの新教育運動の蓄積もあり、コア・カリキュラムの実践が各地で盛んに行われるようになる。一九四八年にはコア・カリキュラム連盟が発足する。水原克敏によれば、コア・カリキュラムは「問題解決の中心学習と、それから分化して系統学習を進める周辺学習そして〔中略〕特殊活動の三領域を構造的に配置」して年間計画を作成するが、算数・数学的内容は主として周辺学習で行われる。しかし、そうとは考えにくいものもある。たとえば兵庫師範女子部附属小学校で行われた明石プランの中の四年生の単元「私達の明石駅を作ろう」では、中心学習として「明石駅を中心とする交通状況を調査する」「明石駅を中心として山陽線・加古線・東海道線・山陽電車を地図に記入し主要駅の概要説明をかく」が設定され、周辺学習の中で「交通量を統計的に考察する」「明石中心の交通系統図を作る」といった中心学習で必要となる算数的内容が学ばれる。[47] ここにみられる算数の学びは、分化した「系統学習」ではなく、戦前の生活の中で学ぶ「生活算術」の実践と共通するものがあるように思われる。

(三) 戦後新教育への批判

戦後新教育に対しては、やがて激しい学力低下批判が起きる。四〇年代末に国立教育研究所の久保舜一により大規模な学力調査が行われ、約二学年分の計算力低下という結果が示された。[48] そしてそれは戦後新教育における生活単元学習によってもたらされたと考えられた。戦後新教育の在り方に反対して多くの民間教育団体が組織されたが、算数・数学教育において生活単元学習批判を中心となって担ったのは、遠山啓を委員長とする数学教育協議会である。本田伊克によれば遠山は、数学教育においては系統的な学習が重要であるが、生活経験には順序もなければ連絡もないと、生活単元学習の系統性のなさを批判した。数学教育協議会は、生活系統の「生活算術」の流れの上にはないのである。一九五八年に学習指導要領は経験主義から系統主義に転換し、算数・数学は内容も高度化するが、この変化の理由について本田は、背景として、産業構造の大転換による労働者への高水準の科学的知識の要求、子どもの生活の場である地域共同体の変貌を指摘している。[49]

しかしこのテスト結果と、新教育の系統性のなさ、および五八年の経験主義から系統主義への転換という把握に関しては、近年疑義も出されている。佐藤英二は久保による学力調査が示した極端な低学力は、敗戦直後の一時的な落ち込みだった可能性が高いこと、また戦後文部省にあって、算数・数学教育を中心になって担った和田義信[50]は、「子どもの内面で育つ意味のつながり」を教育の系統と考え教育内容を組み立てていたこと、経験主義から系統主義への転換説も否定していること、を指摘している。そしてさらに、その系統に関する考え方は戦前からの算術教育改革に根差すものであると述べる[51]。

蒔苗、佐藤は、戦後新教育の時期に文部省によって行われた算数・数学教育は、戦前からの算数・数学教育改革と同じ理念を持つことを指摘している。さらに蒔苗は国民学校理数科算数の教科書にも、その理念が存在することを述べている。文部省による戦後新教育が、国民学校理数科算数の理念を引き継いでいるということは、生活系統の「生活算術」は、民間で行われたコア・カリキュラムの中にその影響を残しているのではなかろうか。

おわりに

先行研究では、第四期国定算術教科書『尋常小学算術』は「生活算術」の延長上に捉えられてきた。またその「生活算術」は、生活中心のものではなかった、と考えられてきた。

しかし本稿では、『尋常小学算術』と対立する「生活算術」が存在し、それは、一九三〇年代に姿を消したとされてきた子どもの生活中心の「生活算術」であったことを明らかにした。

東京高等師範学校附属小学校内初等教育研究会主催の一九三五（昭和一〇）年全国訓導協議会においても、「生活算術」は議論の的となっている。この議論からは生活中心の「生活算術」を支持するか否かは、算術教育の目的を子どもの生活の発展に置くか数理の発展に置くかの違いにあることが見えてくる。

同時にここからは、算術教育に対する考え方が当時まとまっていなかったことがわかる。『尋常小学算術』

自体、それまで使われていた『尋常小学算術書』とどちらを使ってもよい、という比較的弱い立場にあった。そして対立する勢力の中で全国的にもっとも力があったのが、生活中心の「生活算術」であった。

そして生活中心の「生活算術」の中には、郷土教育と関わりのあるものが存在した。生活中心の「生活算術」を行っている土屋一夫は郷土振興を目的とし、郷土教育の中で生活中心の算術が行われようとしている例もあった。地方の公立小学校の教員たちは農村の経済的困窮の中で、生活と結びついた「生活算術」に地域を担う人づくりの可能性をみたのではないか。

では「生活算術」は戦後にどうつながったのだろうか。『尋常小学算術』は数理系統の「生活算術」の上にあり、近代科学の基礎となる算術教育がめざされたと思われる。先行研究によれば、戦後新教育期の文部省による算数・数学教育は、国民学校理数科算数と同じ理念を持つという。それならば生活中心の「生活算術」は、戦後民間で盛んに行われたコア・カリキュラムの中にその影響を残しているのではないか。この疑問に迫るには、生活中心の「生活算術」の具体的な姿をさらに明らかにするとともに、数理系統の「生活算術」の上にあるという『尋常小学算術』についてもなおいっそう研究の必要があるだろう。

本研究はさらなる多くの課題を残すものとなった。諸外国の影響も視野に入れつつ、検討を進めたい。

注

(1) 国立教育研究所『日本近代教育百年史　第五巻　学校教育三』教育研究振興会、一九七四年、七七―八〇頁（横須賀薫の記述）。
(2) 中内敏夫『中内敏夫著作集Ⅵ　学校改造論争の深層』藤原書店、一九九九年、九〇頁。
(3) 「数理」とは、『尋常小学算術』発行にあたっての編纂責任者塩野直道の説明によれば、子どもにもわかるような数学の理論を指すが、片桐は数学的パターンや構造もその中に入れている。

（4）片桐重男「大正・昭和初期算術新教育運動―生活算術について―」『日本数学教育会誌　臨時増刊　数学教育学論究Ⅱ』一九六一年、二一頁。
（5）同前、三三頁。
（6）片桐重男「大正・昭和初期算術新教育運動―主観主義教育思潮の影響―」『日本数学教育会誌　臨時増刊　数学教育学論究Ⅰ』一九六一年、四頁。
（7）片桐は「生活算術」を「昭和六、七年頃」に生まれたとしているが、それ以前の生活体系の算術教育もまとめて「生活算術」と言われることもあると述べている（前掲「大正・昭和初期算術新教育運動―生活算術について―」、二二頁）。
（8）小西（木村）恵子「黒表紙教科書から緑表紙教科書へのカリキュラム移行期における後期生活算術運動の影響―香取良範の算術教育に焦点を当てて―」二〇一八年、博士論文、広島大学。
（9）塩野直道（一八九八―一九六九）。東京帝国大学理学部物理学科卒。松本高校教授を経て一九二四年より文部省図書局図書監修官。一九四二年文部省図書局第二編集課長。一九四五年金沢高等師範学校長。一九四六年一二月に教職追放、一九四七年一二月に超国家主義者であるという理由により公職追放された。その後、新興出版社啓林館の取締役となり、数学教育界に大きな影響を与え続けた。松宮哲夫『伝説の算数教科書〈緑表紙〉』岩波書店、二〇〇七年、三九―四二頁。
（10）海後宗臣編『日本教科書大系　近代編　第一三巻』講談社、一九六二年「所収教科書解題」一四―一六頁。
（11）桜井恵子「『尋常小学算術』の目的にみる一九三〇年代思想統制の影響―「数理思想」に着目して―」『数学教育史研究』第二二号、二〇二二年。
（12）塩野直道「新訂小学算術書『尋常科用』に就て（視学講習会に於ける講演要領）」『文部時報』第五二九号、一九三五年、仲新・稲垣忠彦・佐藤秀夫編『近代日本教科書教授法資料集成　第十二巻　編纂趣意書（二）』東京書籍、一九八三年、六九二頁。
（13）塩野直道「新訂小学算術書について」『国定算術書各科編纂の精神　全国師範学校主事講習録』（『小学校教材研究』第二巻　臨時増刊）小学校教材研究会、一九三四年、二〇五頁。

(14) 塩野直道「尋一新算術の編纂趣意と其の扱方」『算術教育』一五一号、モナス、一九三五年、一四頁。
(15) 前掲塩野直道「新訂小学算術書について」、二一一—二一二頁。同様の説明は前掲「新訂小学算術書『尋常科用』に就て（視学講習会に於ける講演要領）」、七〇六—七〇八頁にもみられる。
(16) 塩野直道「諮問案説明」東京高等師範学校附属小学校初等教育研究会『教育研究臨時増刊　算術教育の研究』第三五一号、大日本図書、一九二九年、八四頁。
(17) 文部省「小学算術書修正方針案」『塩野直道先生顕彰　随流導流記念誌』全国珠算教育連盟、一九八九年、二二三—二二八頁所収。
(18) 前掲塩野直道「新訂小学算術書について」、二〇七頁。
(19) 「尋常四年から珠算を正課に　児童の生活から理論へ◇改訂算術書編纂方針」『教育週報』第四一八号、一九三三年五月一二日。
(20) 小倉金之助・鍋島信太郎『現代数学教育史』大日本図書、一九五七年、三九二頁。
(21) 塩野直道「尋一新算術の編纂趣意と其の扱方」『算術教育』一五一号、一九三五年、二頁。
(22) 同前書、三頁。
(23) 木戸若雄『明治の教育ジャーナリズム』近代日本社、一九六二年、一一三頁。
(24) 東京高等師範学校附属小学校初等教育研究会『新算術教育の研究　教育研究臨時増刊　第四四回全国訓導協議会記録』大日本図書、一九三五年、二〇〇—二〇三頁。
(25) 同前書、二〇〇—二〇一頁。
(26) 同前書、二〇一頁。
(27) 同前書、一六三頁。
(28) 同前書、三七七—三七八頁。
(29) 同前書、四八〇—四八一頁。
(30) 同前書、四八四—四八七頁。
(31) 前掲『新算術教育の研究』四八四頁。

(32) 同前書、七―八頁。
(33) 同前書、三七〇―三七五頁。
(34) 同前書、四二一頁。
(35) 土屋一郎『水辺』一九九五年、御殿場市立図書館蔵。
(36) 土屋一夫「面積体積の算式について」静岡県教育会事務所『静岡県教育』三七三号、一九二八年、二一―二九頁。
(37) 東京高等師範学校附属小学校内初等教育研究会『算術教育の研究　第三三回全国訓導協議会記録　教育研究臨時増刊』三五一号、一九二九年、四三五―四三九頁。
(38) 伊藤純郎『郷土教育運動の研究』思文閣出版、一九九八年。
(39) 静岡県立教育研修所編『静岡県教育史 通史篇 下巻』静岡県教育史刊行会、一九七三年、二七一―二七二頁。
(40) 駿東教育史編集委員会編『駿東教育史』駿東地区教育協会、一九七五年、二五五―二五七頁。
(41) 同前書、四四一―四四五頁。
(42) 駿東郡御殿場尋常高等小学校「各科郷土化実際案」一九三一年、大庭景申蔵。本史料の複製を静岡県総合教育センターにおいて閲覧した。
(43) 前掲『駿東教育史』九二七―九三六頁。
(44) 前掲『現代数学教育史』四〇一頁。
(45) 蒔苗直道「昭和二四年の文部省著作教科書『中学生の数学』における「住宅」の単元の再評価―『Everyday Junior Mathematics』との比較を視点に―」日本数学教育学会『数学教育学論究』九二巻九六号、二〇一〇年、一九―三六頁。
(46) 蒔苗直道「水色表紙教科書における除法の導入教材の再評価―緑表紙教科書との比較を通して―」日本数学教育学会『日本数学教育学会誌』九四巻一〇号、二〇一二年、二―一〇頁。
(47) 水原克敏『現代日本の教育課程改革―学習指導要領と国民の資質形成―』風間書房、一九九二年、二四三―二六八頁。

（48）久保舜一『学力検査と知能検査』東京大学協同組合出版部、一九五一年。これは一九四九年に行われた横浜市の小学校を中心にした学力検査の結果をまとめたものである。

（49）本田伊克「一九五〇、六〇年代の民間教育研究運動の成果と課題に関する学校知識論的考察―数学教育協議会の事例に即して―」博士論文（一橋大学）二〇〇九年。

（50）和田は戦時期も文部省にあり、一種検定教科書『数学（中学校用）』（一九四三―四四年）の著者の一人であった。

（51）佐藤英二「戦後初期における算数・数学科の単元学習批判の再検討―遠山啓に対する和田義信の反論を中心に―」日本数学教育史学会『数学教育史研究』第二二号、二〇二二年、一―一一頁。

〔付記〕本研究はＪＳＰＳ科研費（課題番号二三Ｋ〇二一四五）の助成を受けたものである。また本研究を行うにあたり、駿東地区教育協会、静岡県総合教育センター、静岡県立中央図書館、御殿場市立図書館の皆様に大変お世話になった。御礼申し上げたい。

第三章

一九六三年「幼稚園と保育所との関係について(通知)」と保育者養成

――『保母養成講座』改訂にみる「保育所保育指針」の影響

松島　のり子

はじめに

一九六三(昭和三八)年一〇月、文部省初等中等教育局長と厚生省児童局長は連名で「幼稚園と保育所との関係について(通知)」(以下、「通知」)を発出した。内容として、幼稚園と保育所は「明らかに機能を異にする」、「保育所のもつ機能のうち、教育に関するものは、幼稚園教育要領に準ずることが望ましい」、保母試験合格保母には「幼稚園教育要領を扱いうるよう現職教育を計画」し、将来的に保母資格も改善を図る、といった事項を含んでいた。保育所保育の教育に関して「幼稚園教育要領に準ずることが望ましい」と示されたことで、保育を担う保母の養成においては、幼稚園教育(保育)の内容をいかに扱うかという課題が浮上することになる。他方、同時期における幼稚園と保育所の関係をめぐる議論をたどると、「保育」と「教育」の関係や保育所における幼児教育のあり方が問われていた。

こんにち、保育所は「幼児教育の一翼を担う施設」として位置づけられている。[1] 一九六五年に厚生省児童家庭局が通知した「保育所保育指針」（以下、「保育指針」）では、「養護と教育とが一体となって、豊かな人間性をもった子どもを育成するところに、保育所における保育の基本的性格がある」と明記された。[2] 以来、養護と教育を一体とする保育は、保育所の基本であり特徴となっている。また、保育指針には、先の「通知」で保育所の教育について「幼稚園教育要領に準ずること」が言及されたことも反映された。すなわち、保育所の保育内容について、幼稚園教育要領に示された領域の考え方を取り入れて区分し、「4歳児以上では、幼稚園教育要領の6領域におおむね合致するように」[3] 構成された。その後も、保育指針の教育に関する内容は幼稚園教育要領に準じて改定され、現在までにいっそうの整合性が図られるようになっている。

岡田正章によれば、一九六五年の保育指針により、保育所の「保育における教育性が確立され」、それ以前は「長い間、保育所行政では保育所での子どもの指導を表現するに当り、教育ということばはタブー」であったという。[4] しかし、それまでの保母養成において「教育」に関する学びが皆無だったわけではない。戦後、一九四八年に保母資格が制度化され、厚生大臣指定の保母養成所卒業と都道府県で実施する保母試験合格という主に二つの取得方法が採られた。制度発足時の保母養成所の学科目及び配当時間数をみると、「教育学及び教育心理学」が置かれ、全一三五〇時間のうち四〇時間（三・〇％）が配当されていた。[5] 加えて「保育理論」一六〇時間（一一・九％）が置かれている。以降保母養成所の教育課程の改定を経ても、「教育」に関する科目は位置づけられてきた。他方、保母試験制度の試験科目をみていくと、一九四八年度から実施された試験科目は、「社会事業一般」「児童心理学」「保健衛生及び生理学」「看護学及び実習」「栄養学及び実習」「保育理論」「保育実習」の七科目であった。一九五一年に「社会事業一般」から「児童福祉事業概論」が独立して計八科目となり、この試験科目の体制は一九六〇年代も続く。「教育」を冠した試験科目はみられないものの、保母養成所の教育課程の変遷に鑑みると、試験で保母資格を取得する場合も「教育」に関して学ぶことが期待されたと推察される。また、前述の「通知」では保育所の機能として「教育」を含む保育に言及され、保育指針が保育所の保育における「教育性」を確立したとすれば、保母養成の学修内容にも少なからず影響を及ぼしたと考えられる。保母養成制度の発足以降、試験合格による保母資格取得者は一九五三年度まで全体の九割以上を占め、その後養成所卒業者の割合が上回るのは一九六八年度であった[6]。保育所の普及とともに保母養成も必要となる一九六〇年代、試験合格保母が一定数を占めていたことを考慮すると、試験受験者がどのように「保育」や「教育」を学び得たのかは注目に値する。

湯川嘉津美は、「保育」が一八七六（明治九）年の幼稚園創設とともに誕生し、幼稚園の教育を表す語として普及して以降、「幼児教育」と同義で用いられたことや「保育」による一元化が求められたこと、そして戦後、一九四七年の学校教育法制定により幼稚園は「幼児を保育」することが目的として規定され、「ケアを含んだ教育という意味で『保育』の語が用いられた」こと、その後「幼稚園教育要領」が示されるなど幼稚園が学校としての性格を強める一方、保育所は幼稚園の「保育」や「教育」とは異なる「保育」のあり方を示したこと、そうしたなかで「行政上、幼稚園は『教育』、保育所は『保育』の語を用いることが慣例化」し、「教育」と「保育」が区別されてきたことなど、「保育」をめぐる歴史的経緯を明らかにした[7]。こうした「保育」と「教育」の議論は幾度もくり返されてきた[8]。二〇二四年現在も、学校教育法における幼稚園の目的規定には「保育」の語が用いられ、幼稚園教諭は「幼児の保育をつかさどる」と定められている。保育所は、二〇一七年改定の保育指針で「幼児教育の一翼を担う施設」であることが新たに明記された。湯川は、こんにちなお「教育」と「保育」は並立したまま、混沌としていることも指摘している。戦後、ケアを含む教育としての「保育」や教育の機能を含む「保育」というあり方が示されてきたことと、「教育」と「保育」が区別されてきたことの間には、矛盾を抱え続けているのではないかとも考えられる。では、「教育」の機能を含むことや幼稚園との関係が明言された保育所の「保育」は、その当時どう位置づけられてきたのだろうか。

本稿が対象とする一九六〇年代半ば以降の時代は、保育者養成の基盤が形成されていく時期でもある。保母養成課程に関する制度にも変遷がみられ、その制度のもとで、保母を志す人びとが「教育」を含む「保育」を学ぶために、「保育」はどのように教示されていたのか。以下ではまず、「通知」前後の保育政策の動向および保母養成制度の変遷を概観する。次に、保母試験受験者をも想定し作成された保母養成のテキストを分析していく。これにより、一九六三年の「通知」発出を経て一九六五年の保育指針が通知されたのち、保母養成に関わって、保育所の「保育」や「教育」、そして、保育内容の捉え方にはどのような変化があったのかを明らかにしていきたい。

第一節　保育と教育、保母養成をめぐる政策方針

乳幼児期の保育に対する一般の関心が高まり、保育が社会的に注目されつつあった一九六二（昭和三七）年四月、「保育所の問題を集中的に検討するため」、中央児童福祉審議会（以下、「中児審」）に保育制度特別部会が設置された[9]。以下では、「通知」発出前後に発表された二つの中間報告――「保育問題をこう考える」（一九六三年七月三一日）と「いま保育所に必要なもの」（一九六四年一〇月八日）から、同部会で検討された「保育」と「教育」をめぐる考え、そして、保母養成に関する方針を確認する。

（二）保育と教育をめぐって

一九六三年七月の中間報告「保育問題をこう考える」は、「保育七原則」を示したものとして知られる。第七原則の一つには「集団保育」が挙げられ、保育と教育の関係に関して言及されている。すなわち、「幼時期《ママ》においては、保育と教育とを切り離して考えることは不可能である。教育の意識が強く働く場合にも、養護の面を無視することはできないし、養護の中においても刻々と教育が行なわれて」おり、「保育に欠けるこどもの集団保育を行なう場合にも、その保育内容にも、カリキュラムに基いた教育をもり込むべき」とされた[10]。保育所と幼稚園のいずれにおいても、子どもには「幼児教育的な考慮」が必要であると考えられ、両者における保育内容の調整や、同一水準の幼児教育を行うための設備等の充実が求められた。

その後保育制度特別部会は、「保育所の制度問題」を検討する第一研究会、「保育内容の要領作成」を検討する第二研究会、「保母の身分制度等」を検討する第三研究会を組織した。各研究会での検討を経てまとめられたのが、一九六四年一〇月の第二次中間報告「いま保育所に必要なもの」であった。保育内容については、保育所を「人間育成の場として最適のもの」とするため積極的に考える必要があり、「保育所保育要領（仮称）を作成し、保育内容の充実をはかる」ことが求められた。保育所と幼稚園との関係は「持ち越された問題」の一つとなっており、「保育」と「教育」に関する明示的な言及はみられない。しかし、「通知」発出後の時期であり、「三才以上の幼児に対する保育内容、およびその編成については、保育所の特質を十分にとらえながら幼稚園教育要領との関連をも配慮しつつ、全体の適正な保育計画が行なわれることが必要である」とされた[11]。

以上より、少なくとも一九六〇年代半ばにおいて、保育と教育は切り離せない不可分のものという考え方が共有され、保育制度特別部会の検討結果として示されてきたことがわかる。

(二)保母養成をめぐって

他方、保母養成については、その資質向上にむけた議論が展開されてきた。

一九六三年七月の「保育問題をこう考える」では、保育を担う保母の資質向上の必要性に言及し、「このためには、保母に関する身分制度を確立し、その待遇をこれにふさわしいものとするとともに、その養成制度の充実を図るべき」であるという。そして、現職保母に対して「新しい技術の伝達及び再訓練のための現任訓練制度」を考慮すること、「保母養成所の教科目、保母試験の内容など」の改善を求めた(12)。

一九六四年一〇月の「いま保育所に必要なもの」では、保母には「専門的な知識、技術の取得が必須であり、専門職としての地位の確定が必要である」とし、「高等教育機関による保母養成計画」や保母資格の法律制定といった改革にも言及している。また、保母は「乳幼児の時と処に応じて千変万化する活動に即して創意と工夫をもつて指導する創造的業務」ゆえに、研修も重視された。加えて、「保育の業務は、その中に教育の機能を含んでおり、さらに健康管理など生活を直接指導する機能、また家庭環境の改善指導などの福祉的機能も含まれ、したがつてその職務は幼児教育のみを中心とする業務より一層複雑困難」と考えられるため、「保育職固有の俸給体系」により処遇改善を図るべきとした(13)。

保育所が普及していく当時、保育制度特別部会では、保育所の保育は教育と福祉の両機能を含むと捉えられており、保母の資質向上、身分確立、処遇改善、そして養成や研修のあり方は、保育制度に関わる主要課題となっていた。

第二節　保母養成課程の制度的変遷

「通知」発出や保育指針と前後して保育と教育の関係や保母養成をめぐる議論が展開されるなかで、保母養成の教育課程は制度上どのように変わってきたのだろうか。

表3―1と**表3―2**には、一九六二（昭和三七）年および一九七〇年に改定された保母養成所の修業教科目と履修方法を示した。先行研究では、一九六二年の改定に関して、背景には「託児から保育へと保育内容の質的転換」や「保母養成の充実」を求める声があったこと[14]、深刻な保母不足のため最低必修科目数を削減し、二年制短期大学における幼稚園教諭二級免許状との同時取得を可能にしたものの過密性の問題が生じたこと[15]、一般教育科目の充実や、保育所と収容施設における保母の専門性の差異に応じた選択履修を可能にしたこと[16]、などが明らかにされてきた。また、一九七〇年の改定に関しては、単位制の適切な実施のために保母資格取得に必要な最低単位数を削減して選択科目を増やしたことや、専門科目を系列ごとに整理し、基本を精選して学修できるようにしたこと、幼稚園教諭免許状との同時資格を容易にしたことが特徴として言及されてきた[17]。加えて、「保育内容」系列の増加による「六領域重要視」の傾向がみられる一方、「福祉」系列の単位削減を問題視し、「幼稚園教諭に準ずる幼児保育担当者としての保母の域を脱していない[18]」という指摘や、「多様化する保育要求に対応しようとした」ことで「過密化」を招き、「画一的、おしきせの保母養成になっている[19]」といった指摘がなされてきた。

当時は保母の不足解消と資質向上とのはざまで養成課程が模索されていた。**表3―1**と**表3―2**を比べると、保母養成課程の教科目が系列で整理され、一九七〇年改定時に「小児保健」「小児栄養」「乳児保育」「乳幼児

表 3-1　保母養成所の修業教科目および履修方法
（1962 年 9 月 26 日厚生省告示第 328 号）

	系列	教科目		履修方法
一般教育科目	人文関係科目	倫理学・哲学・文学・歴史・宗教・その他一般教育科目として適当と認められる教科目（講義）		系列ごとに、それぞれ2科目以上、あわせて4単位以上
	社会科学関係科目	社会学・法学（日本国憲法）・心理学・経済学・人文地理・その他一般教育科目として適当と認められる教科目（講義）		
	自然科学関係科目	生物学・生活科学・統計学・数学・化学・その他一般教育科目として適当と認められる教科目（講義）		
	外国語に関する演習		4単位	選択
	体育に関する講義及び実技		各1単位	必修
専門科目甲類	教科目		単位数	履修方法
	保育原理	（講義）	4	必修
	養護原理	（講義）	2	
	健康	（演習）	1	
	社会	（演習）	1	
	自然	（演習）	1	
	言語	（演習）	1	
	音楽リズム	（演習）	1	
	絵画製作	（演習）	1	
	保育実習	（実習）	10	
	社会福祉	（講義）	2	
	児童福祉	（講義）	2	
	ケースワーク	（演習）	2	
	グループワーク	（演習）	2	
	児童心理学	（講義）	4	
	精神衛生	（講義）	2	
	生理学	（講義）	2	
	小児病学	（講義）	2	
	保健衛生学	（講義）	2	
	看護学	（講義） （実習）	2 1	
	栄養学	（講義） （実習）	2 1	
	音楽	（演習）	4	
専門科目乙類	教育原理	（講義）	2	4科目 7単位
	言語	（演習）	1	
	音楽リズム	（演習）	1	
	絵画製作	（演習）	1	
	被服住居	（演習）	1	
	社会福祉	（講義）	2	
	家庭経営	（講義）	2	
	施設管理	（講義）	2	
	精神衛生	（講義）	2	
	教育心理学	（講義）	2	
	青年心理学	（講義）	2	
	音楽	（演習）	2	
	図画工作	（演習）	2	
	体育	（演習）	2	

（備考）『官報』第 10733 号、1962 年により作成。

表 3-2　保母養成所の修業教科目および履修方法（1970 年 9 月 30 日厚生省告示第 352 号）

	系列	教科目		単位数	履修方法
一般教育科目	人文関係科目	倫理学・哲学・文学・歴史・宗教・その他一般教育科目として適当と認められる教科目（講義）			系列ごとに、それぞれ2科目以上、あわせて4単位以上
一般教育科目	社会科学関係科目	社会学・法学（日本国憲法）・心理学・経済学・人文地理・その他一般教育科目として適当と認められる教科目（講義）			
一般教育科目	自然科学関係科目	生物学・生活科学・統計学・数学・化学・その他一般教育科目として適当と認められる教科目（講義）			
	外国語に関する演習			2単位	選択
	体育に関する講義及び実技			各1単位	必修
	系列	教科目		単位数	履修方法
専門科目甲類	福祉	社会福祉Ⅰ	（講義）	2	必修
		社会福祉Ⅱ	（演習）	2	
		児童福祉	（講義）	2	
	保育・教育	教育原理	（講義）	2	
		保育原理Ⅰ	（講義）	4	
		養護原理Ⅰ	（講義）	2	
		保育実習Ⅰ	（実習）	4	
	心理	児童心理学	（講義）	2	
		教育心理学	（講義）	2	
	保健	小児保健Ⅰ	（講義）	4	
		小児保健	（実習）	1	
		精神衛生	（講義）	2	
		小児栄養	（講義） （実習）	2 1	
	保育内容	健康	（演習）	1	
		社会	（演習）	1	
		自然	（演習）	1	
		言語	（演習）	1	
		音楽リズム	（演習）	1	
		絵画製作	（演習）	1	
		乳児保育Ⅰ	（講義）	2	
	基礎技能	音楽Ⅰ	（演習）	2	
		図画工作	（演習）	2	
		体育	（演習）	2	
専門科目乙類	保育・教育	保育原理Ⅱ	（講義）	2	5科目 8単位
		養護原理Ⅱ	（講義）	2	
		保育実習Ⅱ	（実習）	2	
		保育実習Ⅲ	（実習）	2	
	心理	青年心理学	（講義）	2	
		乳幼児心理学	（演習）	2	
		臨床心理学	（演習）	2	
	保健	小児保健Ⅱ	（講義）	2	
	家政	家庭管理	（講義）	2	
	保育内容	健康	（演習）	1	
		言語	（演習）	1	
		音楽リズム	（演習）	1	
		絵画製作	（演習）	1	
		養護内容	（演習）	2	
		乳児保育Ⅱ	（演習）	2	
	基礎技能	音楽Ⅱ	（演習）	2	

（備考）『官報』第 13135 号、1970 年により作成。

心理学」などが新たに加わっていることがわかる。これらは「保育」「福祉」「小児」「乳（幼）児」に特化した科目が充実し、保母養成が専門分化した一面として捉えることができるであろう。保育内容に関して注目すると、一九六二年の改定は、「通知」発出前であるものの、幼稚園教育要領の六領域（健康、社会、自然、言語、音楽リズム、絵画製作）に関する教科目（計六。以下、科目名に続く括弧内の数字は単位数を示す）が必修であった。一九七〇年の改定では、必修科目として六領域に関する科目（計六）のほか「乳児保育Ⅰ」（二）が加わり、選択科目には、六領域のうち社会と自然を除く四領域（健康、言語、音楽リズム、絵画製作）に関する科目（計四）と「乳児保育Ⅱ」（二）、さらに「養護内容」（二）が加わっている。ここには、三歳未満の「保育に欠ける」乳幼児の保育も担う保母を養成する課程としての特徴が現れている。また、「通知」発出と保育指針の通知後にあたる一九七〇年の改定では、「教育原理」（二）および「教育心理学」（二）、基礎技能としてそれまでの「音楽」（二）に加え、「図画工作」（二）と「体育」（二）が必修化された。こうした変化は、保母が担う教育の側面や「通知」で言及された「幼稚園教育要領の内容を扱いうる」ことの想定が、養成課程に反映された一面ではないかと考えられる。

では、上記のような保母養成課程の制度的変遷のなかで、保母試験受験者にもむけて発刊されてきたテキストの内容はどのように変化したのだろうか。

第三節　保母養成テキストの変化

（一）分析対象

本稿でとりあげるのは、全国社会福祉協議会発刊の『保母養成講座』である。同書は、一九六三（昭和三八）年四月以降八月にかけて初版全一〇巻（A五判・横組・定価全巻二二〇〇円）が刊行された。一九六二年の保母養成課程改定後、一九六三年四月には厚生省が「保母試験実施要項」を制定し、全国統一的な保母試験への改善と保母の資質向上が図られた。あわせて、中児審保育制度特別部会の答申に基づき、厚生省児童局の責任で『保母養成講座』を編集し、「保母試験の範囲と程度などについて全国的標準ともいうべきものを示すこととなった」という。[20]『保母養成講座』は、刊行後には「保母試験の〝虎の巻〟！／保育所必備の書！／保母養成の最良のテキスト！」として雑誌『保育の友』に紹介された。[21]当時、保母試験対策のための書籍は刊行されていたものの、厚生省児童局も関与してシリーズで作成された保母養成のテキストはほかに類書がなく、『保母養成講座』は刊行以来、長年にわたり改訂を経ながら版を重ねてきた。

本稿では、「保育」と「教育」の内容が深く関わる『保育理論』に焦点を当てる。一九六三年の「通知」発出を経て、厚生省児童家庭局が保育指針を通知した一九六五年八月の前後を対象とし、執筆時までに入手できた三版（一九六四年一月二〇日）と二五版（一九七二年六月一日）をとりあげる。[22]三版では第九巻『保育理論①』と第一〇巻『保育理論②』の保育所保育に関する部分、構成が変わった二五版では第九巻『保育理論Ⅰ』に着目する。以下、各版の基本情報を比較し、テキストの「保育原理」「保育の場」「保育内容」に関する記述を中心に分析していく。

(二)全体の概要比較

表3―3には、検討する三版と二五版の概要を示した。大きな変化として、二五版では第九巻『保育理論Ⅰ』の副題に「保育原理」がつき、構成が保育所保育の基本に特化されたことを挙げることができる[23]。執筆者には岡田正章が加わった。岡田は、厚生省児童家庭局が保育所保育の指針を作成するにあたり、一九六四年一月から任用された保育指導専門官の経験を有する[24]。また、内容構成や執筆分担にも変化がみられる。二五版の「はしがき」には、改訂の経緯が次のように述べられている。

本書の前身として第9巻「保育理論①」、第10巻「保育理論②」が刊行されていた。本書は、この二巻のもっていた特徴「保育の基本的な理論とその実際への展開についての一通りの見通しを与えることを目ざす」ことをうけつぎながら、その後の保育界の成果をとり入れ、保育所の保育に限って書いた。昭和40年8月、厚生省児童家庭局は、中央児童福祉審議会保育制度特別部会において作成され、行政上具現化することの望まれた保育所保育指針を、各保育所での保育内容向上の資とするよう公けにした。執筆者は保育所保育指針の作成にあたった中央児童福祉審議会の委員・研究員などであり、その意とするところを旨としながら、さらに深く保育の基本にふれるように努めた[25]。

従前の特徴を受け継ぎ、保育学における実践や研究の成果を反映しつつ、保育指針の趣旨にも沿って、保育所保育の理論をまとめるかたちで内容が改訂された。このことは、全体のページ数増加や第三章以降の再構成

表 3-3 『保母養成講座』の「保育理論①」「保育理論②」（3 版）と「保育理論Ⅰ」（25 版）の概要

刊行日	3 版、1964 年 1 月 20 日	25 版、1972 年 6 月 1 日
タイトル	保育理論①／保育理論②	保育理論Ⅰ—保育原理—
編纂	厚生省児童局	—
著者	山下俊郎・秋田美子・根岸草笛・鈴木とく	山下俊郎・根岸草笛・秋田美子・鈴木とく・岡田正章
目次	第 1 章　保育の原理〈山下〉 第 1 節　保育の意義 第 2 節　保育の目標 第 3 節　乳幼児期の発達的特質 第 4 節　保育の理論 1　基本的原理　2　方法的原理 第 2 章　保育の場〈山下〉 第 1 節　家庭保育 第 2 節　施設保育 第 3 節　収容施設の保育 第 3 章　保育所の保育〈根岸・鈴木・秋田〉 第 1 節　保育の環境〈根岸〉 1　施設・設備と遊具・教具 2　保育者およびその人間関係 第 2 節　保育の方法〈根岸〉 1　保育計画 2　保育の形態 3　デイリー・プログラム 〈以下、保育理論② 所収〉 4　保育内容〈鈴木〉 〔1〕保育内容の意義 〔2〕健康 〔3〕社会 〔4〕自然 〔5〕言語 〔6〕音楽リズム 〔7〕絵画・製作 5　生活訓練〈鈴木〉 〔1〕基本的習慣 〔2〕安全教育 〔3〕社会的訓練 6　保育の評価〈秋田〉 7　家庭・小学校その他との連絡〈秋田〉	第 1 章　保育の原理〈山下〉 第 1 節　保育の意義 第 2 節　保育の目標 第 3 節　乳幼児期の発達的特質 第 4 節　保育の基本的原理 第 5 節　保育の方法的原理 第 2 章　保育の場〈岡田〉 第 1 節　家庭 第 2 節　保育施設 第 3 節　保育施設の歴史 第 4 節　保育施設の現状 第 3 章　保育所の環境〈根岸〉 第 1 節　自然的環境 第 2 節　施設・設備 第 3 節　遊具・玩具・用具 第 4 節　保育者およびその人間像 第 4 章　保育の内容〈鈴木・秋田〉 第 1 節　保育内容の意義 第 2 節　領域区分ごとのおもな保育内容 1　領域の意義　2　生活　3　遊び 4　健康　5　社会　6　言語 7　自然　8　音楽　9　造形 第 5 章　保育計画と指導計画〈岡田・秋田〉 第 1 節　保育計画 第 2 節　指導計画 第 3 節　指導計画の作り方 第 6 章　指導計画と保育の実際〈鈴木・根岸〉 第 1 節　3 歳未満児の指導計画 第 2 節　3 歳児の指導計画 第 3 節　4、5、6 歳児の指導計画 第 4 節　デイリー・プログラム 第 5 節　指導計画の改善 第 6 節　家庭、小学校、その他との連絡 第 7 章　保育の形態と保育の評価〈秋田〉 第 1 節　保育の形態 第 2 節　保育の評価
総頁数	保育理論①　118 頁 保育理論②　55 頁（第 3 章第 2 節 7 まで）	184 頁

（備考）厚生省児童局編・山下俊郎・秋田美子・根岸草笛・鈴木とく『保育理論①』（3 版）、全国社会福祉協議会、1964 年、山下俊郎・根岸草笛・秋田美子・鈴木とく・岡田正章『保育理論Ⅰ—保育原理—』（25 版）、全国社会福祉協議会、1972 年により作成。

表3-4　第1章「保育の原理」（とくに「保育」と「教育」に関わる記述）の比較

3版、1964年1月20日	25版、1972年6月1日
・「歴史的にいえば、保育という言葉は幼児教育という言葉と同義」（2頁）	・歴史的にいえば、保育という用語は乳幼児教育という用語と同義」（2頁）
・「筆者は保育という言葉は、どこまでも乳幼児の保育に限定して用いることを主張している。しかし、現行の施設では、この拡大した用い方が行なわれているので、一応はこの用法にしたがうことにする。けれども、どこまでも保育に関する限り、その中心は乳幼児の保育に置くという建前で進めていくことにしたい」（3頁）	・「筆者は保育という用語は、どこまでも乳幼児の保育に限定して用いることを主張している。しかし、現行の施設では、この拡大した用い方が行なわれているのではあるが、すでに保育所保育指針においても示されているように、保育の用語は乳幼児に対する育成の営みを意味することに考えたい」（3頁）
・「子どもは生きる権利を持っている以上、成長する権利を持っているのである」（4頁）	・「子どもは生きる権利をもっている以上、成長する権利をもっているのである。そして、このように成長すべきものとして考えられるところの子どもは必然的にその内に豊かに伸びていく可能性を秘めているものとして考えられなければならない。未成熟であるがゆえに、そこに無限の可能性が秘められていると考えられるのである」（4頁）
・〔間接性の原理について〕「かきたくなるような興味、かきたくなるようなふんい気を作り、そうするように引っぱることが必要になってくるのである。つまり、まわりから間接的に、そうならざるを得ないように、しむけていくことが、幼児の保育の方法の最も根本的な原理なのである」（12-13頁）	・〔間接性の原理について〕「かきたくなるような興味、かきたくなるようなふんい気をつくり、そうするように引っぱることが必要になってくるのである。つまり、まわりから間接的にこちらの思う方向にむかっていくように仕向けていくことが、幼児の保育の方法のもっとも根本的な原理なのである」（12頁）

（備考）前掲書『保育理論①』（3版）、2-13頁、前掲書『保育理論Ⅰ―保育原理―』（25版）、2-12頁により作成。
（注）3版の傍点は原資料のママである。25版に変化がみられる箇所について下線を引いた。

にもつながったと考えられる。(26)

(三)「保育の原理」の内容比較

次に、山下俊郎が執筆した第一章「保育の原理」を検討する。執筆者が同一で、本章に限っては、三版の内容をおおむねそのまま踏襲しながら、部分的に加筆修正されている。とくに「保育」と「教育」に関わる記述の変更箇所をまとめると**表3―4**のとおりである。

二五版では、幼児と乳児を含めて保育所における「保育」が「教育」と同義と捉えられ、保育という用語の使用に関わって保育指針にも言及されていることがわかる。また、四頁には、「児童観」に関わって、子どもに内在する可能性を育む考え方が加筆された。さらに、「保育の方法的原理」の一つである「間接性の原理」に関して、二五版では「こちらの思う方向にむかっていくように仕向けていくこと」が根本的原理として加筆された。あくまでも「まわりから間接的に、〔中略〕保育者が望んでいる方向へ動いていくように整え〔中略〕誘導する」[27]ことは一貫している。また、「教育」に関する直接的な記述は、三版も二五版も「自発性の原理」において「教育というのは、つねに子どもの内にあるものを引き出すことである。子どもが内に持っている活動の芽生えをひき出して、それがまっすぐに順調にのびていけるように、まわりから手助けしてやることが教育である」[28]とあり、わずかに漢字かな変換が違うのみである。「間接性の原理」の加筆は、「教育」の考え方は変わらず、環境による保育に重きを置きつつ、保育者の教育的な意図性がやや強調されたようにも読める。

（四）「保育の場」の内容比較

次に、保育所の説明を含む第二章「保育の場」を検討する。二五版では執筆者が山下から岡田に替わった。これら内容は家庭と保育施設を中心とし、新たに「保育施設の歴史」「保育施設の現状」の節が立てられた。これらは、歴史を学ぶことで各施設保育の「存在意義を理解させ、家庭保育との関連をも歴史的認識の上に理解させる」[29]という趣旨があった。

二五版の「保育所の機能」の記述をみると、保育所は児童福祉法の理念に基づいて「意図的、組織的にその発達に必要な、望ましい経験や活動を用意し、教育的に働きかけることをめざしている」[30]と説明されている。そのために保母には専門的な知識・技術を備えた有資格者が採用され、施設・設備の基準も定められており、「子どもの必要とする生活的欲求と教育的課題とを、それぞれの年齢・発達の実態に即応して、じゅうぶんに保障されることが望まれ」るという。[31]三版では、保育所は「子どもを育成する営みとしての保育を行なっている」[32]と端的に記されていたことに比べると、二五版では、保育所の機能として、教育の側面も明記されたといえる。

(五)「保育(の)内容」の内容比較

続いて、「通知」で幼稚園教育要領に準ずることが言及された保育内容について検討する。

一、三版「保育内容」

三版の保育内容の執筆を担当したのは、当時公立保育園で園長を務めていた鈴木とくであった。保育内容の基準としては、児童福祉施設最低基準第五五条（当時）の、健康状態の観察、個別検査、自由遊び（音楽・リズム・絵画・製作・お話・自然観察・社会観察・集団遊び等を含む）、午睡、健康診断を挙げている。加えて、保育所保育について「保育の中に当然含まれなければならない広義・狭義両面の教育については、同じ幼児の心身の発達を助長して、教育の目的を達成させようとする幼稚園の幼児教育と異なる筈はなく、従って幼児教育における、保育内容と、保育所保育における保育内容は、同一であってよいと考える」[33]と述べられている。「保育内容の意義」の説明では、学校教育法第七八条に規定された幼稚園の五つの目標と、幼稚園教育要領の六領域（健康・社会・自然・言語・音楽リズム・絵画製作）にふれている。「保育所の保育内容にはこの6つの領域が殆んど含まれており保育の方法を指向している点が違うだけ」とし、「この幼児教育の6つの内容」、すなわち六領域の説明が続く[34]。

ただし、三版の刊行は、一九六四年三月の幼稚園教育要領改訂告示より前であり、「健康」から始まる内容の説明を幼稚園教育要領の内容とも照らして読んでいくと、一九五六年制定の幼稚園教育要領を参照していることがわかる。一例を挙げると、保育内容の「自然」では、保育者が子どもに「科学する態度を培うことをめざして、経験の順序や積み重ね、その拡がりを考えながら、させたい経験を組み立てて行くべきである」と述べ、「1．身近にあるものを見たりきいたりする」「2．動物や植物の世話をする」「3．身近な自然の変化や美しさに気づく」「4．いろいろなものを集めて遊ぶ」「5．機械や道具を見る」の各事項について、一九五六年幼稚園教育要領の領域「自然」における「望ましい経験」の内容を織り交ぜて略述している[35]。「健康」「社会」「言語」「音楽リズム」「絵画・製作」についても、学校教育法の幼稚園目標と関連づけて説明し、一九五六年幼稚園教育要領の各領域における「望ましい経験」の項目を引用しながらまとめられている。

二、二五版「保育の内容」にみられる変化

では、二五版ではどのように変わったのか。第4章「保育の内容」として新たに章が立てられ、執筆は都立高等保母学院の専任講師となっていた鈴木とくが主に担い、領域「社会」「自然」については秋田美子[36]が担当した。

【「通知」および一九六四年改訂幼稚園教育要領に基づく記述】

保育内容の法的位置づけに関わって、児童福祉施設最低基準と学校教育法における幼稚園の目的・目標規定に言及したうえで、一九六四年改訂告示の幼稚園教育要領に基づく六領域を挙げている。「乳幼児保育および幼児教育のそれぞれの機関における法的な保育内容は、表現の方法はちがっていても、内容はほとんど大差ないといってよい[37]」という。また、一九六三年の「通知」により「教育の営みにおいては、保育所も幼稚園も本質的には同じ基盤に立つべきことが示された[38]」とあり、「通知」にも基づいた説明となっている。

【一九六五年保育指針の反映】

二五版では、一九六五年八月に通知された保育指針について、「保育所の機能と特徴をふまえて、幼稚園教育要領についての文部省厚生省各担当局長の共同通達の線を尊重しながら、しかも保育所の独自性を出すようにという趣旨で研究された」[39]ものであると経緯が記されている。

表3―5に保育指針における年齢区分と領域を示した。二五版で、領域は「保育内容の区分をあらわすもの」[40]と説明されている。領域間の「・印は、乳幼児の生活が1線で画然と区別できる性質のものではなく、立体的に渾然としているものを平面的に表示する」印で、各領域は「範囲が分けられてはいるが、生活の実態としては関連があるということを意味している」という。[41]領域は小学校低学年の教科との関連が「全然ないとはいえない」ものの、「言語＝国語」など単純に一致させて考えられるものではなく、領域内での生活経験の蓄積が小学校以降の学習の「何らかの力になっている」と関連が説明されている。[42]

年齢区分ごとの領域について、四歳以上では「遊び」が「自然」「音楽」「造形」に分化しており、一九六三年の「通知」および「同一年齢の幼児の等しく教育を受ける権利なども考え合わせたうえで、幼稚園教育要領とだいたい合致するような6領域に区分された」と説明している。[43]「音楽」「造形」については幼稚園の六領域との違いを説明[44]したうえで、保育指針の「6領域に含まれる活動の範囲は、幼稚園教育要領に含まれている活動の範囲と異なるものではない」という。[45]二五版では、「通知」に言及し、その趣旨に即するように、保育所の教育の機能

表3-5　保育所保育指針（1965年）の年齢区分と領域

年齢区分	領域
1歳3カ月未満	生活・遊び
1歳3カ月から2歳まで	生活・遊び
2歳	健康・社会・遊び
3歳	健康・社会・言語・遊び
4歳	健康・社会・言語・自然・音楽・造形
5歳	健康・社会・言語・自然・音楽・造形
6歳	健康・社会・言語・自然・音楽・造形

（備考）厚生省『保育所保育指針』日本保育協会、1965年により作成。

と幼稚園の教育との共通性が記されていることがわかる。

【各領域の説明および保育指針との関係】

続く各領域の説明は、保育指針の「保育のねらい」「望ましいおもな活動」を引用しながら、領域ごとにまとめられている。すなわち、領域の観点から、子どもの育ちや経験を重ねていく過程、保育者として指導上重きを置く要点が説明されている。これは、保育指針が年齢区分ごとに「発達上のおもな特徴」「保育のねらい」「望ましいおもな活動」「指導上の留意事項」を記しているのとは対照的である。また、低年齢段階では領域が未分化で、生命を保持し基本的な生活経験を重ねながら総合的に保育することが想定されていたため、二歳までの「生活」、三歳までの「遊び」が、後に分化する領域とどう関わるかという点も、領域ごとの記述で具体例（ごっこ遊びにはことば、歌、運動が含まれる等）を示しつつ、意識的に述べられている。

二五版では、「通知」や幼稚園教育要領とも関連しながら、保育指針を軸として、保育の内容について領域ごとに説明が展開されていた。

おわりに

一九六〇年代前半、一九六三（昭和三八）年の「通知」発出前から保育と教育の関係が議論され、保育は教育と不可分のものと考えられていた。同時期、保育所が全国的に普及し、保母養成は量を満たすのみならず資質向上も課題となっていた。そうした状勢のなか、保母養成の教育課程が改定され、保育所保育の指針作成に育や、保育内容の考え方に影響し、保育指針にも少なからず反映されることとなった。

保育指針の通知前後に刊行された『保母養成講座』テキストの比較検討をとおして、保育所保育における「教育」に関しては、幼稚園と変わりないことが積極的に言及されたことや、保育内容の説明にみられる変化が明らかとなった。換言すると、保育指針が通知される以前から、保育所の保育に教育の側面は含意されており、保育内容は幼稚園教育要領を参照して説明されていた。それでも、保育所の保育に特化し、教育にも言及した保育指針ができたことは、保育内容の論じ方に大きな変化をもたらした。一九五六年の幼稚園教育要領に依拠して展開していた保育内容の説明は、一九六五年の保育指針通知後には、一定の期間を経て、保育指針に基づく内容に記述が一新された。「養護と教育とが一体」である保育所の保育において、その教育は幼稚園と本質的に共通しているという考え方が反映されるとともに、『保母養成講座』の「保育理論」は保育原理として体系的にまとめられ、保育指針の解説書の役割を果たし得る内容になっていたといえる。保育指針と『保母養成講座』テキストの構成の特徴から、両者は保母志願者の保育内容の理解において、横糸と縦糸の関係にあったと考えることもできるであろう。こうしたテキストが、教育的営みでもある保育所保育を学ぶ指南書となり、保母養成の一端を担っていた。

以上のような実態にもかかわらず、ともに「保育」を担う幼稚園と保育所の役割の相違が強調され、制度上の二元体制が維持され続けてきたのはなぜか。また、その後半世紀余りが経過してもなお「教育」と「保育」が混沌とした状況にあるのはなぜなのか。これらについては今後の課題として検討を続けていきたい。

注

（1）厚生労働省『保育所保育指針解説』フレーベル館、二〇一八年、五頁。
（2）厚生省児童家庭局『保育所保育指針』日本保育協会、一九六五年、五頁。
（3）同前書、七頁。
（4）岡田正章「「保育所保育指針」の作成と役割」岡田正章・久保いと・坂元彦太郎・宍戸健夫・鈴木政次郎・森上史朗編『戦後保育史』第二巻、フレーベル館、一九八〇年、二三〇―二三一頁。
（5）鈴木政次郎「保母資格の設定と保母養成」岡田正章・久保いと・坂元彦太郎・宍戸健夫・鈴木政次郎・森上史朗編『戦後保育史』第一巻、フレーベル館、一九八〇年、二六一頁。
（6）林俊光「保母養成に関する一考察」『佛教大学大学院研究紀要』第一四号、一九八六年、五五―七三頁。
（7）湯川嘉津美「保育という語の成立と展開」日本保育学会編『保育学とは――問いと成り立ち』東京大学出版会、二〇一六年、四一―六七頁。
（8）森上史朗「『保育』と『教育』をめぐる論議の経緯」『平成16年度版 保育所問題資料集』全国私立保育園連盟、二〇〇四年、五四―五九頁。
（9）岡田正章「保育所の基本政策の確定」前掲書『戦後保育史』第二巻、一九五頁。
（10）中央児童福祉審議会保育制度特別部会「保育問題をこう考える」一九六三年、寺脇隆夫編『母子・児童・老人福祉基本資料』第五巻、柏書房、二〇一六年、四三一―四五六頁。
（11）中央児童福祉審議会保育制度特別部会「いま保育所に必要なもの」寺脇隆夫編『母子・児童・老人福祉基本資料』第六巻、柏書房、二〇一六年、一八三―二二七頁。
（12）前掲「保育問題をこう考える」。
（13）前掲「いま保育所に必要なもの」。
（14）待井和江「保母の専門職化と保育者養成」大阪社会事業短期大学『社会問題研究』第三〇巻第二・三・四号、一九八〇年、一一七―一四八頁。
（15）久保いと「保育者養成のカリキュラム問題」『教育学研究』第三五巻第三号、一九六八年、二一八―二三一頁。
(16) 鈴木政次郎「保母養成と保母の確保」前掲書『戦後保育史』第二巻、二三七―二五〇頁。
(17) 同前。
(18) 前掲「保母養成に関する一考察」七一―七二頁。
(19) 前掲「保母の専門職化と保育者養成」一四二―一四三頁。
(20) 黒木利克「編集のことば」厚生省児童局編・山下俊郎・秋田美子・根岸草笛・鈴木とく『保育理論①』（三版）、全国社会福祉協議会、一九六四年、頁番号なし。
(21) 全国社会福祉協議会『保育の友』第一一巻第一二号、一九六三年。
(22) 『保育理論①』の初版は一九六三年五月二五日、『保育理論②』の初版は一九六三年四月一日となっている。本稿執筆時までに本文が保育指針に対応した正確な時点は明らかにできていない。少なくとも六版（一九六五年七月三〇日）、八版（一九六六年四月二〇日）は三版の内容をほぼそのまま引き継いでいる。ただし、八版には保育指針の作成の意義や「幼稚園教育要領」との関係などを概説したB六判の「保育理論①〈補遺〉」（五頁）および「保育理論②〈補遺〉」（一〇頁）が挟み込まれている。また、国立国会図書館では『保育理論①』の五版（一九六五年五月一〇日）、『保育理論②』の再版（一九六三年九月一日）を閲覧できる。
(23) 第一〇巻のタイトルは『保育理論Ⅱ―養護原理―』（二四版）であり、執筆者は大谷嘉明となった。
(24) 岡田正章「中央児童福祉審議会の要望」前掲書『戦後保育史』第二巻、二二七頁。
(25) 山下俊郎・根岸草笛・秋田美子・鈴木とく・岡田正章『保育理論Ⅰ―保育原理―』（二五版）、全国社会福祉協議会、一九七二年。
(26) 三版では、第三章「保育所の保育」第二節「保育の方法」のなかで「保育内容」に続いて「生活訓練」の項が設けられている。執筆した鈴木とくは、戦前期に東京帝国大学セツルメント託児部で保育者として働いた経験を有し、そこで子どもたちの社会生活における「協同性」を養うために「生活訓練」や「社会的訓練」を特徴とする地区別グループによる保育を発案した。この実践は、その後託児部関係者の児童問題研究会、東京保育研究会、保育問題研究会への流れと研究にも関わって、「保育所の人間関係や集団づくりに関する保育を基礎づける実践を展開していた」と評されている（福元真由美『都市に誕生した保育の系譜――アソシエーショニズムと郊外のユートピア』世織書房、二〇一九年、七九―九一頁）。

鈴木は「社会の一員として、民主的生活をなすためのよいパーソナリティを培うためには、集団生活のための基本的な生活技術を身につけてゆく必要がある。〔中略〕ここに、遊びの生活とは別に、生活訓練を系統的に考えてみなければならない必要性がある」と記している。生活訓練は、社会生活のために「基本的な生活のしかたを身につけさせる事」であり、「個人的生活に関連する基本的習慣と、個人の生命の安全を守るために必要な習慣をつける安全教育と、集団の生活をスムーズに運ぶための社会的訓練とがある」と考えられていた。保育所で実践される施設保育が集団保育であり、かつ社会生活の場として、家庭では得られない生活や環境のなかで子どもが身につけていく態度や習慣があるという。それらは、「健康」や「社会」をはじめとする保育内容や幼稚園教育要領との関連にもふれながらまとめられている（前掲書『保育理論②』（三版）三二―四六頁）。二五版では、「生活訓練」は独立した項目でまとめられていない。しかしその考え方は、保育指針における領域区分とも関わって、同じく鈴木が執筆した第四章の「生活」や「健康」「社会」をはじめ、各領域に盛り込まれるかたちとなった（前掲書『保育理論I―保育原理―』（二五版））。ここにも保育指針の影響がうかがわれる。

(27)　前掲書『保育理論①』（三版）一三頁、『保育理論I―保育原理―』（二五版）一二頁。
(28)　前掲書『保育理論①』（三版）一三頁。
(29)　厚生省児童家庭局編『保母養成専門教科目教授内容ソースブック』日本児童福祉協会、一九六五年、一〇頁。
(30)　前掲書『保育理論I―保育原理―』（二五版）一二頁。
(31)　同前。
(32)　前掲書『保育理論①』（三版）一二頁。
(33)　前掲書『保育理論②』（三版）二頁。
(34)　同前書、三頁。
(35)　同前書、一五―一六頁。

(36) 秋田は公立保育園長や都立保母学院講師を務めていた。一九六七年一〇月に逝去していることから、二五版の秋田の執筆箇所は、一九六七年以前にまとめられた内容と推測される。
(37) 前掲書『保育理論Ⅰ―保育原理―』(二五版)四九頁。
(38) 同前。
(39) 前掲書『保育理論Ⅰ―保育原理―』(二五版)五〇頁。
(40) 同前書、五二頁。
(41) 同前書、五三頁。
(42) 同前書、五四頁。
(43) 同前書、五七頁。
(44) リズムは音楽の一要素で、生活全般にもリズムがあることからリズムを省いて(広く音楽活動に含めて)「音楽」とし、素材にとらわれず、広い意味で平面的な描写と立体的なものづくりを一体として「造形」とした、と説明されている。
(45) 前掲書『保育理論Ⅰ―保育原理―』(二五版)五七頁。

〔付記〕本研究はＪＳＰＳ科研費(課題番号一八Ｋ一三一〇五)の助成を受けたものである。

第Ⅱ部

ジェンダーの視点から教育を捉える

――母親教育、女性教員組織、家庭科教育

第四章 戦後初期の「母親教育」をめぐる動き
――母親学校研究会の活動

奥村　典子

はじめに

敗戦後の教育政策は、日本政府の「国体護持」政策と密接にかかわりながら出発・展開した。戦前の教育に対する自己批判の様相はきわめて薄く、打ち出す政策は消極的なものであった。一方、占領軍（ＧＨＱ）が打ち出す教育政策は非軍国主義化と民主主義化を掲げる具体的かつ積極的なものであった。だからといって、日本の教育復興（再建）の動きが占領軍に対して他律的であったということではない。敗戦という現実を受けとめ、負の遺産を背負いながらも、民主主義を理念とする新しい教育のあり方を模索・実践する人々が存在していたことを見逃してはならない。すなわち、敗戦後の混乱のなかにあって、「国体護持」と「民主化」、「継承」と「断絶」という相反する状況が混在していたのである。

本稿では、戦後初期の「母親教育」をめぐる動きに焦点を当て、そこでの「継承」と「断絶」という相反する二つの姿を描きだす。具体的には、まず、文部省が打ち出す「婦人教育」に関わる施策の状況をおさえ、次いで、教育の民主化を強く志向し、これからの家庭教育のあり方を追求すると共に主体的に家庭教育の再建を目指して発足した母親学校研究会の姿を一九四六（昭和二一）年三月に創刊された機関誌『母親学校』（月刊誌）の記事を分析し、把握することを課題としている。

戦後婦人教育政策については、教育学、女性学、歴史学等の分野においてさまざまな視点からアプローチがなされている。(1) そこでは、婦人教育課における施策が次々と打ち出される一九六〇年代を戦後の文部省による母親教育に関わる施策が明確に示された時期と捉え、その時点での施策の特質を描き出すことで、戦前との「連続性」を意味づけている。周知の通り、敗戦直後から文部省のもとで母親教育に関わる施策は進められていた。そうであるならば、そこでの文部省が構想する母親教育とはどのようなものであったのか、自ら構想する母親教育を展開させるため、いかなる施策を打ち出していたのか等を描きださずに、戦前との「連続性」「非連続性」を問うことはできないと考える。また、婦人教育を担った地方自治体と地域婦人団体の関係を取りあげた研究も多い。既存研究の中心は、文部省および自治体の指導が婦人団体の組織化ならびに活動にどのような影響を及ぼしたかにあり、「上意下達」という戦前の仕組みを考察の対象にしたものである。新しい婦人教育の途を切り拓くことを目指した下からの自主的な動きを取りあげた論考は少ない。

母親学校研究会を対象とする研究は見当たらないが、小熊伸一が『戦後日本教育関係雑誌目次集成　第Ⅰ期』のなかで機関誌『母親学校』を解説している。小熊は機関誌の体裁や記事の動向を簡潔に説明しており、本稿にとって重要な研究成果であるが、一つひとつの記事を取りあげ分析したものではなく、また研究会の活動については触れていない。(2)

本稿では、教育の民主化を謳い、自らの力によって、その実現を志向した母親学校研究会の姿を浮かび上がらせることで、戦後初期の文部省と民間の自主的活動との間に存在した母親教育をめぐる異なる姿を描きだす。

第一節　母親教育をめぐる文部省の動き

(一)婦人教育政策の方針

一九四五（昭和二〇）年九月一五日、文部省は「新日本建設の教育方針」を公表した。その内容は、国家主義的な思想および教育施策の排除、文化国家・平和国家の建設を目的としたものであった。社会教育に関しては「国民道義ノ高揚ト国民教養ノ向上ハ新日本建設ノ根底ヲナスモノデアルノデ成人教育、勤労者教育、家庭教育、図書館・博物館等社会教育ノ全般ニ亙リ之ガ振作ヲ図ルト共ニ美術・音楽・映画・演劇・出版等国民文化ノ興隆ニ付具体案ヲ計画中デアルガ差当リ最近ノ機会ニ於テ美術展覧会等ヲ盛ニ開催シタキ意向デアル」と、ある程度具体的な方向が示された。(3)

文部省社会教育局は、一〇月一五日の文部省官制の改正によって教学局が廃止されたのに伴って復活した。初代局長には、民間から元朝日新聞社の関口泰が就任した。社会教育局発足後、母親ならびに家庭の主婦を対象とする婦人教育のための指示が次々と都道府県を経て市町村に向けて発せられた。一一月二四日には、「昭和二十年度婦人教養施設ニ関スル件」を社会教育局長名で各地方長官宛ならびに各学校長宛に通牒し、前者には「昭和二十年度母親学級開設要項」と「昭和二十年度文部省家庭教育指定市区町村設定要項」を、後者には「昭和二十年度家庭教育指導者講習会開設要項」の実施を指示した。(4) いずれの開設も「戦後ノ新事態ニ対処シ挙国戦後ノ経営ニ邁進シ人類文化ノ進展ニ寄与スベキノ秋婦人ガ各々其ノ教養ノ向上ヲ図リ以テ国家再建ノ根基ニ培フハ喫緊ノ要務」だとして、文部省の予算措置のもと、地方の実情に即した婦人教育の徹底を図ろうとした。

各地方長官宛に出された「昭和二十年度母親学級開設要項」では、母親ならびに家庭の主婦の人格と教養の向上を図ると共に家庭生活の科学化や「公民トシテノ識見」を高めるため、国民学校教職員の指導による母親学級を一九四六年三月末日までに一定期間開設することを指示している。また「昭和二十年度文部省家庭教育指定市区町村設定要項」では、「家庭ヲシテ真ニ子女育成ノ道場、国民道義確立ノ源泉タラシメ、進ンデ新日本建設ニ寄与セシメンガタメニハ我国固有ノ家ノ精神ニ徹スベキハ固ヨリ、特ニ主婦タリ、母タル者ニ対シテ之ガ一段ノ自覚ヲ促スノ要極メテ緊切」だとして、「家庭教育振興ニ関シ理解ト熱意トヲ有シ将来向上ノ見込ミアル」市区町村を都道府県に各一カ所指定することを求めている。

指定を受けた市区町村は、母親学級を中心とした婦人常会や座談会、講習会や講演会の開設を図り、その運営には役場、国民学校、青年学校、婦人団体等が当たるとした。各学校長宛に出された「昭和二十年度家庭教育指導者講習会開設要項」では、女子高等師範学校ならびに師範学校の女子部において、母親学級の指導的立場の者や母親学級修了者等を対象とする一〇時間程度の講習会の実施を指示している。

この頃の文部省は、マッカーサーの五大改革指令を受け、新しいリーダーと成り得る女性を養成するための「自主的」な女性団体の育成を急務としていた。(5) しかし上述の通り、いずれの施設も活動の実施にあたっては学校教職員による運営・指導・助言が期待されており、学校教職員の直接的な関わりなくしては、施策の推進が困難であることを文部省も理解していたものと思われる。

「昭和二十年度婦人教養施設ニ関スル件」を通牒した四日後の一一月二八日、文部省は社会教育局長名で

「婦人教養施設ノ育成強化ニ関スル件」を各地方長官宛に通牒し、別記「婦人教養施設設置要領」の実施を指示した。[6] 要領の「要旨」には、婦人教養施設を「我ガ国伝統ノ婦徳ヲ涵養スルト共ニ道義ノ昂揚ト教養ノ向上トヲ図リ以テ国家ノ再建ニ邁進シ世界平和ニ寄与スベキ婦人」を育成する「自主的教養訓練機関」と位置づけ、「(一) 我ガ国伝統ノ婦徳ヲ涵養スルト共ニ正シキ世界観、人生観ノ把持ニ努メ隣保共愛共存共栄ノ実ヲ挙グルコト、(二) 国民道義ノ昂揚ニ努メ特ニ社会生活訓練ヲ重視スルコト、(三) 公民教育ノ振興ヲ図リ時代ノ進運ニ遅レザル政治的、経済的知見ヲ磨キ立憲治下ノ国民トシテ資質ヲ啓培スルコト、(四) 科学知識ノ普及ヲ図リ創意工夫ヲ奨励シ能率ノ増進ヲ昂メ地方ノ実情ニ即セル生活ノ刷新ヲ図ルコト、(五) 宗教的情操ニ培ヒ躾、礼節ヲ重ンジ家庭教育ノ振興ヲ図リ次代国民ノ育成ニ努ムルコト、(六) 体位ノ向上ヲ図リ情操ヲ豊カニシ明朗闊達ナル気風ヲ馴致スルコト」という「運営方針」に基づき、市区町村長、学校教職員、学識経験者等、とくに国民学校長による「常時」の指導を指示した。

社会教育局復活後の婦人教育にかかわる施策遂行は迅速なものであった。しかし、そこに流れる理念は依然として、「国民道義ノ昂揚」や「我国固有ノ家ノ精神」、「我ガ国伝統ノ婦徳」という、戦前の理念の域を出てはいなかった。また、一連の施策は国が主導して都道府県を経て市町村に下達されるという戦前の仕組みを踏襲したものであった。要領で掲げられている「公民教育ノ振興」は、あくまで戦前の社会を意識しながら重視された国体観念を内在したものであり、母親学級は国の意向を支える教化団体として、国家の意向に沿う「公民」としての母親を養成する教育施設として位置づけられたのである。

(二) GHQによる婦人教育政策への関与と指導

GHQによる日本統治は形式的には間接統治であったが、実質的にはその権限は強力であり、文部省はいかなる公文書もＧＨＱの許可を必要とした。ＧＨＱの民間情報教育局（Civil Information & Education Section, 以下、ＣＩ＆Ｅと略）は、教育使節団報告書が示す「教育の民主化」を主軸に社会教育の普及に力を注ぎ、「婦人だけを差別的に取り上げて国が行政的に進めることは民主主義の教育原理に反する」といった考えのもと、婦人教育の再編・組織化に対する文部省の権限を弱めることを婦人教育改革構想のなかに位置づけていた。[7]

一九四六年七月三一日、文部省は社会教育局長名で「昭和二十一年度婦人教養施設『母親学級』委嘱実施について」を各都道府県知事宛に通牒した。[8]「学校拡張事業」と位置づける母親学級を「児童の両親の教育の為に利用」することで、「各人の公民的自覚の徹底に努め、時代の要請に応じて男女均等の立場から婦人地位の向上」を図ろうとした。通牒では、「（1）民主主義の解明に関するもの、（2）公民的識見の涵養に関するもの、（3）科学、思想、文学、芸術及宗教等文化の諸領域に関するもの、（4）家政、生活及職業の合理的指導に関するもの、（5）児童教育又は家庭教育に関するもの、（6）保健、衛生及体育に関するもの、（7）其の他趣味・娯楽に関するもの」を扱う講義や懇談会、見学会等を実施することが求められた。名称は母親学級に固執するのではなく、父兄学級や成人講座等に変更して「差支ない」とし、また開設場所は従来通り国民学校や青年学校、中等学校等に委嘱実施して「差支ない」とした。運営に関しては、「学校拡張事業」として、学校主導の運営に終始するのではなく、地域住民が「自主的」に企画、運営の全般を推進していくことを求めた。

本通牒は、Ｊ・Ｍ・ネルソンＣＩ＆Ｅ成人教育課長（John M.Nelson）の婦人教育政策に対する意向が反映されたものであった。ＧＨＱ／ＳＣＡＰ文書の「Ｊ・Ｍ・ネルソン会議録」[9]（以下、「会議録」）によれば、文部省が作成・提出した草案に対して七月二四日と二六日の二日間にわたりＣＩ＆Ｅ教育課にて協議を行っている。文部省側の出席者は、社会教育課長の寺中作雄と視学官の山室民子、他一名の社会教育局職員である。

七月二四日の会議では、文部省が提出した草案に対してネルソンは、①母親学級に対する文部省の予算措置が母親と父親とを対象とする「学校拡張講座」のためであることを明記すること、②学級は学校の建物で実施されること、③特定の模範学級は男女共学であること、④講座では「市民教育（citizenship training）」をもっと強調することの四点の修正を求めた。そして二日後の二六日の会議では、文部省が作成した修正案に対する協議が行われ、「a 文部省は、母親だけではなく、様々な地方の学校へ通う父母の教育機会促進に関心を持っている。それ故、特別なテーマを除いては男女共学であるべきであること」「b この学級は学校拡張講座として明確に構想されており、学級は最も便利な学校の建物で開かれること」「c 市民であることや民主主義の原則についての学級が、拡張講座の中でもっと強調されること」「d もし参加者が希望するならば、『母親学級』の名称は、『両親学級』や『成人教育学級』に変更しても良いこと」の四点の修正事項が出された。

これら修正事項をふまえて出されたのが先の通牒となる。「学校拡張事業」と位置づけられた母親学級では、「児童の両親の教育」として市民教育や公民教育に重点が置かれ、戦前の国家観に裏付けされた「国民道義ノ昂揚」や「我国固有ノ家ノ精神」、「我ガ国伝統ノ婦徳」といった理念は姿を消した。すなわち、母親学級は国家に服する「公民」としての母親教育ではなく、国体観念から切り離された、民主国家建設に「自主的」に参与する「公民」「市民」としての母親教育を担う教育施設として位置づけられたのである。その意味では、一九四六年度の文部省委嘱母親学級は戦前的性格との断絶を目指し、民主主義の原則にもとづく教育施設へと方向転換を示しはじめたといえるだろう。

第二節　母親学校研究会

文部省が母親ならびに家庭の主婦を対象とする教育施設開設の事業を進めている同じ頃、新しいあるべき母親教育の再構築をはからねばならないとの思いをもつ同人たちが集い、神奈川県鎌倉郡大船町を研究本部とする研究会がうまれた。母親学校研究会（以下、「研究会」）である。研究会は、活動の一つとして月刊雑誌『母親学校』を発行していた。そこには、研究会の活動内容を伝える記事が掲載されている。本節では適宜、それらを拾いながら研究会の活動の概要をまとめておくことにしたい。

研究会の主宰を務めていたのは加藤満照である。加藤の経歴はよくわかっていない。しかし、一九四〇（昭和一五）年から四三年にかけて、いくつかの論考を訓導生活社発行の『訓導生活』、国語文化学会発行の『コトバ』に寄稿していることが確認される。たとえば『訓導生活』では、「子供綴方雑誌の傾向」（第四巻第五号、一九四〇年）、「或る子供の綴方指導」（第四巻第六号、一九四〇年）、「仮名と漢字と方言」（第五巻第一号、一九四一年）、『コトバ』では「読み全一性と語句の取扱ひ方」（第五巻第六号、一九四三年）が掲載されている。本稿ではそれら論考の内容までは踏み込まないが、戦時下の「国語」教育あるいは「日本語」教育に携わっていた人物であることは確認できる。

では、そのような人物が、なぜ、戦後に研究会を立ち上げるに至ったのか。雑誌『母親学校』には、そのあたりの経緯は書かれていない。しかし、研究会発行の『母への新教育』（一九四六年）の冒頭で、加藤は「かあいゝお子さまのために、お母さまがたも勉強していたゞきたいと思ひます。何のために敗戦日本といふ嫌な言葉で苦しまねばならぬか、みんな戦争のおかげです。せめてもお子さまたちだけは明るい平和な社会に自分も幸福であり、他人も幸福であるといふ生活をさせようではありませんか。敗戦の苦しみは当然受けなければなりませんが、このまゝでは、お子さまもまたこの苦しみの中で生活せねばなりません。私どもは誰彼が戦争をおこしたと追及してゐても、結局その人たちは葬り去られる人です。私どもの力で建設していくより道はありません。／新教育をお母さま方もお子さまと同じやうに勉強して、お子さまは勿論、家庭生活、社会生活一切をあげて、民主主義化を実行で以て打ちたてていきませう」[10]と、母親たちに語りかけるように述べ、子どもたちの「幸福」のために、母親も一緒に新教育を学び、生活すべてを民主主義化することの重要性を説くのである。それこそが、研究会立ち上げの理由なのだろう。また、雑誌『母親学校』第一巻第八・九号（一九四六年一一月）には「研究会同人の約束」が次の通り掲載されている[11]。

研究会同人の約束

一、趣意　新しい教育は、民主主義日本を打ちたてるために、すべてのものの先頭となつて進まねばならぬ。この大切な教育は、学校での教育はいふまでもなく、家庭や社会における教育を一そう盛んにし、教師だけの教育でなく、母姉を中心とする家庭人や社会人のあらゆる協力がなされなければ、効果はあがらない。教育は、社会の一員としての人間個性を完成させ、文化生活を高め、よりよき幸福な社会をつくるやうに進ませるべきである。そのために、私どもは勉強しよう。

一、同人の約束

1、会員は、すべて同人である。

2、文句抜き。そして実行。他は各々の良識で判断。

3、勉強により、実力を養ふ。

4、母親学校は、学校中心に、部落中心に、自主的に設けていく。
5、月刊雑誌〝母親学校〟は、その手引きとして活用する。
6、講習会、研究会、座談会、短期母親学校を開催す。
7、講師の斡旋。講師の無料派遣（但し、遠方に限り実費）
8、同人の実力に対し、研究費の贈呈。あるひは稿料を支払ふ。
9、支部は自由に、自主的につくる。
10、姉妹団体としての教育自由聯盟、表現教育研究会とは特に密接な連絡をす。
11、同人費はとらない。

一、同人申込所

神奈川県鎌倉郡大船町大船四五〇
母親学校研究本部

この「研究会同人の約束」は説明もなく掲載されている。また日付も書かれていないため、いつ、どのような経緯でまとめられたのかは不明である。しかし、「趣意」によれば、研究会のねらいは民主主義教育の普及にあることが分かる。学校にだけその役割を担わせるのではなく、家庭や社会もその役割を担い、共に教育の民主化を強く志向し、各々が、主体的に自己教育に努める必要性をうったえている。また具体的な活動内容としては母親学校、講習会、研究会、座談会等の開催、母親学校への講師の斡旋、研究費の助成等を挙げており、雑誌『母親学校』は学校および部落に開設する母親学校の手引きとして活用するとしている。中心的な活動は母親学校の開設にあったものと思われる。

雑誌『母親学校』第一巻第八・九号（一九四六年一一月）と第一〇号（一九四六年一二月）の二回に分けて、「研究会同人名簿」が掲載されている。[12]名簿は居住都道府県名と氏名のみであり、肩書は記載されていない。北は青森県から南は鹿児島県まで、主宰の加藤を除いた五九名が名前を連ねている。「お子さまの相談室をかりて」と題された第一号（一九四六年三月）の記事によれば、「母親学校研究会は同人組織で主として全国の学校の先生方、教育に理解ある学者や技術家、その他実力のある社会人が、皆肩書を棄てて平等な同人として研究してゐる」[13]とあり、学校関係者や教育に理解ならびに関心をもつ社会的地位のある人物が賛同していたようである。また同記事によれば、これら同人が、「それぞれの立場から母親学校を実際に経営したり、研究したりして」いるとあることから、加藤を含めた六〇名が研究会の中心的な活動である母親学校の開設に努めていたものと思われる。

研究会は、雑誌『母親学校』の発行とは別に、開設した母親学校で使用するためのテキストならびに家庭教育の参考書を複数冊発行している。筆者が確認できた限りでは、二年間で一五冊の図書を発行している。広告に記載されている説明書きによると、母親学校叢書シリーズの四冊（『第一輯　母への新教育』〔一九四六年〕・『第二輯　母はどう生きるか』〔一九四六年〕・『第三輯　新しい勉強のさせ方』〔一九四六年〕・『第四輯　母の討議会』〔一九四六年〕）は「母の会、母親学校テキスト用」として、四冊の日記帳シリーズ（『夏の研究日記帳』〔一九四六年〕・『冬の研究日記帳』〔一九四六年〕・『研究日記帳』〔一九四六年〕・『冬から春への研究日記帳』〔一九四七年〕）は子どもが「見ること　調べること　考へること　表現すること　練習すること　物をつくること等の『自分から進んで勉強するやうになる基礎の態度』を作業を通してやつていく」ためのもの、六冊のお子さま叢書シリーズ（『第一号　子供発表会（一）』〔一九四六年〕・『第二号　子供討議会（一）』〔一九四六年〕・『第二号　子供討議会（二）』〔一九四六年〕・『第三号　子供発表会（二）』〔一九四六年〕・『第四

号　私の課外研究（二）』（一九四六年）は「子供への良心的な課外研究読物」として、そして『スタイルブック感覚　第一輯「秋へ冬へ」』（一九四六年）は「秋、冬の服装、調度品など生活のあらゆる点を、感覚といふ角度から眺めていきませう。そして、私ども自身の新しい文化生活をきづいていきませう」と書かれている。つまり、これら一五冊を読めば、民主主義を標榜するこれからの教育への理解が深まり、家庭における子どもへの教育のあり方が学べ、さらには新しい家庭生活に必要な知識も得られるということであろう。次節でもふれるが、雑誌『母親学校』でもまさにこの三点を主テーマとする記事が多数掲載されている。研究会が目指す姿がここにあるということだろう。

先に述べたように、研究会は神奈川県鎌倉郡大船町で誕生している。なぜこの地で誕生したのかの説明はなく、不明である。神奈川県鎌倉郡は一八八九年の官営鉄道開通以降、順次交通網が整備され、都心部からの利便性が確保されていった。華族、政界人、財界人、官僚、軍人など多くの富裕層・知識層が豊かな自然や文化的な環境を求めて次々と別荘や住宅を構え移り住むようになり、近代都市の形成が進んでいった地域である。(14)戦後すぐに母親も一緒に新教育を学び、生活全てを民主主義化することの重要性を説く研究会がこの地で産声をあげたのは、このような地域性にあるのかもしれない。

第三節　雑誌『母親学校』の書誌的概観

雑誌『母親学校』は、一九四六（昭和二一）年三月一日に創刊された。発行所は東京都神田区一ツ橋にあった母親学校研究会、発行兼編輯人は加藤満照である。創刊号は、B５判一六頁の小冊子、定価は二円であった。

同年に刊行した号を第一巻、以後、一年ごとに一巻とカウントする巻号の数え方を採用している。本誌は毎月発行されたが、現在、確認できるのは一九四七年四月一日発行の第二巻第三・四号までであり、いつまで発行されたのかは不明である。

創刊号の巻頭言には、子どものためにも、母親も「生活のデモクラシー化を実行して、明るい楽しい平和な日本をつく」り、その近道として「お子さま方がだんだん勉強されていく新教育をご自分も知つていたゞく」ことをよびかけ、そのために「暇の少いお母さまがたにおうちで勉強していたゞくつもり」で創刊したと書かれている。この巻頭言が掲載されている表紙には強調文字で「新教育への家庭教科書」と書かれており、まさに母親が生活の民主主義化を図るためのテキストとして使用することを目的に発行されたものであった。[15] 一九四六年六月一五日発行の『教育新聞』には、「新しき世代をつくる子供教育のために、これ一冊あれば……といふほどの周到な編集準備」で発行されており、「目で見る教育だ。相談室だ。けつして雑誌ではない」と推薦文が掲載されている。[16] 母親教育のためのテキストとして、一定の評価を受けていたことがわかる。

さて、雑誌『母親学校』では、毎号、研究会同人による「新教育」の解説、家庭学習の留意点、母親学校開設の方法、家庭菜園や料理方法、母親のための英会話、教育相談室などさまざまな内容が掲載されていた。現在確認できる二五〇記事を①民主主義教育の解説、②家庭教育のあり方、③新生活のあり方、④母親学校の開設、⑤その他のテーマ別に分類した結果は**表4―1**の通りである。以下、①―④それぞれの記事の傾向を簡単に見てみたい。なお、記事の分類はあらかじめ厳密な指標を設定してのものではなく、各記事の趣旨を筆者が読み

表 4-1　記事のテーマ別分類

テーマ	民主主義教育の解説	家庭教育のあり方	新生活のあり方	母親学校の開設	その他	計
記事数	69	75	73	15	18	250
割合	27.6%	30.0%	29.2%	6.0%	7.2%	100.0%

筆者作成

とる方法を用いているが、一定期間での記事の傾向を読みとることは可能と考える。

一、民主主義教育の解説

民主主義教育に関する記事は、毎号掲載されていたが、とくに、創刊号から第一巻第五号（一九四六年七月）では、「新教育とは」と題する連載記事が載っている。そこでは、「新教育は、かんたんにいへば教育を民主主義化することである。民主主義化するといふことは、今までの独りよがり（独善主義）、神がかり（神秘主義）、お山の大将（排他主義）、わくにはめる（画一主義）、お役人式（独裁主義）、（官僚主義）などといふ戦争中に人々に無理〔に―引用者〕おしつけた考へを一切はらひだしてしまつて、人間は皆自由である、平等である、友愛を以て仲よくしていかうといふ生活にすることである。それには第一に、今までしばりつけてゐたあの犬のくさりのやうな、人間のくさりを切つて自由にしてやらなければならぬ」[17]と戦前の教育との断絶の必要性をまず説いている。そして、新しい教育においては、戦前のうそ、偽りが横行していた社会を改めることで、子どもたちに「よい物はよい、悪い物は悪いとしてどこまでも事実を以て進む態度」を身につけさせること[18]、また、自分で物事の善悪を考え、判断する力を身につけるためにも、他人に頼る癖を改めさせ、「（自治）習慣をつけさせる」べきと解説している。とくに後者を習得するためには、学校、家庭、社会が協力して「自分自身から自治といふことを高めていく」ための討議会・討論会・発表会を実践することを推奨している[19]。そして連載の締めくくりとして、「男女平等、男女同権、これこそ改めなくてはならない日本の家族制度の悪いふう、封建主義の見本、新教育はこの考へを大いに打ち破るやうに、学校だけでなく社会だけでなく家庭の中でも、いや、最もその悪いもとの多くひそんでゐる家庭から、と考へて努力しなくてはならぬ。〔中略〕社会つまり世の中は人間の生活すべてである。日本だけの社会と区切られない世界に通ずる社会、それが本当の社会である。日本の家庭は社会の中に通ずるものでなければならぬ。日本は世界の人々と共に生きるためには、そのよきを採り日本の家庭の殊に女性のどれい的地位を早く高めるやうにお互に勉強していかなければならぬ」と戦前の男女不平等の考えをまずは家庭の中から一掃しなければならないことを説いている。

二、家庭教育のあり方

このテーマに関する記事は、家庭教育の考え方、入学試験の準備、長期休みの過ごさせ方、具体的な家庭学習など多岐にわたる。ここでは、家庭教育の考え方に着目してみる。

論の中心は、子どもの民主主義化のための母親の役割である。たとえば、第一巻第二号（一九四六年四月）では、敗戦後初めて学校に入学する子ども、新しい学年を迎える子どもたちのためにも「戦争は一切忘れてしまふ、二度と戦争はおこさせない、おこさうとする一部の人が出てこないやうにする、たとへ出てきてもみんなで反対しておこさせない」ような民主主義の国をつくることを共通理解としなければならないと述べる。そして、子どもの将来の幸福を思うのであれば、家庭での生活全てが「自由・平等・友愛でつらぬいていけるやう」に、子どもの自由を尊重した生活を実行すべきと説いている。[20] また、新しい学校教育を理解することの大切さについては次のように述べている。

新しい教育への理解である。この中心となる点は、学校の教育が社会教育（家庭教育をふくむ）を重視し、学校を一そう社会のために解放したといふことである。これを立場をかへて社会人（家庭人をふくむ）の側から見れば、学校の教育が自分たちの世の中、社会の中まで入りこんだとも言へる。／さうだとすれば、教育は学校まかせ、先生まかせではいけなくなつてくる。教師は学校の先生ばかりではなく、母も姉も父も兄も祖父も祖母、一般社会人もまた教師であるといふことになる。／新しい教育を理解しなければ、第一のレンラクも形式だけに終つてしまつて、子供のためにはならない。この理解は、家庭人も社会人も、新しい教育について勉強することから出来得る。(21)

学校での教育方針をきちんと理解し、実践するのが家庭となる。その実践方法として提唱していたのが討議法である。討議法に関する記事は、頻繁に掲載されており、特集も第一巻第七号（一九四六年九月）と第二巻第三・四号（一九四七年四月）の二回組まれている。記事ではたびたび討議法とは何か、何のために取り入れるのかを説明している。これら記事によれば、民主主義社会は「正しいことは正しいと堂々と言へるし、あやまりは、あやまりと誰にむかつても言へる世の中」であり、自由に発言することが尊重された社会である。しかし、自由をはき違えて自分勝手に発言することは誤りであり、相手の意見をしっかりと聞き、その上で自らの意見を述べることが重要だとする。(22) その力を身につける最善の方法が討議法なのである。学校や幼稚園でもすでに取り入れられており、家庭でも大人と子ども、子ども同士などさまざまな討議会を実践し、「自由への出発として、うそを取除き自分の考へはどしどし発表出来、主張出来るよう」に努めることを推奨している。(23)

三、新生活のあり方

新生活のあり方に関する記事では、野菜の栽培方法の紹介や科学的知識を取りいれた家事方法の紹介、家庭医学の解説などの家庭生活全般にかかわる記事の他、母親の教養を高める記事として日常英会話やローマ字学習を紹介する内容が連載記事として掲載されている。野菜の栽培方法では、「春へむかふ野菜園のコツ」（第一巻第一号）・「五月へむかふ家庭菜園のコツ」（第一巻第二号）・「盛夏にむかふ野菜園のコツ」（第一巻第四号）・

「仲秋にむかふ野菜園のコツ」（第一巻第七号）・「十二月へむかふ野菜園のコツ」（第一巻第八・九号）・「正月へむかふ野菜園のコツ」（第一巻第一〇号）・「二月から三月へむかふ家庭菜園のコツ」（第二巻第一号）・「春の家庭菜園のコツ」（第二巻第二号）と題し、季節に応じた家庭菜園のコツが書かれている。これら記事を執筆していたのは大津市瀬田国民学校校長の矢島正信である。矢島は戦前・戦中にかけて校内に「学習園」とする畑を持ち、そこで児童が興味関心を持つ野菜や花を一緒に栽培・観察し、収穫したものを調理して食べる。また作業をしながら児童と地域や家庭・家族についての会話を通して信頼関係を築いていく「土の教育」を実践したことで知られる人物である。[24]記事の内容は、野菜の苗の手入れ方法や苗床の作り方、水やりの方法、防虫対策といった家庭菜園のポイントを紹介するものであり、矢島が実践している教育論を説くものではない。しかし、児童一人ひとりを主体と認め、子どもの学びを支える教育を唱える矢島が同人として記事を寄せていたことは興味深い。

日常英会話ならびにローマ字学習の記事では、挨拶や自己紹介などの基本構文、ローマ字の読み方が丁寧に解説されている。敗戦後、普段の生活のなかで英語やローマ字を見たり、聞いたり、使ったりする機会が増えてきたことから、「英語を知つていらつしやる方には無用かもしれませんが無用の用になることもあるでせうから、一通り一年生から勉強していつて下さい」と学習を進めている。第一巻第一〇号に、「1号からつゞいた『母親のためのローマ字勉強』や『英語会話』も、この場で新しい展開をしなければならないと思つて、色々考へてみました。みなさまの希望やら批評やらを中心にして考へてみますと、どうしても、雑誌のテイサイにかゝはらないで、くりかへしくりかへし練習していくべきだといふところに、ふたたびおちつきました」[25]とあることから、相応の反響があったことがうかがえる。

四、母親学校の開設

前節で述べたように、母親学校の開設は研究会の中心的な活動に位置づけられていた。第一巻第九号（一九四六年一二月）には「母親学校のつくり方」(26)と題する記事が掲載されている。母親学校は学校側の要請でつくるのではなく、「母たちが自主的に集りをつくり、自分たちから学校に働きかけて学校の支援のもとに成長していく」ことが大切であり、集まりは一カ月に一回を適当としている。活動内容は、「母たちの最も関心事として、子供の勉強といふことがあるが、新しい教育と相まつて、子供への新しい勉強のさせ方の実際を母が学ぶといつた点がよい。切実な問題として母たちは深い関心を持つてゐる事柄である。始めから、あれもこれもと手広くおこなふのはよくない。／方法としては講演よりも話しあふといつたやり方の方がよい。講演は集りをだんだん少くしてしまふものである」と、「新しい教育」すなわち民主主義教育に沿った家庭での勉強方法をテーマに取り上げ、母親たちが話し合うことで理解を深めることを推奨している。

本誌には母親学校の活動報告が定期的に載っており、研究会の同人たちが講師として派遣され、母親学校の活動に参加する様子が書かれている。たとえば、横須賀市豊島国民学校母親学校では、第七回母親学校に研究会主宰の加藤満照が講師として赴き、「新教育と母親の責務」と題する講演を行っている。豊島国民学校母親学校は熱心に活動を行っており、一カ月に二回、母親学校を開いている。二回の内、一回は講演、他の一回は授業参観と話し合いをしているとある。記事に書かれている活動内容を拾いあげると、第五回は「新教育とその方法」、第六回は「米国の国民性」、第七回は「新教育と母親の責務」、第八回、第九回は授業参観と「討議法といふものはどういうものか」、第一〇回と一一回は「母親の立場と子供の育て方」、第一二回は授業参観と「児童の進学並職業の選び方」、第一三回は「母親の文化性について」、第一四回は「家庭教育と母親の態度」、第一五回は「母親学校に対する反省討議法」とある。(27)また、一九四七年一月三〇日に開かれた回では、加藤を司会者として豊島国民学校教員全員と母の会会員との間で討議会を開催している。記事によれば、「三百以上の母の会の方との討議で、うまくゆかないと思つたが、予定の反対の結果があらわれて、母の会の方から問題が具体的に出る、学校側は校長先生（重田氏）まで応答されるというかつぱつなものであつた」と盛況な様子が報じられている。[28]

また、有馬村国民学校において総会の様子が報告されており、「三教室ぶつ通しにあふれでる盛況、授業参観（午前中）午后は鈴野校長、教頭、職員二名の短い指導のお話つゞいて本会が加藤満照、小島草平氏のお話、余興（子供の劇や歌やおどり）議事進行を田崎先生がされ、会長に大貫氏、副会長に落合加代氏、井出氏が就任され、あいさつがあつて、落合加代氏の閉会の辞で一応終り、さらに役員、先生全部のデイスカツシヨンを加藤司会して五時半頃多彩な総会の行事を終る。前回には前の席をあけないという一つの実行が約されてあつたが、それは本日りつぱにあらわされていた。拍手の仕方、これが本日の加藤の提案で、提案後終りまで実行。この小さな一つの実行がなされていけるというところにこの母の会の威力は大いに期待もてる」とある。[29]

このように、研究会が提案する「母親学校のつくり方」を実践する母親学校の様子が好意的に報じられている。では、本誌が読者にどのように受け止められていたのだろうか。最後に、読者二名の便りを取りあげてみる。

一人目は福島県在住の母親からのものであり、「すばらしい充実した十一、十二月号をいたゞいて、ほんとうにうれしくなりました。くりかえしくりかえしよみ、古い母の心をきりかえようとしています。母のない私は人一倍母の偉大さを感じています。わが子の養育さえも、むずかしい時代ではありますけれど幾百の孤児のことを思いますと、何とかして母の心にひたらせたいと思つています。全国には、そうしたことに精進しておられる方も多いことと思いますが、そうした方々のお仕事の一端を誌上に発表され世の母が、より大きく母として生きることを念願しています」[30]と本誌を手に取って読む喜び、これからの母親として求められる振る舞いを行う意志が綴られている。二人目は北海道の教師からである。あまり内容に期待はせずに購読の注文をしたが読んでみると、「自分の様な浅学な田舎教師にとつては、むしろ理屈つぽい教育雑誌よりは『よくわかる教育雑誌』として、児童をよく知るための良伴侶として絶大な価値を持つものとして驚かされた」「昨年あたりからの母親学級の経営は如何なる理想に建設すべきかもはつきりせずに追はれてゐる矢先の敗戦日本の現実はその方向さへかすんで来たのでした。〔中略〕溺れるものがワラをつかむつもりで手に取つて見ると、がつちりと握り得た救助船からのブイでした。しかも『教育の道』に色々な生きた指針を与へてくれることでした。母親だけの問題ではなく、少くとも初等教育にたづさわる者の誰でもが一応手に取つて見るべきであるとさへ考へられます」と感想を記している。さらには、「新日本の建設は必ず貴誌の愛読者の力で先鞭をつけることを確信し、共に母の啓蒙に力を致したいと考へてゐ」るからこそ、「価格を増して内容ももう少し多くして下さることを切望します」との要望も述べている[31]。

これら二人の便りが読者全員の総意であるとはもちろん言えない。しかし、敗戦後の混乱のなかで、これからの教育や生活をどうすべきか悩み、苦慮していた母親や教師たちに、自分たちが進むべき道について一定の示唆を与える役割を本誌が担っていたものと言えるだろう。

おわりに

以上、本稿では戦後初期の母親教育をめぐる動きを政府と民間との両面から検討した。対象とした期間は二年弱と短い。しかし検討する時期を限ったことで、歴史的現象としての「継承」と「断絶」、換言するならば、「連続」と「非連続」として捉えるべき事実が見えてきた。

すなわち、文部省による母親ならびに家庭の主婦を対象とする婦人教育への対応は迅速ではあった。しかし、そこに流れている理念は依然として戦前に掲げられた理念である「国体護持」「我ガ国伝統ノ婦徳ヲ涵養」「国民道義ノ昂揚」の域を出てはいなかった。戦前的理念に対する執着はあっても、それを打ち出した自らへの批判と反省を担う意識は希薄であったと思われる。それゆえ、占領軍に対してはきわめて受け身的であり、戦前との「断絶」「非連続」という意味での戦後の婦人教育改革をリードしたのは占領軍であった。だからといって、改革の主体が占領軍であったわけではないことは、本稿で取りあげた母親学校研究会の活動から明らかにした通りである。

母親学校研究会は、メンバー（同人）六〇名という小さな研究団体である。だが、その小さな研究団体の活動の姿には、敗戦に伴う混乱のなか、早い時期に、敗戦という事実を受けとめ、教育の民主化を目指して、母親教育の再考、家庭教育の再建を求めた主体的な姿が機関誌の記事から見えてくるのである。研究会の中心的活動に位置づけられていた母親学校の設立・普及は、文部省の主導によって進められた事業の一つである。その意味では、文部省の意向を組んで展開した活動であったと捉えられる点は否定できない。だが、直接的あるいは間接的に研究会メンバーたちがかかわった母親学校の中身は、研究会が追究する民主主義教育に沿った家庭教育のあり方を主テーマとし、参加した母親たちが相互に話し合うことで理解を深め、自主的に行動に移すことを推奨したものであった。教育の民主化ひいては母親教育、家庭教育の復興を目指して歩みを踏み出す研究会ないしは研究会メンバーの姿が、母親や教員等へと波及したのである。もちろん、彼らは戦争の「被害者」であると同時に、如何なる理由があったにせよ、戦争への「協力者」であった事実は拭えない。そのような負の遺産を背負った彼らが、主体的にそして意欲的に新しい教育の途を切り拓くために立ち上がった姿は歴史的現象として見過ごすことはできないであろう。

注

（1）たとえば、千野陽一編・解説『資料集成現代女性の主体形成』（ドメス出版、一九九六年）、矢口徹也「戦後初期における『婦人教育』政策にみられる性別教育観の検討」（『日本の社会教育』四五号、日本社会教育学会、二〇〇一年）、伊藤めぐみ「文部（文部科学）省による家庭教育「奨励」施策の歴史的変遷と問題点」（日本家政学会家政学原論部会編『家政学原論研究』NO.36、二〇〇二年）、真橋美智子「戦後の家庭教育政策と家庭教育論―1960年代を中心に―」（『日本女子大学紀要』第一四巻、二〇〇三年）、村田晶子『女性問題学習の研究』（未来社、二〇〇六年）などがあげられる。
（2）小熊伸一監修『戦後日本教育関係雑誌目次集成 第Ⅰ期』第二巻、日本図書センター、二〇一三年。
（3）「新日本建設ノ教育方針」（文部省『学制八十年史』一九五四年、四八八頁）。
（4）『終戦教育事務処理提要　第一輯』文部大臣官房文書課、一九五〇年、一六八―一七三頁。
（5）千野陽一『資料集成　現代日本女性の主体形成』第一巻、ドメス出版、一九九六年、三四―四〇頁。
（6）『終戦教育事務処理提要　第一輯』文部大臣官房文書課、一九五〇年、一七四―一七六頁。
（7）文部省社会教育局『婦人教育資料　婦人教育15年の歩み』文部省、一九六一年、二頁。
（8）『終戦教育事務処理提要　第三輯』文部大臣官房文書課、一九五四年、五五六―五六〇頁。
（9）Nelson,"Report of Conference", GHQ/SCAP Records, Box No.5745（千野陽一『資料集成　現代日本女性の主体形成』第一巻、ドメス出版、一九九六年、九七―九八頁）。
（10）加藤満照『母親学校叢書第一輯　母への新教育』母親学校研究会、一九四六年、二頁。
（11）「研究会同人の約束」『母親学校』第一巻第八・九号合併、母親学校研究会、一九四六年、二頁。
（12）①「研究会同人名簿（一）」『母親学校』第一巻第八・九号合併、母親学校研究会、一九四六年、二一頁、②「研究会同人名簿（二）」『母親学校』第一巻第一〇号、母親学校研究会、一九四六年、一七頁。
（13）「お子さま相談室をかりて」『母親学校』第一巻第一号、母親学校研究会、一九四六年、一四―一五頁。
（14）鎌倉市市史編さん委員会『鎌倉市史　近世近代紀行地誌編』吉川弘文館、一九八八年、四八三―四八五頁。
（15）「お子さまのために」『母親学校』第一巻第一号、母親学校研究会、一九四六年、一頁。

(16)「月刊母親学校を推す」『教育新聞』第二七号、一九四六年六月一五日発行。
(17)「新教育とは」『母親学校』第一巻第一号、母親学校研究会、一九四六年、二頁。
(18)「新教育とは（其の三）」『母親学校』第一巻第三号、母親学校研究会、一九四六年、二頁。
(19)「新教育とは（其の四）」『母親学校』第一巻第四号、母親学校研究会、一九四六年、二頁。
(20)「新入学・新学年の子供たち」『母親学校』第一巻第二号、母親学校研究会、一九四六年、二頁。
(21)「家庭と学校との勉強」『母親学校』第一巻第八・九号、母親学校研究会、一九四六年、七頁。
(22)「討議法つて何でせうか」『母親学校』第一巻第七号、母親学校研究会、一九四六年、四―五頁。
(23)「子の討議会」『母親学校』第一巻第四号、母親学校研究会、一九四六年、九頁。
(24)①矢島正信・栗下喜久治郎『学村の新建設　土の教育』明治図書、一九三四年、②矢島正信『国民学校教師の実践道』明治図書、一九四二年、③吉村文成『戦争の時代の子どもたち：瀬田国民学校五年智組の学級日誌より』岩波書店、二〇一〇年を参照。
(25)「母親のためのローマ字勉強」『母親学校』第一巻第一〇号、一九四六年、二四頁。
(26)「母親学校のつくり方」『母親学校』第一巻第九号、母親学校研究会、一九四六年、二三頁。
(27)「母親学校参観記」『母親学校』第二巻第一号、母親学校研究会、一九四七年、三三頁。
(28)「母親学校母の会の活動報告」『母親学校』第二巻第三・四号、母親学校研究会、一九四七年、一八―二〇頁。
(29)同前。
(30)「熱心な読者のこえ」『母親学校』第二巻第二号、母親学校研究会、一九四七年、一九頁。
(31)「たより」『母親学校』第一巻第八・九号、母親学校研究会、一九四六年、三五頁。

〔付記〕本研究はＪＳＰＳ科研費（課題番号一九Ｋ〇二六二一）の助成を受けたものである。

第五章

戦後教育改革期における二つの女性教員組織
――女性教員会にとっての「一本化論議」

齋藤　慶子

はじめに

本稿は、長野県と長野県上伊那郡を事例として、戦後教育改革期における二つの女性教員組織――女教員会と教職員組合婦人部（以下、教職員組合は「教組」）――の関係を、双方の組織で役員を務めた女性教員の視点を軸に検討し、女性教員会にとっての「一本化論議」の意味を考察するものである。

戦後教育改革期における信濃教育会と長野県教組の関係を検討した先行研究[1]では、一九四七（昭和二二）年八月から一九四八年二月までの教組・教育会の一本化問題において、教育会の存続を可能にした要因を軍政部の関与に見出している。ただし、軍政部の関与を主要因とみるか否かでは見解が分かれている。本稿では、先行研究で明らかになっている戦後教育改革期の信濃教育会と県教組の動向をふまえて、戦後の女性教員会の動向を教組婦人部との関係という観点から検討し、女性教員組織にとっての一本化論議の諸相を明らかにする。

他方、女性教員の歴史に関する先行研究では、二〇〇〇年代以降、女性教員のキャリア形成と「〈職業と家庭〉の両立問題」という現代的な課題を見据えた女性教員及び女性教員組織に関する研究が蓄積されている。(2)このうち戦後に焦点をあてたものとして、河上婦志子は、戦前の女性教員会の全国的な動向から一九八〇年代までを射程にして女性教員が周辺化されていくメカニズムを読み解いている。また、日教組婦人部を対象に、木村松子は「自立」教育の確立を、跡部千慧は労働権確立運動と産休・育休の制度化過程を分析・検討している。河上の研究では、「周辺化」という観点から戦前と戦後の連続性を検討しているものの、戦前からつづく各地域教育会の下部組織としての女性教員会への言及はなく、戦後においても教育会傘下の「女性教員会」をとり上げた分析は行っていない。日教組婦人部を対象とした木村・跡部の研究においても、婦人部と同時期に設立されている教育会における女性教員会への言及はなく、教育会との関係性のなかに運動体としての日教組婦人部の動向を分析する視点をもちあわせていない。

ただし、教育会と教組が共存したのは、長野県をはじめ東京都、栃木県、茨城県、富山県のほか数県である。また、ほとんどの教員が教育会と教組の両方に属していたのは長野県だけである。したがって、教育会との関係性の中に教組婦人部での女性教員の活動を分析することは、長野県の事例以外では難しい。しかし、だからこそ、長野県の事例は、女性教員の「専門性」と育休・産休に関わる「労働問題」という不可分の関係性のなかにある議論の実態を、「職能団体」である教育会と「労働団体」である教組婦人部との関係の中に見出すことのできる貴重な事例であるといえる。

以上をふまえて、本稿では、まず、一九四七年一月の長野県教組婦人部の設立から一九四八年二月の信濃教育会女教員専門部の設立にかけての県と郡市レベルでの女教員会と県教組婦人部の関係を、初の選挙によって県教組婦人部副部長に選出された小学校教諭・小池キフヨ(3)（上伊那郡・西春近小）の視点を軸に分析する。そのうえで、各郡市における女性教員会の設置状況を「女教員会」と「女教師研究委員会」の違いに着目して検討し、女性教員にとっての教育会と教組の「一本化論議」を考察する。分析にあたっては、信濃教育会及び各郡市教育会雑誌、教育会周年誌に加えて、信濃教育会及び各郡市教育会に所蔵されている女性教員組織の議事録、及び教育会総会議事録、事業報告などを用いていく。

なお、信濃教育会の女性教員会は、一九四八年七月に「女教員専門部会」として設立以降、一九五〇年度から一九五七年度までは「女教員研究委員会」、一九五八年度から一九六五年度までは「女教師研究委員会」、一九六六年度から一九七〇年度までは「女教師問題研究委員会」、一九七一年度から一九九八年度までは「女教師委員会」、一九九九年度には「女性教師委員会」とたびたび名称変更する。そのため、本稿では、年代を明確にして信濃教育会及び各郡市の女性教員会について言及する際にはその時点の名称を用いるが、教育会の女性教員組織を総称する際には女性教員会という表記を用いて分析・検討する。

第一節　長野県における戦前の女性教員組織

全国的な女性教員組織の設立は、今からおよそ一世紀前に遡る。義務教育年限の延長による教員不足や日清・日露戦争後の産業構造の変化による男性教員の不足を背景としながら、一九〇〇年代以降、女性教員数は漸次増加の傾向を示し、一九一〇年代半ばには約三割にまで達していた。加えて、女性教員中に占める既婚女性教員の割合も三―五割程となるなかで[4]、当初は地域教員会やメディアで議論されていた〈職業と家庭の両立〉問題を、当事者である女性教員自身が話し合う場として、一九一七（大正六）年に帝国教育会は第一回全国小学校女教員会議（第二回以降は全国小学校女教員大会。以下、第一回全国会議、第二回以降は全国大会と記す）を開催し、一九二五年には全国小学校連合女教員会を設立した。[5]

これに呼応する形で、各府県及び各郡市でも女性教員大会が開催された。長野県でも松本女子師範学校主催による第一回長野県女教員大会が、一九一七年九月二二日から三日間、松本女子師範学校附属小学校講堂で開催され、下水内郡を除く一六郡、二市、二師範学校の六三名の代表者と傍聴者二〇—三〇名が参加した。[6] この前後に、下伊那郡（一九一六年）、木曾郡・北安曇郡（一九一七年）などで郡市女性教員会の組織化が始まり、「県下一斉といってよいくらい、郡ごとに女教員会が創立」[7]され、一九三二（昭和七）年から終戦までのとくに「前半は郡市ごとの女教員会がいよいよ発展し、その全盛時代ともいえる一時期を画した」[8]とされる。一方、全県レベルの女性教員会の組織化は、一九四二年一一月二一日と他府県に比べて遅い。[9]「長野県連合女教員会会則」には、「第二条　本会ハ長野県内各郡市女教員会員ヲ以テ組織ス　第三条　本会ハ各郡市女教員会ノ連絡協同ニ依リ県下教育ノ向上発展ニ資スルヲ以テ目的トス」とあり、各郡市教育会との「連絡協同」、すなわち横のつながりを目的として組織化したが、一九四五年一月一三日には大日本教育会長野県支部に統合発展するかたちで解散している。

第二節　女性教員にとっての「一本化論議」

(一)信濃教育会女教員専門部会と県教組婦人部の関係

戦後の信濃教育会における女性教員会は、一九四八(昭和二三)年七月三日に設立された「女教員専門部会」に始まる。一方で、長野県教組婦人部は、それより前の一九四七年一月二三日に県教組の専門部として組織された。女性教員を対象とした二つの組織の立ち上げには、一九四七年一月から一九四八年七月までの一年半のタイムラグがあるが、その間に信濃教育会と長野県教組との一本化論議をめぐる対立から終焉までの時期が重複している。すなわち、一九四七年九月からの信濃教育会と長野県教組の一本化論議で対立していた時期、同年一一月からの二本立てに向けての軍政部指導による対立調整が行われた時期を経て、翌年二月以降の一本化論議が終結するまでの時期の三つに区分することができる[10]。選挙によって選ばれた県教組婦人部の初代副部長である小池キフヨ(上伊那郡・西春近小)は、「一本論は教育会無用論で、教育会をなくすることへの気運も各地に起きつつあった[11]」当時を、次のように回想している。

……「ばかやろう」とてつもない大きなどなり声を私は教組本部の窓から聞いていた。信濃教育会のB先生とF執行委員が向かい合って争論の果てのB先生の声のようであった。

そんなことがあって間もなくのある日、「女教員会をなくしたらどうかね」とのF執行委員長の私への問いかけ、私はしばらくしたうえで委員長を見詰めたまま「そのことは私にはできません」と答えた。ばかとののしられ、たわけ者といわれてもよい、このことは私にはできないと思った。[12]

小池の記述には詳細な年月日は記されていないが、「二つの教師集団」を「車の両輪のようだと説く人と、いや一つだけでよいのだとする説とが沸騰」する日々とも記していることから、一九四七年九月から一一月までの一本化論議で対立していた頃とみることができる。実際、一九四七年一〇月二二日に「教員組合一本建」を決議した長野県教組婦人部委員会は、その理由として「女子教員に関する観点よりして、女子教員に対して教育会は、今まで如何なる態度をとって来たか。女教員を冷遇視した、その弾圧に、我等は涙をのんで来たのである。此の意味に於て、我等女教員は断乎、教育会の解散を叫ぶものである。但し我々の最も警戒しなくてはならぬことは、教員組合の面をかぶった一本建でないように化物でないようにといふことである」[13]と、女性教員の待遇に対する教育会傘下女性教員組織の無力さを挙げている。小池に対するF執行委員長の「女教員会をなくしたらどうかね」という発言は、この県教組婦人部委員会の決議に裏付けられるものであるが、なぜ、県教組婦人部副部長という立場にある小池に「女教員会の存続」を問うたのか。

戦後の信濃教育会の女性教員会は、各郡市と高校（三学区から）、女子専門学校（のちに長野県立女子短大）からそれぞれ一名ずつ派遣された二三名の女性教員が幹事として幹事会を組織し、研究発表会等の毎年の事業内容を決定していた。[14]そこで、女教員専門部が設立した一九四八年度から一九五四年度までの信濃教育会女教員専門部及び女教員研究委員会の幹事教員と県教組婦人部役員（部長・副部長）の兼務状況を調べると、[15]村山芳子（松本市、信教一九四九年度／婦人部長一九四六年度）、塩崎千代（下高井郡、信教一九四九年度／婦人部長一九五四年度）、小池キフヨ（上伊那郡、信教一九四九―一九五二年度／婦人部副部長一九四七・一九四八年度）の三名の兼務を確認できる。[16]なかでも小池キフヨは県教組婦人部の副部長を担った翌年から数年にわたって信濃教育会

表 5-1　小池キフヨの役員歴

年度	信濃教育会、上伊那教育会女性教員組織 長野県教組婦人部、上伊那支部婦人部の動向	小池キフヨの役員歴			
		教育会		県教組	
		上伊那教育会女教員会会長	信濃教育会女教師委員会	上伊那支部婦人部役員	長野県教組婦人部役員
1946年度	長野県教職員組合婦人部、組織化 上伊那郡教職員組合婦人部、組織化	竹腰清一郎		○部長	
1947年度	上伊那女教員会、設立	○			○副部長
1948年度	信濃教育会女教員専門部、設立 女教員会会則員会を定める	○	井上ふじ		○副部長
1949年度		○	○	○部長	
1950年度	信濃教育会女教員研究委員会に名称変更	○	○	○部長	
1951年度		伊沢志ずか	○		
1952年度		○	○	○部長	
1953年度		○	不明	○部長	
1954年度		前田孝子	前田孝子		
1955年度		前田孝子	前田孝子		

上伊那女教員会での役職は「自昭和二十三年度　各支会、専門部、研究補助団体事業報告書綴」（上伊那教育会所蔵）、信濃教育会女教師研究会への派遣女性教員は「昭和二十三年度女教員専門部記録」「昭和二十六年度女教員研究委員会誌」「昭和二十七年度女教員研究委員会誌」「昭和二十九年度女教員研究会誌」「昭和廿四年度・昭和廿五年度・昭和廿六年度研究調査委員名簿」（以上、信濃教育会所蔵）、長野県教職員組合婦人部については長野県教組婦人部のあゆみ編集委員会『夜明けに向かって―長野県教組婦人部のあゆみ―』（長野県教職員組合婦人部、1978 年、305-313 頁）をもとに兼務状況を作成。

女教員専門部の幹事教員を務めており、戦後教育改革期の一本化論議の時期に、双方の組織にかかわっていたことが分かる。

そこで、信濃教育会及び上伊那教育会の女性教員会と県教組及び県教組上伊那支部婦人部での小池の役員歴と、これらの組織の当時の動向とを併せて**表5―1**を作成した。小池が役職を担当した年度には○印を、小池以外が担当した年度については判明している限りで氏名を記した。小池は、県教組婦人部副部長を務めていた一九四七・一九四八年度も含めて、一九四七年度に上伊那女教員会が新たに設立されてから一九五三年度まで、一九五一年度を除く年度で上伊那女教員会会長を務めていることがわかる[17]。つまり、小池は県レベルでは女性教員会と県教組婦人部の役職を兼務していないが、郡市レベルでの役職は兼務しており、この立場が「女教員会をなくしたらどうかね」という問いかけをうけることに繋がったといえる。このときの心境を、小池は次のように述べている。

私はその時、教室の中で額に汗して子どもとともに黙々と仕事を続けている女教師たちを思うとともに、婦人部の各会議や女教員会の会合でのあの女教師たちの声、ほんものをほんものと認め合える世の中の実現のための、そのいちずな人々の姿を思い浮かべていた。たとえ一本論にせよ、あるいは二本論にせよ、それは女教師ひとりひとりが人間として教師としての目覚め、その自覚から生まれる教室実践の歩みの中からつかみ取らねばならない問題だ。そんな重大なことを私個人が即断できるはずもないことだと思ったのである。(18)

また、県教組婦人部副部長という執行部の立場で信濃教育会女教員専門部の役員会に出席した際の回顧でも、小池は「女教員会は役員が推薦制で、教師歴の長い方々が何年も役員として続けて出て来ていた。こうした先生方の会ではあっても、発言内容は全く婦人部の会議の声と変わりないものであった」(19)と記している。女性教員にとって、教員としての「資質・能力」と産休・育休も含めた「労働問題」とが不可分の関係にあることは、二つの教員組織――女教員会と教組婦人部――の不可分の関係性を映し出すものであり、女性教員らにとって「一本論＝教育会無用論」の選択肢は単純に選択できるものではなかったことを示している。

(二)上伊那女教員会の事例――「人材一本化、組織二本立て」

こうした県レベルの関係は郡市女性教員会にどのように影響していたのか。小池の出身郡である上伊那郡の事例を検討する。戦前の上伊那郡の女性教員会についての記録は断片的である。一九〇〇年一月、初会合がもたれ、年二回の常習会を開くことを決めたが、その後は一九一八年まで記録がない。一九七七年に上伊那女教員会により編纂された『女教師のあゆみ』によると、一九〇七年に約六〇名だった女性教員が一九一八年には約一二〇名へと倍増しており、この頃から女性教員会は毎年開催されるようになった。その後、昭和期にはいると一九三一年には「女教員会会則」を作成し、一九三二年には「女教員会へ全員入会のことを決める」ようになり、女性教員会としての組織が整えられた[20]。この戦前の女性教員会組織が、戦後も一九四六年度まで続き、会長は上伊那教育会長が依頼されて上伊那女教員会長をつとめ、その他の女教員会の委員は上伊那教育会の各支部長の推薦によって決められていた。

一九四七年度に入り、上伊那郡女教員会は新たに「女教員会会則」を定め、上伊那教育会の専門部の一つとして一歩を踏み出す。一一条からなる「女教員会会則」は、会の目的、活動も女性教員自身が主体的に決定していくことを定め、第八条で「会長　副会長　信濃教育会女教員専門部委員は全員選挙として常任委員は各地区においてその地区全員選挙とする〔以下略〕」ことを明示している。したがって、前項でもその回顧録を検討した上伊那郡・西春近小の教諭であった小池キフヨは、この定めにより戦後の上伊那女教員会の初代会長に「選挙」により選出されたのである。小池は選出の経緯を次のように述べている。

翌年、私は県教組婦人部副部長として県執行部常駐者となると同時に、郡婦人部部長と女教員会会長を兼ねる形にもなった。その時、私たちは郡婦人部と女教員会の規約を作り、役員選挙の方法は両方とも同じ方法による選出のしかたにしたので、私の兼任はこの規約実施の結果としてそうなったのであった。しかし女教員会長はこれまでどおり教育会長であったので、教育会と話し合いのうえで選挙で当選していた私が会長になって、名実ともに女教師によってつくられた女教員会としての組織替えができた[21]。

一本化論議で揺れる当時の教育会と教組の関係をふまえると、「郡婦人部と女教員会の規約を作り、役員選挙の方法は両方とも同じ方法による選出」にした経緯が、上伊那郡の女教員会長と教組上伊那支部の婦人部長、そして県教組婦人部副部長の兼任を可能にさせたといえる。

また、小池は、一本化論議に揺れるなかで、「私たち上伊那の女教師たちは『女教員会と婦人部は役員を兼ねよう』という考え方が結集してこうなったのである」[22]と、女性教員の判断で、二つの組織を維持しつつ、人材を一本化する選択をしたと綴っている。もちろん上伊那郡の女性教員のなかにも「婦人部一本説」を唱える女性教員は存在した。「婦人部一本説」の人々は、「女教員会は不要」「生活の諸要求を獲得するだけでなく、校長や教頭という役職につくことが、本物の新しい女教師像なのだ」という主張を唱えた。それに対して、兼任を後押しする人々は「二つの頭からばらばらに通知がこなくて、すっきりしている」「わずか二百人足らずの集団なのに、頭が二つだと会合攻めに合うばかりか功績争いがおこりかねない」「現実、選挙の結果は兼任でうまくいっている」といった主張を展開していたと、小池は当時を振り返っている。

こうした状況のなかで、上伊那教育会内部にも女性教員会と婦人部との関係性についての論議がおこった。「女教員会が婦人部と同一のものであってみれば、婦人部へは教育会からの補助は出せない」という教育会役員会の論議に対して、上伊那教育会の運営委員にも選出されていた小池は、「女教員会と婦人部の役員は規約によってそれぞれの選挙を行い、その結果がたまたま同一人となって兼任という形になっているということや、それは女教師の相違が同一人に一致したという現実であることを理解していただくよう説得」している[23]。

また、女教員会と婦人部との関係性に関する上伊那教育会総会での議論は、「一九五六年度上伊那教育会定期総集会記録」（上伊那教育会所蔵）にも確認することができる。伊那小学校の森泉が、運営委員会に関する質問の一つとして、「女教員会・婦人部が一本化しているようだがその経過について説明してほしい」と問うている。これに対して、当時の上伊那教育会会長の小林忠雄は、「一本論は抽象的には成り立つが現状から見れば教育会・教組の二団体は必要で、それが夫々の立場で立派に仕事をやっていると思う。婦人部女教員会は一本化しているのでなく本年は時たま〳〵役員が同一人であると云う事で内容は判然と分けてやっている」[24]と、小池の「説得」をなぞる答弁をしている。ただし、こうした質問が出される背景には、「内容は判然と分けてやっている」という答弁には適わない実態もあった。

上伊那教育会に所蔵されている一九五五年度の女教員会の事業報告には、人形講習・体育講習・料理講習等の講習会や会員の研究発表会を実施するとともに、療養所慰問、特殊教育等への参加、信濃教育会女教員研究委員会や県教組婦人部大会等への参加等の活動が記されており、講習会の開催など女性教員としての独自の事業を展開しつつ、女教員会と婦人部との連携を確認できる。これは、女教員会会則第四条で定められている「(1) 講演会・講習会の開催 (2) 調査研究 (3) 視察及び派遣 (4) その他必要なる事項」の中にとどまるものとみることができる。しかし、一九五四年度の教育二法反対にかかわる「運動研究目標（案）」（図5─1）や『婦人部報』（一九五八年一月一〇日）（図5─2）は、「上伊那地区連婦人部」と「上伊那女教員会」の連名で作成されており、「婦人部女教員会は一本化している」と受けとめられても無理もない側面があることも否定できない。

こうした側面をもちながらも、上伊那女教員会は、信濃教育会女教師委員会がその役割を終えた一九九九年を越えて、二〇〇七年度まで存続する。上伊那女教員会の解散にあたって『上伊那の女教師』第三三集（最終号）には、「先輩からのメッセージ」が歴代女教員会長から寄せられている。そのなかで、一九九二年度に上伊那女教員会長を務めた宮坂きみ江は、「信濃教育会女教師研究委員会〔中略〕に参加して他郡市の委員の先生方といろいろお話しているうちに、委員の選出方法はどうなのかという話題になりました。わたしは、自分が選挙に立候補して選出されて女教員会長となり、自動的に信濃教育会女教師研究委員になりましたから、他

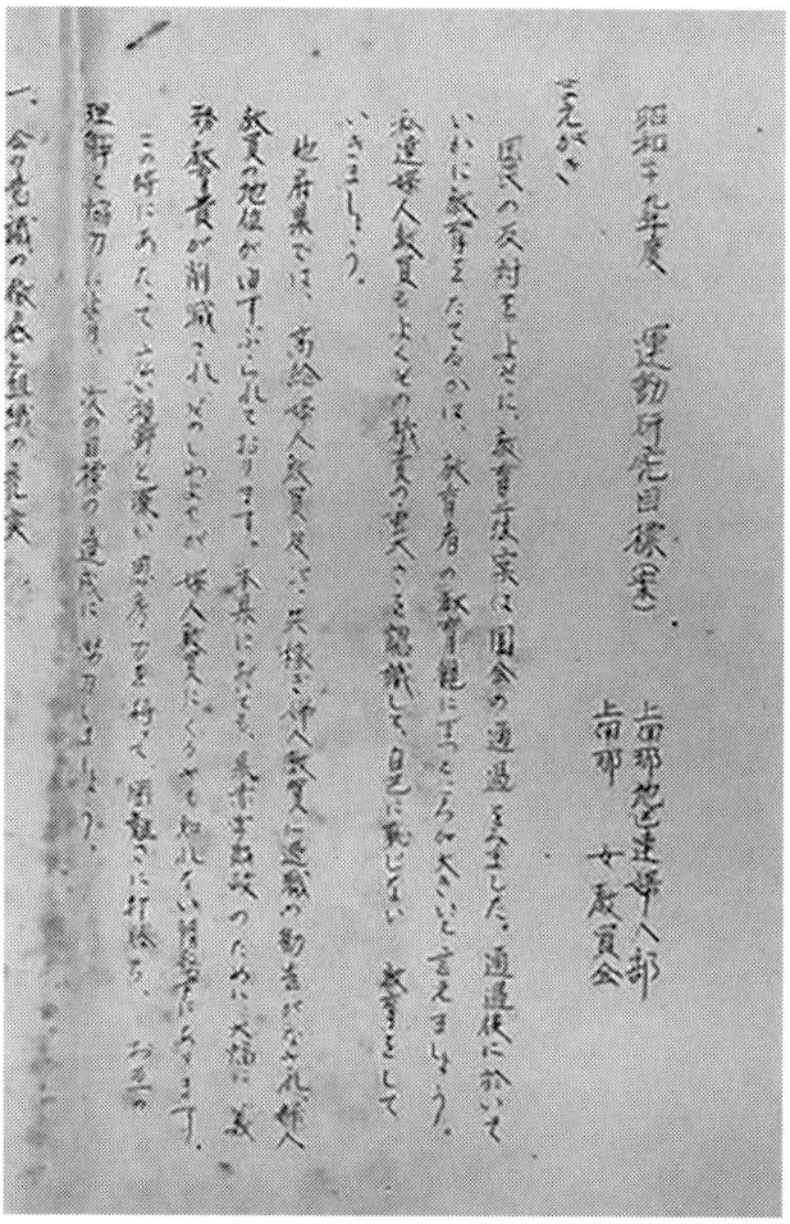

昭和二十九年度　運動研究目標（案）

上伊那地区連婦人部
上伊那　女教員会

図 5-1　上伊那地区連婦人部・上伊那女教員会「昭和二十九年度　運動研究目標（案）」上伊那教育会所蔵

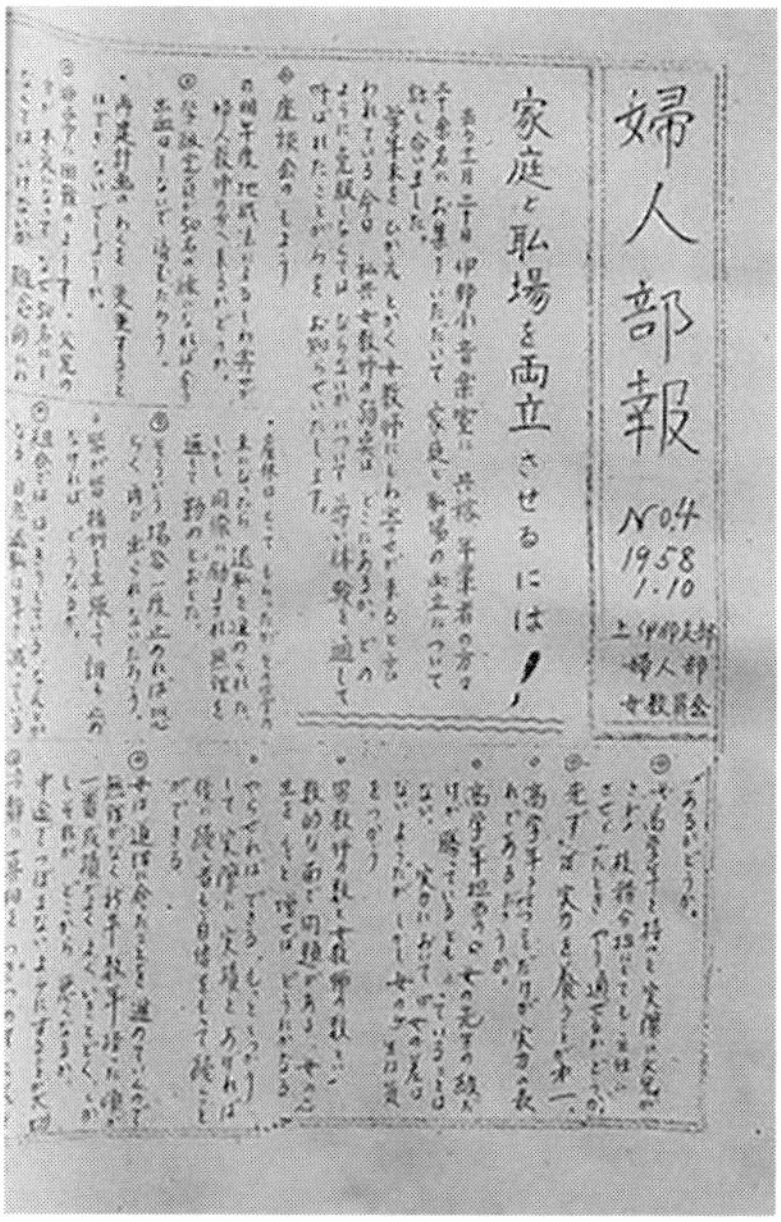

婦人部報

No.4
1958
1.10

上伊那支部
婦人部
女教員会

家庭と職場を両立させるには！

図 5-2　上伊那支部婦人部・女教員会「婦人部報」（1958 年 1 月 10 日）上伊那教育会所蔵

の委員の先生方も同じだと勝手に思い込んでいました。ところが、『上伊那は民主的な方法なんですね。まるで、組合みたいですね』と言われて、びっくりしてしまいました」[25]と綴っており、婦人部と女教員会が別々に選挙をして双方の役員を選出するという方法を貫き続けた点に、上伊那女教員会の特徴を見出すことができる。小池は、上伊那女教員会が選挙によって役員を選出するようになったことを契機に、「同好会的存在の女教員会は、教育会内の専門部としての位置づけ」になったと記している。[26]また、そうした位置づけを獲得する一方で、「女教員会と婦人部はともに女教師資質の向上を目指すことが、女教師の職能を高めるため女教師の真の地位を、教育体制の中で確立するために急務であることを説き、ようやく納得していただいたこともあった」[27]と、表裏一体の関係でありながらも二つの女性教員組織が並立することを可能にさせた経緯を記している。

二つの女性教員組織が表裏一体の「目標」をもちながら、人材を一本化してそれぞれの活動を展開させるという「微妙な関係」を維持し続けるには、「選挙」によって「女性教員全員の総意」を示すことが肝要であり、それを可能にしたのは、上伊那女教員会が規約を持つ組織として上伊那教育会の「専門部」に位置づいていたからこそであったといえる。

第三節　各郡市女教員会の諸相――「女教員会」か「女教師研究委員会」か

第一節でも言及したが、戦前の長野県における女性教員会の組織化は、一九一〇―一九三〇年代にかけて各郡市女性教員会が設立され、それらの連携を目的として一九四一（昭和一六）年信濃教育会によって長野県連合女教員会が設立された。こうした経緯からも、戦前の各郡市女性教員会は、信濃教育会の女性教員組織との関係において、独立性の高い組織であったとみることができ、これは戦後にも引き継がれている。

戦後、信濃教育会女教員専門部が設立されたのは一九四八年七月であるが、それ以前に郡市教育会では女性教員組織を設置し始めていた。一九四七年八月の『信濃教育』「彙報」にも、「△女教員部会委員会　最初各郡市共女教員部会を組織するの件が決定された」と記されており、信濃教育会女教員部会委員会は、各郡市教育会で女性教員組織を先行あるいは同時並行して設立することを決議している。そこで、各郡市教育会百年史を紐解き、戦前と戦後の各郡市女性教員会の設置状況を表5―2のように抽出した。戦前はほとんどの郡市教育会で女性教員会を組織化しているのに対して、戦後は「不記載」の郡市が多いものの、女性教員会にかかわる何らかの動きがある郡市は一九四六―一九四八年にその動向を確認することができる。また、表5―2では、一九七二年時点での各郡市の女性教員会及び女教師委員会の設置状況についても示した。各郡市教育会百年史に記載されている戦後の設置状況と併せて一九七二年時点での設置状況をみると、戦後の各郡市教育会における女性教員の組織は郡市により「研究委員会」や「専門部委員会」の中の一つとして設置されていた状況がうかがえる。そこで、本節では、「研究委員会」として女性教員の組織を設置した松本市の事例を検討し、「専門部」として設置した上伊那郡の事例もふまえて、女性教員組織を「専門部」としてもつか、「研究委員会」としてもつかの違いを検討していく。

『松本市教育会百年誌』には、戦後の女性教員組織に関するまとまった記述はない。しかし、松本市教育会に所蔵されている「松本市教育会文書綴昭和22・23年度」からは、松本市女教師研究会の設置を求める請願書の提出を確認できる。一九四八年九月四日付で旭町小学校の内山清子から信濃教育会松本本部長に提出されたその請願書には、「信濃教育会には女教員研究委員会が御ざいまして、種々な事業を計画して居りますが、当部会には女教員会の組織が無い為、本会との連絡上、多くの支障をきたして居りますので、是非女教員研究委員会の組織を持ちたい(28)」とあり、信濃教育会の女教員研究委員会設置に呼応する形で、「研究委員会」として設置が求められていたことがわかる。この請願書が直接的な設置の契機になったか否かは、信濃教育会松本支部からの回答を確認することができないため定かではない。しかし、一九四八年の信濃教育会女教員専門部の設置が一つの引き金となって、松本支部に独立した組織の「女教員会」ではなく「研究委員会」の一つとして女性教員組織が設置されたことは確かである。

このように少なくとも一九五〇年前後には、「研究委員会」として女性教員組織が設置されたことを示す史料がある一方で、一九五四年七月二〇日、信濃教育会松本部会女教員研究委員会委員長であった芦澤美千子か

表 5-2　戦前・戦後の各郡市女性教員会設置・開催状況

郡市教育会	戦前の設置年	戦後		各郡市女教師研究委員会設置状況（1972 年度時点）（注５）
		設置年	設置形態	
南佐久教員会	1923 年	不記載	女性教員会（注１）	あり
北佐久教員会	1918 年	不記載	女性教員会（注２）	
小県上田教員会	1918 年	不記載		あり（1972 年度発足）
諏訪教育会	1932 年	1948 年	調査研究委員会	あり
上伊那教員会	1900 年	1947 年	女性教員会	あり
下伊那教員会	1916 年／1940 年	1947 年	専門部委員会	あり
木曾教育会	1917 年	1948 年	教養部委員会	あり
東筑摩教育会	1941 年	不記載		あり（塩筑として、1972 年度発足）
南安曇教育会	記載なし	不記載		あり
北安曇教育会	1924 年	不記載		あり
更級教育会	1916 年度	不記載		あり（研究調査委員会）
埴科教育会	1918 年	不記載		
上高井教育会	1917 年以降	不記載		あり
下高井教育会	1921 年	1974 年	研究調査委員会	なし
上水内教育会	1926 年	1946 年	女性教員会	あり（郡教育会からの委嘱、研究調査部）
下水内教育会	1925 年前後	1946 年	女性教員会（専門委員会）	あり（1960 年から研究調査委員会）
長野市教育会	1924 年	1947 年	研究部委員会（注３）	あり
松本市教育会	1942 年	不記載	研究委員会（注４）	あり（市教育会からの委嘱）

各郡市教育会百年史より作成。
（注１・２）長野県教組婦人部のあゆみ編集委員会編『夜明けに向かって―長野県教組婦人部のあゆみ―』長野県教職員組合婦人部、1978 年、91-104 頁。
（注３）『昭和三十一年度女教員研究発表集録』（信濃教育会所蔵）、69-72 頁。
（注４）「松本市教育会文書綴昭和 22・23 年度」（松本市教育会所蔵）。
（注５）『昭和 45 年度女教師研究』『昭和 47 年度女教師研究（二）』（信濃教育会所蔵）。

ら、各小中学校の女教員研究委員会の委員宛てに作成された「女教員会」に関する文書が残されている。松本市教育会に所蔵されている文書の冒頭には、「先日は御苦労様でございました。早速教育会長桐原先生にお目にかかり松本市の女教員会と女教員研究委員会との問題について伺ってみました」とある。管見の限り、この文書作成に至る経緯が分かる記録はないが、文書には、「女教員会」と「女教員研究委員会」とでは性質を異とするという松本部会の明確な捉え方が示されている。

文書では、まず「一、松本市には女教員会は現在はない、一、女教員研究委員会のみで女教員会の必要は認めていなかった」と、一九五四年時点での松本市教育会における女性教員の組織は、「女教員会」ではないことを明示したうえで、「信濃教育会の中に女教員研究会と言うものがあるが、これは部会の女教員研究委員会とつながるもの」と、松本市の「女教員研究会」を信濃教育会との連携のための機関と位置づけている。そのうえで、「女教員会」を設置することに対して、次のように桐原会長が述べたと記されている。

一、松本市の女教員会を別個に発足する必要性をみなさんが認めるならば発足してもよいと思うが今すぐここでと云うことは中途でもあるし、又東筑の一部が市に合併するから今年は運営する上にも非常に問題が起るのではないか

一、発足するとすれば部会女教員研究委員会はいらないと思う

一、松本市女教員会が発足すれば事業の面で部会から一部の負担をする（あとは女教員の会費となる）

一、現在の状態では総会をもつ筋のものではない

一、女教員会発足の希望意見が多ければ今年度の終わりに規約をつくり、来年度選挙をして発足するように現在の研究委員が考えておいてもらいたい

桐原会長は「女教員会」と「女教員研究委員会」は共存しえず、女性教員の組織として総会をもつならば「女教員会」を発足し、規約作成と会長等の選挙をする必要があると述べている。また、「女教員会」が発足する場合は、松本市教育会から補助金が支出されるものの、あとは女性教員からの会費徴収で賄われるものとしている。桐原の発言は補助金や会費徴収といった運営資金の観点からその違いが述べられているが、女性教員の側から考えると、あくまで松本市教育会の研究委員会の一つである「女教員研究委員会」と教育会傘下では

あるが別個の組織として規約をもち選挙を実施できる「女教員会」とでは、活動の裁量という点で大きく異なる組織である。ここに、「専門部」女教員会と「研究調査委員会」の一組織としての「女教師研究委員会」との違いを見出すことができる。

『松本市教育会百年誌』に掲載されている各種委員会の変遷表を確認すると、昭和二〇年代の表には、一九五〇年から一九五四年まで「女教師研究委員会」が記載されているのに対し、昭和三〇年代の表には女性教員の組織を確認することはできない。一方で、信濃教育会女教師研究委員会の調査結果では一九七二年段階で松本市女教師委員会が市教育会の委嘱により置かれていることが記されている。すなわち、上記のやり取りの後、少なくとも「研究委員会」の一組織として「女教師研究委員会」が継続されることはなかったものの、信濃教育会女教師研究委員会との関係性は女性教員の組織として維持されていたことになる。この「女性教員の組織」がどのように松本市教育会に位置づいていったのかについては、今後の課題である。

おわりに

一九四六（昭和二一）年一一月三日、日本国憲法が制定されて、家庭生活における個人の尊重と両性の本質的平等という法原理が明らかにされた。そして、これらの法原理に導かれて、家父長制度が否定され、女性労働者も男性労働者と対等の立場で労働関係が結ばれる制度的基礎が定められた。そうしたなかで、一九四六年三月三日の日教組・文部省間の労働協約において、「男女差別賃金の撤廃、産前・産後通算一六週の有給休暇、生理休暇三日、妊娠による欠勤は医師の診断により休暇と認める。生後一年間は授乳時間を与える、出産後の休養中及び其後九〇日間は罷免の対象とならない」等々を権利として獲得するにいたっている。[29] さらに、一九四六年五月に東京都の女性教員は、教育委員長から「昇給率は今後男女差をつけない、生理休暇を欠勤とみとめないよう通達する」という回答をひきだした。このように「制度としての平等」「機会としての平等」の枠組みが整えられていく一方で、一九五〇年代の女性教員は「母性」を軸とした「特性」を資質として求められ、一九六〇年改訂の学習指導要領から高校の家庭科は女子のみ必修となるなど、性別役割分業の構図の中で女性教員らは自分たちの能力を発揮できない状況が、戦後も長くつくられてきたのである。

こうした構図を前に、本稿で検討した上伊那郡の二つの女性教員組織――女教員会と教組婦人部――の表裏一体の関係が果たした役割は大きい。それは、制度としての平等により「権利」や「機会」の平等を勝ち得ても、男女対等な関係づくりができなければ「実質的な平等」は勝ち得ないということであり、教員としての「資質・能力」と産休・育休に関わる「労働問題」とを不可分の関係のなかで議論していく必要があったことを意味している。そのことは、小池キフヨによる「女教員会といい婦人部というも、女教師という一個の人間の生き方の二つの側面にすぎない。〔中略〕生活権の要求や管理権が非常に強くなりつつある現状は、子どもを思う一念とは何かの具体を考え合い語り合う場として、女教員会と婦人部は今こそ最も大切であり、自由発剌たる活動の場に創造し、確立しなければならないと思う」[30] という言葉にも示されている。

こうした動向は上伊那郡のみのことであったのか。本稿では、松本市の事例をとおして、長野県の郡市において、「専門部」として女教員会を設立するか、「研究委員会」として「女教員研究委員会」を設立するかで、会としての役員の選出方法や活動の裁量に違いがあることを明らかにした。一方で、今回、詳細を検討した上伊那郡や松本市以外の郡市では、女性教員会が教育会に対してどのような建付けとなって設立され、郡市支部教組婦人部とどのような関係であったのか。その一つひとつの事例の中に二つの女性教員組織の関係性と、女性教員にとっての「一本化論議」の諸相をみていくことは、今後の課題である。

注

（1）駒込幸典「教組・教育会一本化問題とその背景—長野県軍政部の指示をめぐって—」『市誌研究ながの』第七号、長野市誌編さん委員会、二〇〇〇年、七—九八頁。同「軍政部による長野県教育への指導と介入—長野と埼玉を比較して—」『市誌研究ながの』第八号、長野市誌編さん委員会、二〇〇一年、五七—一一三頁。同『信州の戦後教育はこうして始まった』信濃毎日新聞社、二〇〇二年。森川輝紀「教育会と教員組合—教育ガバナンス論の視点から—」梶山雅史編著『続・近代日本教育会史研究』学術出版会、二〇一〇年。越川求「戦後改革期における信濃教育会存続の歴史的意味」『立教大学教育学科研究年報』第六四号、二〇二〇年など。

（2）拙著『「女教員」と「母性」—近代日本における〈職業と家庭の両立〉問題—』（六花出版、二〇一四年）、河上婦志子『二十世紀の女性教師—周辺化圧力に抗して—』（御茶の水書房、二〇一五年）、木村松子『戦後日本の女性教員運動と「自立」教育の誕生—奥山えみ子に焦点をあてて—』（学文社、二〇一七年）、跡部千慧『戦後女性教員史』（六花出版、二〇二〇年）、拙稿「昭和20年代における信濃教育会女教師委員会—長野県教組婦人部との関係性に着目して—」伊藤純郎監修『郷土から問う歴史学と歴史教育』（清水書院、二〇二三年）など。

（3）小池キフヨは、一九二一年、上伊那郡生まれである。一九四〇年に長野県女子師範学校を卒業後、箕輪中部国民学校（一九四〇—四五年度）、西春近小学校（一九四六—五一年度）、赤穂小学校（一九五二—五七年度）、伊那東小学校（一九五八—五九年度）、高遠小学校（一九六〇—六四年度）、伊那小学校（一九六五—七一年度）の教諭を務めている（上伊那教育会・上伊那女教員会編『女教師の歩み』一九七八年度、参照）。

（4）「女教員問題に関する調査」『帝国教育』第四〇九号、一九一六年、参照。

（5）前掲『「女教員」と「母性」—近代日本における〈職業と家庭の両立〉問題—』、参照。

（6）信濃教育会女子会員研究委員会編『女教師の歴史』信濃教育会、一九六〇年、四四頁、参照。
（7）同前、四五頁。
（8）同前、五七頁。
（9）確認できる範囲であるが道府県教育史を紐解くと、各府県女教員会の組織化は、一九二三年の全国小学校連合女教員会の組織化をきっかけとして、その前後に道府県レベルの女性教員会の組織化が行われていることが確認できる。ただし、すべての県が一九二〇年代半ばに組織化したわけではなく、岩手県連合女教員会や山形県連合女教員会のように戦時体制へと突入する一九三〇年代半ば以降に組織化する地域も見られる。限定的ではあるが、ここで挙げた各地域の組織化時期だけをふまえても、一九四〇年代に入ってからの長野県連合女教員会の組織化は後発といえる。
（10）越川は、〈教育会と教組の関係〉を、五つの時期に区分して経過を検討している。一九四六年一一月から一九四八年八月までを、①一九四六年一一月からを「結成期：協力関係」、②一九四七年九月からを「対立論議期・組織一本化問題」、③一一月からを「対立調整期：二本化に軍政部指導」として一つ目の節目とし、さらに④一九四八年二月からを「一本化問題論議終結」として二つ目の節目としている。その後、一九四八年八月の〈信濃教育会自立：日本教育会解散〉を契機として、⑤四八年八月からを〈組合弱体化期：軍政部介入〉と区分して分析し、一九四八年八月以降、軍政部の指導と介入が「組合弱体化」の方向で進んでいくまで、信濃教育会と組合との関係は、「一本化」「二本立て」「対立調整期」「信濃教育会の自立」と紆余曲折していたことが明らかにされている（前掲「戦後改革期における信濃教育会存続の歴史的意味」参照）。
（11）小池キフヨ「顧みて思う―女教員会と婦人部のあゆみ―」『信濃教育』第一〇七〇号、一九七六年、三四頁。
（12）同前、三五頁。
（13）一九四七年一〇月二五日「県婦人部情報第三号・県発四〇号」「昭和22年教員組合綴」上諏訪小学校所蔵（宮坂朋幸氏、提供）。
（14）昭和二〇年代の信濃教育会女教員専門部の動向については、前掲「昭和20年代における信濃教育会女教師委員会―長野県教組婦人部との関係性に着目して―」伊藤純郎監修『郷土から問う歴史学と歴史教育』清水書院、二〇二三年、二七―三四頁、参照。
(15) 信濃教育会については「昭和二十三年度女教員専門部記録」「昭和二十六年度女教員研究委員会誌」「昭和二十七年度女教員研究委員会誌」「昭和二十九年度女教員研究会誌」「昭和廿四年度・昭和廿五年度・昭和廿六年度研究調査委員名簿」（以上、信濃教育会所蔵）、長野県教職員組合婦人部については長野県教組婦人部のあゆみ編集委員会『夜明けに向かって―長野県教組婦人部のあゆみ―』（長野県教職員組合婦人部、一九七八年、三〇五―三一三頁）、参照。
(16) 信濃教育会女教師研究会に長野市代表として出席している倉田君子も、一九六五―一九六七年度に長野県教組婦人部副部長を務めている。
(17) 一九四八年度の上伊那女教員会長について、『上伊那教育会史』には「藤沢久子」と記されているが、同年の事業報告では「小池キフヨ」となっている。本稿では事業報告を基に検討している。
(18) 前掲「顧みて思う―女教員会と婦人部のあゆみ―」、三五頁。
(19) 同前、三六頁。
(20) 上伊那教育会史編纂委員会『上伊那教育会史』上伊那教育会、一九九三年、一七三―一七五頁、参照。
(21) 前掲「顧みて思う―女教員会と婦人部のあゆみ―」、三六頁。
(22) 同前。
(23) 同前、三七頁。
(24) 「一九五六年度上伊那教育会定期総集会記録」『自昭和二十五年度　総集会記録綴　上伊那郡教育会』（上伊那教育会所蔵）。
(25) 宮坂きみ江「時代のリーダーとしての上伊那女教員会」『上伊那の女教師』第三三集（最終号）、二〇〇七年度。
(26) 前掲「顧みて思う―女教員会と婦人部のあゆみ―」、三三頁。
(27) 同前。
(28) 「請願書」『松本市教育会文書綴昭和22・23年度』松本市教育会所蔵。

(29) 島田信義「婦人教育労働者と勤務条件」青木宗也編『教育公務員の勤務条件』勁草書房、一九七七年、一一七―一一八頁、参照。

(30) 前掲「顧みて思う―女教員会と婦人部のあゆみ―」、三九頁。

〔付記〕本研究はＪＳＰＳ科研費（課題番号二一Ｈ〇〇八二五）の助成を受けたものである。

第六章　一九五〇年代の高校被服教育と繊維工業、衣服製造業

宇津野　花陽

はじめに

明治時代以降、日本経済の発展過程において繊維産業は国内の主要な産業の一つであった。第二次世界大戦後は、鉄鋼や石炭と並んで基幹産業復興政策の対象となり、一九四七（昭和二二）年には全工業生産額に占める繊維工業の割合は一一％、機械器具・化学・金属についで第四位であった[1]。また、合成繊維については、戦前から研究が進められていたが、戦後、その開発と企業化が進められ[2]、一九五〇年代末までに、ナイロン、ビニロン、アクリル、ポリエステルなどが製造されるようになり、高度経済成長期さらに生産が拡大された[3]。

戦後は洋装化が進展する時期でもあり、若い人を中心に和服から洋服へ衣生活が変化していった。洋装店が増加し、注文服からしだいに既製服の生産が増え、一九六〇年代から七〇年代にかけて既製服産業が発展した。そうした変化の中で、注文服あるいは既製服をつくる担い手として、衣服製造にたずさわる女性も多かった。

一方、家庭生活においては、既製服が普及する前は洋服で生活するために、一家の主婦となり家族の衣生活管理をする女性が洋裁を学ぶ必要があった。洋裁学校が多く設立され、高等学校には「専門教育を主とする学科」の一つとしての家庭科（以下、「学科家庭科」）も多く設置された。戦災者や引き上げ者に対する失業対策として職業訓練事業が全国的に展開された公共職業補導所でも洋裁教育が行われた。

一九五〇年代に洋装化が進行する過程においては、洋裁学校が洋裁文化形成へ大きな役割を果したことが明らかにされているが(4)、学科家庭科の被服教育の教育機能については未解明な点が多い(5)。

学科家庭科における「専門教育」の性格は曖昧で、一九五〇年代から六〇年代はじめに増加したものの、その後減少して、全体的には職業教育としての機能に疑問があるとされている(6)。ただし、学科家庭科はその性格により被服、食物などの小学科に分類され、家庭科全体を広く扱う「家政科」などの家政関係学科と比べると被服に重点をおく被服関係学科では職業との関係が相対的には強くみられた(7)。

本稿では、一九五〇年代に繊維工業および衣服製造業が盛んであった地域に焦点をあて、繊維産業と学科家庭科の被服教育との関係を概観する。具体的には、一九五〇年代に繊維工業がもっとも盛んであった愛知県および列車での通勤圏内でもあり繊維工業が盛んであった三重県、岐阜県の三県を対象とし(8)、学科家庭科（被服関係学科）の設置状況と教育機能について、同時期の各種学校や公共職業安定所の設置状況もふまえて考察したい。

第一節　学科家庭科の設置状況

(一)愛知県の設置状況

一九四八(昭和二三)年から一九四九年にかけての新制高校の統廃合では、全国的に総合制、通学区制、男女共学制が推進された。このいわゆる「高校三原則」の採用の程度は都道府県によってさまざまで、一般的に、西日本において強くすすめられ、その過程で学科家庭科を広く設置した府県が多いとされる[9]。

愛知県では「高校三原則」に対して、当初、県の財政事情や学校施設設備の状況とともに世論を考慮して慎重に対処する姿勢をとり、一九四八年三月の定例県議会では、教育部長が一九四八年度に数校の高等学校のみを男女共学とする考えを明らかにしていた[10]。一九四八年四月の新制高等学校発足時には、県教育審議会、新制高校研究専門委員会などで具体的な対策が検討され、県内の旧制中等学校が原則的にそのまま新制高等学校として発足した[11]。校長会も、一九四八年四月に「県立高等学校設置方針案」として、旧制中学校、高等女学校はそれぞれ単独で普通教育を主とする高等学校、工業学校、商業学校、水産学校は単独で専門教育を主とする高等学校、農業学校は農業に関する専門教育あるいは普通教育を主とする高等学校とするなどの考えを示していた[12]。

しかし、一九四八年七月二六日に新学制実施特別委員会を発足させると、いわゆる「高校三原則」にもとづき一九四九年度入学者から実施するための方途が協議された。軍政部の強力な指導もあり、その後、一九四八年から一九五〇年にかけての全国的な高等学校統廃合の動きの中で、四九年九月時点で約四二%(全国平均二〇％）が統廃合され、総合制高等学校数は公立高等学校総数の約八五％（全国平均約四二％）となり、全国平均よりもはるかに高い割合で統廃合が進められた[13]。また、教員の大幅な人事異動がおこなわれ、四九年の定期人事異動で新制中学校への転出、県立高等学校、市立高等学校の人事交流も含めて、教員総数の約四六％が異動した[14]。統合先の校舎では男子（もしくは女子）トイレや更衣室が増設されたが[15]、家庭科の備品がなく他校から借用することや[16]、被服室や調理室の設置まで、間に合わせの施設・設備で専門教育を行うことがあった[17]。

新制高校発足時には総合制高校はみられず、四八年八月の第一次編成で総合制が進められたものの九校のみであったが、その後、小学区制および男女共学制が急速に進められ、四九年四月の第二次編成では、すべての高校が男女共学となり、その過程で多くの高校に家庭技芸課程が設置された（五〇年から家庭課程となった）[18]。総合制高校に広く学科家庭科が設置されたことで、家庭科教員は特定の学校に重点的に配置されるのではなく、全体的に分散して配置された[19]。農山村に設置された昼間定時制にも家庭科教員が複数名配置され、農山村の女子教育として家庭科が必要とされていたものと思われる。

一九五〇年に学校教育法が改正され修業年限が四年以上になると、農村では四年間は長すぎて結婚に支障があるという理由から短期修業のため別科の設置が検討され、一九五六年度から実施にうつされた[20]。一九五〇年代にかけて、都市部では夜間課程の普通科が、農山村には昼間の農業課程が多く設置されたが、商工業の発展、農業の衰退による都市への人口移動により、五〇年代後半には、都市部の夜間定時制では生徒数が増加し、農山村の昼間定時制では減少した[21]。

一九五三年二月の調査によれば[22]、保護者は学科家庭科に「のぞましい家庭人の養成」を望んでいる場合がもっとも多く（名古屋地区五六％、尾西・尾北地区三九％、知多地区四八％、西三地区四九％、東三地区五四％）、次に「主婦養成と同時に就職希望」（名古屋地区三八％、尾西・尾北地区四八％、知多地区四五％、西三地区四五％、東三地区四三％）が多かった。「技能者養成」（名古屋地区六％、尾西・尾北地区一三％、知多地区七％、西三地区五％、東三地区三％）を望む保護者は少なかった。

愛知県では、総合制実施の過程で家政関係学科（家庭課程）が広く設置された結果、職業課程として十分その機能を発揮し得ないとして[23]、職業教育確立のため、一九五四年度に、一宮、刈谷商業家庭、瑞陵、豊橋東高校の四校の家庭課程を新たに家庭技芸課程へ切りかえ、一宮、刈谷商業家庭、豊橋東高校の三校は被服関係学科（家庭技芸課程被服科）として設置されることとなった。他一四校の家庭課程は普通課程の家庭コースとなった[24]。

しかし、刈谷商業家庭高校、豊橋東高校では一九六〇年代から一九七〇年代にかけて被服関係学科は募集停止となった。一宮高校では現在（二〇二三年）に至るまで長い間存続し、「卒業生は第一に家庭人としてよろこばれ、また職業人としても多方面に活躍している。和裁、洋裁の専門家や、技術面を買われて短大の助手にえらばれたものも多く、また高校の非常勤講師としても歓迎されているそうだ」とされている[25]。

一九五八年一二月には、県行政全般の指針として他県に先駆けて体系的な地方計画が策定され、以降一九八九（平成元）年まで、都市のほか周辺地域や農村部なども含めて人口配置、所得配分、雇用、土地利用、福祉などが総合的に計画された[26]。高校教育については「文化厚生」部門で検討され、将来の高等学校進学者数の増加傾向を見込んで高等学校の新設や教育課程の増設をおこない、とくに職業課程を拡充すること、総合制高等学校はつとめて単独校に編成すること、不足している校地、校舎等の整備を促進することなどが計画された[27]。「高等学校職業課程を新設または増設し、とくに工業課程を拡充して、普通課程生徒数との比を四八：五二以上とする」などの方針が示され[28]、産業教育として、中学校職業・家庭科の施設・設備の充実、高等学校職業課程の新・増設と施設・設備、教職員の充実、中学校職業・家庭科教育内容の改善、実技講習会の開催、内地留学生の派遣、職業指導主事の充実、実習教員・実習助手の設置、産業教育実験実習費の増額などが提案された。

高等学校職業課程については、一九六五（昭和四〇）年度までに、第一学年の学級数を農業一二、工業二二、商業一九、家庭（技芸）五学級新増設し、生徒総数に対する割合を五二％とするとともに、必要な特別教室一万一八六坪を整備することとされた。また、一九五九年度に工業高校、一九六一年度に商業高校、一九六三年度に工業高校を各一校ずつ新設するとされた(29)。産業教育として工業や商業への期待が高まったことが分かる。しかし、家庭科に産業教育としての期待が寄せられた跡はみられない。

(二)三重県の設置状況

三重県では、新制高校発足に向けて、旧制中等学校を新制高校に移行させる基本方針を作成し、学科については、「学校の分布、設備、地方の就学状況、要望および将来の国民生活の動向を併せて考える」「現在の中学校および高等女学校（いわゆる旧制中等学校）が昇格する高校は、大学進学のコース、一般教養を主とするコースおよび職業に重点をおくコースの三つを持つようにする」「市街地の学校はそれぞれ特色ある学科を置くようにし、学科の種類を多くし、生徒の個性の伸長を計るようにする」などの方針が示された(30)。

この方針を受け、新制高校発足のために四八年二月一七日に設置された県新学制実施協議会で検討がなされ、四八年三月に、旧制中等学校の大部分を新制高等学校とする移行案が作成された。財政措置、県移管問題など難しい問題に直面しながら移行の準備が難航する中、四月二五日に軍政部よりマッケラン、ケーズらが来県し、知事に対して新制中学校に独立校舎を与えるための学校再配置を強く要請すると、軍政部の強力な指導のもとに短期間に作業が進められ、五月二三日付で新制高等学校二四校（普通高等学校一〇校、職業高等学校四校、総合高等学校一〇校）が設置された(31)。校舎は、旧制中学校（四校）、旧制高等女学校（四校）、実業学校（一〇校）、新制小学校の仮校舎または一部間借り（五校）、青年師範学校（一校）のものが使われることとなった。[32]

再配置により、男女共学はほぼ全面実施、総合制は一部実施され、学区制が課題として残された。県教育委員会では、県内の郡市連絡会の答申や近府県の実施状況も参考にして検討し、「施設・教員の均等化による学校差の是正」「努めて総合制高校、ただし一地域に数校あるときは数校で総合制」「地方の実情に応じ学科配置」「学区は交通利便を主とするも経済産業をも考慮」などの方針を決定し、一九四九年二月一四日には三重軍政部に一応了承された。しかし、二月二二日になって、東海北陸軍政部ジョンソンから再検討の指示を受けたとして、「県教委案は普通科あるいは実業科のみの単独校があり総合制が取られていないので、（一）いずれの学校も農・商・家・普を設置し総合制にせよ。ただし工・水の特別学区は認める。（二）全学年適用。（三）施設を最高度に利用して増築せず、場合により二部授業。（四）総合制になっても教員増不必要。現教員でさらに多数の科目、時間を担当。（五）総合制実施不可能ならば一々理由を付し提出せよ。（趣意）」と総合制を求める申し入れがされた。三重軍政部も「総合制は必ずしも多額の経費を要せず農業、家庭も家庭実習で補い得る。同窓会などは特権的教育の維持も考えているが、総合制は今実施しなければできない」と敷延《ふえん》した。[33] 三月に県教委で再配置案が検討され、学区制を厳格に実施することとされた。一五学区に総合制高校を設置し、生徒はすべて保護者居住学区内高校に通学、違反者は処置、虚偽申告者は最低一年間県下高校で願書を受理しないこと、工業、農業、商業科は特別学区とすること、など厳しい方針が決められた。[34]

県内の高校は、学区制、男女共学、総合制の全日制一六校となり、そのすべてに家庭技芸課程が設置された。学区制実施にともない、教員の四分の一にあたる二〇〇人が異動、校舎間異動を加えると三〇〇人近くにおよんだ。[35] 一九四八年度の統廃合による学校減少率は愛知県の四二％を超えて五一％、四九年度はさらに六七％となった。しかし短期間での実施は無理もともない、学区制により学校選択・進学の自由が奪われ、伝統のない学校、設備が不十分な学校に押し込まれるなど、総合制の強行により生じる運営上、教育上の困難などの問題に是正を求める声が実施後間もなく出始めた[36]。そこで、五〇年三月に修正され、一校一校舎を原則として全日制高校二五校となり、そのうち一八校に家庭技芸課程・被服科が設置されることになった[37]。

このように、被服関係学科が広く設置されたが、一九五一年度に入ると職業教育の振興にともなう施設、設備の充実と財政の負担度の観点から学区制、総合制再検討の声が高まり、県議会では総合制解体、学区制撤廃を要望する質問が続出し、教育長は、専門学科は分離の方向で漸次廃止していく意向を明らかにした。また、県教委より「講和後の教育について」諮問されていた県教育連絡協議会は一九五二年一月、専門学科を中心に学区制を廃止することなどを決定し、普通課程についても一部全県一区とすることとなった[38]。男女共学を批判する声もあり、一九五三年三月の県議会に県立津高女同窓会長より女子高校設置請願が提出され、一九五四年四月に津女子高校が誕生した。その後、県教委は、「高等学校配置計画案」として、一九五五年度から一九五九年度の五年間で三五校とし、進学率を全国平均の五〇％まで高めるとともに四女子高校（四日市、津、宇治山田、伊賀）を設置する計画を提示した。この計画のなかで、学科家庭科は「女子普通課程」の色彩が強いとされ普通課程に編入することとされた。しかし、宇治山田地区は現場教師を中心とする地域の反対運動から女子高校の新設に挫折し、四日市地区も計画どおりに進まず、共学の四日市南高校の新設となった[39]。

こうしたなか一九五四年四月には、専門教育としてより特色を出し、職業に結びついた課程として、それまでの被服科を廃止し全県一区とした被服課程が四日市・上野・松阪・津女子高校に設置され、全日制一九校に家庭課程が設置された。この頃、被服関係学科を置く四校の学校長により三重県被服課程振興協議会が組織され、生徒が職業人として立つ場合のよりどころとして、また珠算検定のように認められれば資格の一つとして家庭科教育の振興に役立つとして、家庭科の技能検定が検討された。一九五七年には被服課程設置四校において第一回被服初級技能検定が実施された[40]。内容は、「玉縁取り」「まつり」「穴かがり」であり、家庭用ミシンや手縫いの技能の正確性をみるものであったと思われる。この検定は、一九五八年には被服・食物を合わせた家庭科技能検定として三重県下二五校で実施され、一九六〇年からは全国高等学校長協会家庭部会主催による全国高等学校家庭科技能検定として、その後技術検定と改訂され、内容を見直しながら現在に至る。一九六〇年度の被服の種目では、四級「被服製作の基礎技術」、三級「婦人ブラウス」、二級「大裁単衣長着」「女児服」、一級「大裁あわせ羽織または長着」「ツーピースドレス又は裏付きベスト」があげられた[41]。

三重県立上野高等学校では、一九五三年に被服科を設置した。女子生徒や保護者に共学を嫌悪する機運があり、地域から主婦養成の要求が強く、校長は女子教育を充実させようとした[42]。卒業生向けP・T・A補習学級も一九五四年から一九六三年まで実施しており、「卒業生の多数の保護者より、本校卒業の女生徒にさらに主婦としての高度の教養を身につけさせたいとの希望」により計画された[43]。五四年二月一八日付けの案内状（要項）では、「洋裁」「和裁」「手芸」「食物学習（日・中・西料理）」「礼法」「茶道」「華道」などの教科目があげられ、洋裁と和裁に多くの時間が充てられるなど[44]、主婦としての教養をさらに高めることが求められた[45]。しかし、農村でも高校卒業後、女子が会社へ就職し始め、一九六四年に被服科は募集停止となった[46]。

三重県立松阪高等学校では、一九五一年四月に松阪北高校から家庭科が移管され、一九五四年度から家庭課程（定員一〇〇名）と被服課程（定員四〇名）が設置された。当時の社会状況や女子の職業および地域の要望などを考慮して、将来職業人として立つための素地を養成することを目的に設置したとされる[47]。一九五二年から五五年の進路状況をみると就職者は少なかった。五二年は商業科が含まれており就職者の割合が二八％であったが、五三年以降、二〇％未満で低かった。当時の経済状況を反映して企業の求人が少なく、女子の就職希望者が多かったため、就職が難しい状況にあった。一九五四年の就職希望者は三年生五一三名中一九六名で、そのうち女子が八八％を占めていた。一二月時点の求人は、金融機関三七（うち女子二）、百貨店四（二）、電力会社五（三）、運輸交通機関二六（六）、商事会社二二（二）、その他六（〇）となっており、とくに女子の求人が少なかった。これに対して女子の希望条件は通勤可能な企業であること、金融機関希望が多いことなど「求人との食い違い」があり、この時点での就職内定者は三名にすぎなかった。[48]

(三)岐阜県の設置状況

岐阜県では、高等学校の統合の過程において、総合制は広く実施された。[49]そのなかで全日制の課程に学科家庭科が設置されることは少なかったが、戦後から一九五〇年代前半頃までは県内の各高校には家庭科の教員が多く配置されていた。[50]また、新制高等学校発足時に採用された選択教科制の難しさから文部省が一九五六年の学習指導要領改訂において生徒の個性や進路に応じた学習が進められるように類型（コース）制の導入を行うと、全国的に「進学コース」「就職コース」「家庭科コース」などのコースを設ける高校が増えるが、岐阜県ではすでに一九五〇年代初め頃から、コース制を取り入れる高校があった。[51]「家庭科コース」では普通科の教育課程の枠内において家庭科の時間数が多く設定された一方、全体的には、一九五〇年代後半頃から女子の家庭科履修者は減少傾向を示し、一九六〇年頃には全日制普通科の女子生徒のうち家庭科目を四単位以上履修する者は五二％、二単位以上履修する者を含めても八三％となった。[52]

学科家庭科は、定時制において多く設置され、私立の女子高校にも複数設置された。一九五三年五月時点で、全日制公立高校一校（家庭技芸科）、定時制公立高校一七校（家政関係学科一二、被服関係学科七うち家政／被服関係学科併置二）、全日制私立高校四校（家政関係学科二、被服関係学科二）、定時制私立高校一校（被服関係学科）に学科家庭科が設置された。[53]定時制課程としては、春と秋の農繁期に合計三カ月程度の農繁休暇を設けた修業年限四年間の昼間定時制家庭科が多く設置された。一九四八年には県立一七校、市町村立学校組合二四校、計四一校の定時制課程（普通科九、農業科二七、家庭科二五、商業科三、工業科四〔小学科九〕）が設置され、ほとんどが農業科と家庭科の二科設置であった[54]。しかし、一九六〇年代に入る頃には進学率の向上や農家子女の就業状況の変化により農繁休暇を必要とする女子生徒が少なくなったことなどから、昼間定時制家庭科は減少していった[55]。

繊維産業との関係で設置された定時制高校もみられた。海津高校城山分校は一九五〇年に新内外綿紡織株式会社駒野工場と城山村により設置された。生徒の出身地は長野県、岐阜県、山形県、静岡県の順に多く、家庭科の聴講が多いために「花嫁学級」として特別に教育も行われた[56]。紡績・繊維産業に従事しながら学ぶ生徒の数は、ベビーブーム世代の高校進学時期まで増え続けた。一九六三年には市内に工場をもつ紡績繊維関係五社が女子定時制高校の設立を陳情し[57]、六四年には大垣第一女子高校、六七年には華南高校が紡績・繊維工場で働く女子労働者の教育のために設置された[58]。

一方、一九六〇年代の生徒の急増期対策として女子高校が新設されるようになり、一九六三年度には家庭科を主とする普通科高校として県立岐阜第一女子高等学校、家庭科教育のモデルスクールとして家庭科単独の県立大垣女子高等学校が新設された[59]。

以上のように、愛知県、三重県では戦後から一九五〇年代前半にかけて学科家庭科が広く設置されたが、家政関係学科も被服関係学科も全体的に主婦養成の傾向が強かった。岐阜県では、通常の課程としては学科家庭科が少なく、普通科の家庭コースが広く設置され、定時制に学科家庭科が多く設置された。三県とも総合制を強く進める過程で施設設備や教員配置は広く分散された。三重県においては、技術検定に力を入れるなど、被服関係学科の教育を専門教育・職業教育として発展させようとしたところもみられるが、全体的には、上野高校のように女子教育、主婦養成に対する地域の要求が高く、職業教育機能を広くもたず、一九六〇年代以降、減少したと考えられる。定時制の学科家庭科が多く設置された岐阜県では、農山村向けの昼間定時制は一九五〇年代に多く設置されたが、進学率上昇や産業構造の変化にともないしだいに減少し、一方で夜間定時制や繊維工場で働く女子労働者のための工場との関係で設置された定時制が六〇年代半ば頃にかけて増加した。

第二節　各種学校の設置状況

各種学校の設置状況をみると、愛知県では市部に集中して設置されており、一九五〇年代に洋裁学校が増加する中では、集中の傾向がさらに強まった。一九四九（昭和二四）年から一九五六年にかけて、市部では二〇九校から四〇八校に倍増したが、郡部では一〇六校から七八校に減少した。市部の中でも、とくに名古屋市に多く（一九四九年は市部の五七・九%、一九五六年は市部の四七・一%）設置されており、[60]各種学校は、都市部、とくに大都市に集中していたことが分かる。岐阜県でも、全体的に都市部に多く設置され、一九四九年から一九五一年にかけて、市部では二五校（うち岐阜市一四校）から三二校（うち岐阜市一六校）に増加し、郡部では二六校から増減がみられなかったことから、[61]大きな都市を中心に増加がみられた。

各種学校のうち一貫して最多の課程「和洋裁」は、たとえば一九五〇年頃の岐阜県では、本科と研究科から構成されることが多く、修業年限は一年ないし一年以上、昼間と夜間の二部制がとられた。生徒定員は中小規模校から大規模校まで様々で、教科はほとんど専門科目であるが、二割程度の一般教養も含まれていた。[62]

名古屋市に一九四五年に設置された大規模校であるすみれ洋裁学院の五四年頃の学則によれば、昼間部の高卒生の定員が最多であるが、夜間部は中卒生の定員の方が多く、中学校卒業後、就職して夜に洋裁学校に通うことも多くみられたと思われる。四九年に寮ができると三重県、岐阜県、北陸方面からの入学者も増え、五〇年代にかけて生徒数は増加するとともに速成科（四カ月）など短期の育成にも力が入れられるようになった[63]。一九五三年には和裁科が設置され、洋裁を習得後に和裁を学び卒業すると家庭に入り結婚する者が多く、手芸、料理、茶道、華道、製帽などの教養講座も併設された[64]。一九六〇年頃には高校進学率の上昇から、中卒の入学者は年々激減し、高校卒業後に洋裁を学んで結婚しようという女子生徒が多く入学し、学生数のピークをむかえた。実習科、師範科、高等師範科等も設置され、卒業生は各洋裁学校や工場附属の洋裁学校の教師として就職する者が多かった[65]。一九六〇年代中頃には、既製服化が進行して品質も向上し、産業デザイナーの需要が増えてきたことから、「デザイン科」が設置されるなど[66]、しだいに職業人養成に重点が置かれたと思われる。

第三節　公共職業訓練における被服教育

終戦とともに、軍人・軍属の復員と旧領土からの引き揚げ、徴用工など多数の動員解除に伴い求職労働力人口が増加し失業者が増えると、失業対策としての職業補導事業が必要とされ、公共職業補導所、職業訓練所が全国に設置されるようになり、一九四七（昭和二二）年に労働基準法、職業安定法、技能者養成規程（労働省令）などの法制度が整備された。建築、木工、機械、手工業、事務、和洋裁、食品加工など、当初は応急的な衣食住関係の職業補導が行われた。

愛知県では、一九四六年に職業訓練所が設置されて以来、一九五七年三月末までに六七九六人が修了生となった。一九五五年の定員は九九〇名で、応募数は年々増加傾向にあり、自動車整備科六・八倍、理容科六・〇六倍、洋裁科三・六一倍、美容科三・〇六倍がとくに多くなっていた。陶芸図案科（四〇％）、オフセット印刷科（八三％）、謄写印刷科（八五％）、男子服科（九二％）など定員に満たない種目もみられた。応募者は、中学卒業後すぐに希望する者がしだいに増え、なかには訓練所以外の就職や進学を考える者もおり、応募倍率が高い科目でも入所率が一〇〇％を下回ることがあった。一九四六―五五年の期間の修了者は、建築科の一一四二名、洋裁科八一二名、自動車整備課六一六名、木工科四六二名などでとくに多かった。五五年度の修了者のうち、就業者は「洋裁」で九五％と高かった。初給賃金は、男子では陶磁器科が最高で一万五〇〇〇円、最低は住込であるが建築科、男子服科、ミシン組立修理及びラジオ・テレビ科三五〇〇円であった。女子は、経理事務科の八〇〇〇円が最高で、洋裁科の一〇〇〇円が最低となっていた[67]。

また、戦後、高等学校工業科の履修学科にない職種や、学校教育では不十分な技能を養成するため、技能者養成規程にもとづく認定を受けて技能者の養成をする事業所が増加した。全国では一九四八年に実施事業場六五、養成工数一九六八名であったが、一九五五年には実施事業場二万七一七二、養成工数六万一三三八名と大幅に増えている。愛知県では、一九五六年度実施事業場数八二三、養成工数三四八九名であり、養成工数では東京都、岩手県に続いて全国第三位と多かった。養成実施の方法には、大企業の単独養成と、中小企業を主とした共同養成とがあり、共同養成は衣服類製造、食料品製造等の職種が多かった。愛知県では単独養成二二一、共同養成一七、総数三九カ所で、養成工総数三二二二名中、洋服工が一一〇〇名を占めていた[68]。

公共職業訓練や事業所内技能訓練における被服教育は就業に直接結びつくものであったが、養成の規模は限られており、また、洋裁に関わる職は他の職種と比べて賃金が低い状況にあった。

第四節　新聞の求人広告にみる繊維工業、衣服製造業と被服教育との関係

繊維工業、衣服製造業と被服教育との関係について『中日新聞』（日刊：一九五九年七月一日―一一月三〇日）(69)の求人広告欄からみると（表6―1）、次のような仕事が募集されていた（複数にわたる場合、たとえば「紳士注文服」は「紳士服」と「注文服」両方に数えた）。

①糸の製造・加工：「撚糸」「紡績／毛紡績」
②織り、編み：「織布工／毛織工」「メリヤス／編立工」
③デザイン：「デザイナー」
④裁断：「裁断師」
⑤縫製：「既製服」「イージーオーダー」「注文服」／「ミシン工」「メリヤスミシン」／「紳士服」「婦人服」「子供服」／「洋裁」／「和裁」
⑥販売：「店員」

求人広告からは、次のような特徴がみられる。

「性別」では男性向け求人が多い仕事（「メリヤス／編立工」（六一・五％）、「紳士服」（五〇・〇％）など）もあるが、全体的には女性向け求人が多かった（「撚糸」（九〇・〇％）、「織布工／毛織工」（八一・七％）、「洋裁」（八一・〇％）、デザイナー（五八・八％）など）。男女向け（「既製服」（七四・五％）、「注文服」（六八・〇％）、「メリヤ

表 6-1　新聞の求人広告にみられる繊維工業・衣服製造業の求人　（単位：%）

仕事内容	広告数（件）	性別			年齢	住込／通勤			経験			学歴	技能
		男	女	男女	制限あり	住込	通勤	通住可	経験者	中習者	見習者	条件あり	条件あり
撚糸	40	0.0	90.0	10.0	17.5	42.5	2.5	15.0	7.5	0.0	2.5	0.0	0.0
紡績／毛紡績	21	9.5	66.7	33.3	23.8	14.3	4.8	4.8	28.6	0.0	23.8	0.0	0.0
織布工／毛織工	60	5.0	81.7	13.3	18.3	26.7	0.0	26.7	46.7	0.0	11.7	0.0	5.0
メリヤス／編立工	13	61.5	15.4	23.1	7.7	0.0	0.0	46.2	76.9	0.0	76.9	0.0	23.1
デザイナー	17	5.9	58.8	29.4	5.9	0.0	11.8	11.8	47.1	0.0	11.8	0.0	0.0
裁断師	49	32.7	36.7	30.6	12.2	2.0	8.2	30.6	51.0	4.1	34.7	0.0	0.0
既製服	55	14.5	9.1	74.5	7.3	5.5	3.6	47.3	65.5	12.7	45.5	5.5	1.8
イージーオーダー	1	0.0	100.0	0.0	0.0	0.0	0.0	100.0	100.0	0.0	0.0	0.0	0.0
注文服	97	33.0	1.0	68.0	14.4	10.3	2.1	35.1	60.8	43.3	41.2	0.0	5.2
ミシン工	373	0.3	34.0	62.5	9.1	5.1	4.0	49.9	80.2	2.7	66.8	1.1	1.9
メリヤスミシン	85	7.1	23.5	74.1	5.9	5.9	1.2	38.8	75.3	0.0	65.9	0.0	2.4
紳士服	84	50.0	6.0	42.9	9.5	13.1	1.2	26.2	56.0	25.0	39.3	0.0	6.0
婦人服	72	1.4	31.9	63.9	4.2	5.6	5.6	44.4	20.8	68.1	66.7	0.0	0.0
子供服	49	0.0	28.6	75.5	4.1	4.1	2.0	40.8	75.5	4.1	63.3	0.0	2.0
洋裁	306	14.1	81.0	4.9	7.8	5.2	6.9	39.2	70.6	13.4	40.2	0.0	0.0
和裁	2	0.0	100.0	0.0	0.0	0.0	0.0	100.0	50.0	50.0	50.0	0.0	0.0
店員	182	19.8	64.8	14.8	60.4	24.7	12.6	19.2	6.6	0.0	2.7	2.7	2.7

（備考）『中日新聞』1959 年 7 月 1 日～ 11 月 30 日の新聞広告より作成。延べ数。同一企業から複数回求人が出された場合は複数回のカウントとした。また、たとえば、「婦人既製服」と記載された場合は、「婦人服」「既製服」の両方にカウントした。「洋裁」には「洋裁師」「洋服」「（既製服）裁縫師」等と記載されたものも含めた。「経験者」には「技術者」「熟練者」と記載されたものも含めた。「見習者」は「未経験可」等と記載されたものも含めた。

スミシン」（七四・一%）、「子供服」（七五・五%）、「婦人服」（六三・九%）など）もみられた。

「年齢」について条件が示された求人は「店員」では六〇・四%と多かったが、それ以外の仕事ではほとんどみられず、あったとしても一割から二割と少なかった。

「通勤」についてもっとも多いのは、通勤でも住込でもよいとする「通住可」であった（「メリヤス／編立工」四六・二%、「ミシン工」四九・九%、「婦人服」四四・四%、「既製服」四七・三%など）。「住込」が求められる場合がやや多いのは「撚糸」（四二・五%）、「店員」（二四・七%）、「紳士服」（一三・一%）などであった。

学歴が条件として明記されている求人は少なかった。学歴として「中学校」卒業程度が求められている場合が「既製服」で三件、「ミシン工」で四件、「店員」で五件みられた。「高等学校」卒業程度は「既製服」で一件、

「店員」で七件あるが、学科についてはとくに記載されていなかった。「洋裁学校」卒業程度が求められている場合は「洋裁」で三件、「店員」で三件みられた。

「技能」についても、「織布」三件、「メリヤス／編立工」三件、「既製服」一件、「注文服」五件、「ミシン工」七件、「メリヤスミシン」二件、「紳士服」五件、「子供服」一件、「店員」五件と少なかった。

条件として求められたのは、学歴や技能ではなく、「経験」であった。「経験者」(「技術者」「熟練者」等を含む)が募集されている場合と、「見習者」として未経験者が募集されている場合が多くみられる。「注文服」では、「中習者」も四三・三%と多かった。

求人広告からは、繊維工業や衣服製造業への就職に年齢や学歴、特定の技能が求められる場合は少なかったこと、一定の見習い期間を経ると中習者、経験者として採用されたこと、紳士服は男性向け求人が多いことなどが分かる。学科家庭科の卒業生であることが採用条件になることはないが、学歴や経験、性別に関わらず募集されている場合が多いことから、そうした職に学科家庭科の卒業生が就職した場合もあったと思われる。また、この時期は、看板を出さないで近所の人などの洋服を仕立てて内職にしている場合も多くあった。[70]

おわりに

以上のように、一九五〇年代に学科家庭科が設置される過程において、繊維産業・衣服製造業と高等学校学科家庭科の被服教育との関係は希薄であった。愛知県や三重県では総合制実施のために学科家庭科を多くの高校に設置し、岐阜県では普通科の家庭コースや定時制課程での学科家庭科を広く設置した。そのため、施設設備や教員は分散し、被服についてまとまったカリキュラムを持つ被服関係学科は、総合制をしだいに解体していく過程で一九五〇年代半ば頃から一部に設置されたが広く定着はせず、全体的には農村の主婦養成の性格が強い場合が多かった。また、学歴や被服教育と繊維工業、衣服製造業への就職との関係は求人広告からはみられなかった(71)。就職の際に求められたのは、学歴よりも経験であった。衣服の種類や製造工程により必要な技能が異なり、最初は見習として就職し、仕事を覚えると中習者、経験者として採用された。

一九五〇年代は洋装化が進み、洋裁学校が全国的に増加したが、都市部、とくに名古屋市などの大都市部に集中して設置され中卒者や高卒者が多く入学していた。洋装化の進行が早く女子の進学率も高い都市部では洋裁学校の需要が高かったものと思われる。農山村には洋裁学校が少なく、学科家庭科への地域の要求が強かった。五〇年代には農山村の昼間定時制に家庭科が設置された場合が多くみられ、高度経済成長期には繊維工業へ集団就職する中卒女子労働者の教育のために繊維工場との関係で夜間定時制ができた。

女子の高校進学率は、一九五二年には愛知県三四・八%、三重県二八・一%、岐阜県二六・五%であり、一九六二年には愛知県六二・三%、三重県四九・七%、岐阜県五一・二%へ上昇するが、五〇年代当時、高卒女子は高学歴であり、専門性を生かしてよい待遇で就職できる就職先があまりなかったことも、学科家庭科が職業教育機能を広く持ち得なかった要因の一つと思われる。

注

(1)　津谷彰一「終戦前後の日本企業（その三）―繊維工業の会社別経営分析―」『帝京経済学研究』第二一巻一・二号合併号、一九八七年、二九三―二九九頁。

(2)　日本化学繊維協会「日本の繊維産業政策―戦後50年のあゆみ―」『調査レポート』三七六号、一九九八年、一—四頁。

(3) 平井東幸「戦後のわが国化学繊維工業発展略史—合成繊維工業を中心に—」『岐阜経済大学論集』第二八巻二・三号、一九九四年、四—一三頁。

(4) 横川公子編『洋裁文化形成に関わった人々とその足跡—インタビュー集　その1—』関西文化研究センター、二〇〇六年、『洋裁文化形成に関わった人々とその足跡—インタビュー集　その2—』同センター、二〇〇七年、『洋裁文化形成に関わった人々とその足跡—インタビュー集　その3—』同センター、二〇〇九年、斉藤佳子「戦後の洋裁学校の興隆・衰退に関わる社会的背景の要因分析」『日本家政学会誌』第六七巻五号、二〇一六年、二八五—二九六頁、小泉和子編著『洋裁の時代—日本人の衣服革命』OM出版、二〇〇四年、ゴードン，アンドルー、大島かおり訳『ミシンと日本の近代　消費者の創出』みすず書房、二〇一三年など。

(5) 徳山は、農村部における定時制高校分校の家庭科において「農村ならでは」の被服教育への要望があったことを明らかにしている（徳山倫子「農村女性への教育と裁縫—大阪府北部における新制高校定時制分校家庭科に着目して—」足立芳宏編『農業開発の現代史—冷戦下のテクノロジー・辺境地・ジェンダー』京都大学学術出版会、二〇二二年、三一七—三四六頁）。

(6) 佐々木享「高校の学科家庭科に関する覚書」『名古屋大学教育学部紀要（教育学科）』第三四集、一九八七年、二〇七—二四三頁。

(7) 拙稿「一九五〇年代における高等学校学科家庭科の被服教育」『中等教育史研究』第一五号、二〇〇八年、一七—三四頁。

(8) 繊維工業には、工業統計の分類上、製糸、紡績、織物、ニットなどの（狭義の）「繊維工業」と、衣服、帽子、スカーフ、寝具等を製造する「衣服その他の繊維製品製造業」が含まれる。一九五〇年代における繊維工業の製造品出荷額、衣服その他の繊維製品の製造品出荷額を合わせると、愛知県の生産額は全国一位で、三重県、岐阜県も全国一〇位以内で生産が盛んであった（通商産業省大臣官房調査統計部『工業統計表』より）。

(9) 総合制は、多様な課程の生徒がともに学ぶという当初の姿から、一つの学校の中に複数の課程が併存する多課程併置制へと戦後の早い時期に変質した（山口和宏「「総合制」小山静子・菅井凰展・山口和宏編『戦後公教育の成立―京都における中等教育―』世織書房、二〇〇五年、五五―一一一頁）。

（10）愛知県公立高等学校長会編『愛知県高校教育三十年』愛知県公立高等学校長会、一九八八年、一九頁。

（11）同前書、一〇頁。

（12）「校長会文書綴」西春日井郡師勝町立師勝小学校蔵（愛知県教育委員会編『愛知県教育史　資料編　現代1』愛知県教育委員会、一九九七年、五二三―五二四頁）。

（13）前掲『愛知県高校教育三十年』、一四頁。

（14）同前書、二七頁。愛知県立一宮高等学校の当時の教職員であった浅野弘は、この人事異動について、「男女両校の職員を三等分して、一は一宮高校に残し、一は他の高校と交流し、一は中学校へ転出すると言う極めて大規模な厳しいものだった」と述べている（六十年の歩み編集部『六十年の歩み』愛知県立一宮高等学校同窓会、一九八八年、一三二頁）。また、これによって、各学校間および県、市立学校間の教員の交流をはかり、学校差をなくし、通勤の便を計ったが、結果として、問題が多く苦情処理がなされた（第八代校長　柴村義邦「私の赴任した当時」前掲『六十年の歩み』、一三二頁）。

（15）愛知県立稲沢高等学校創立六十周年記念誌編集委員『創立60周年記念誌』愛知県立稲沢高等学校、一九七四年、八八頁。

（16）愛知県立岡崎高等学校では、旧制中学校への女子生徒の入校にともない、当面必要な教具・教材等を整えるため岡崎市立高等学校から物品の貸借を受けることとなり、文化鍋、包丁、ミシン、アイロンなどを借用していた（愛知県立岡崎高等学校創立九十周年記念事業実行委員会編『愛知二中・岡崎中学　岡崎高校九十年史』愛知県立岡崎高等学校創立九十周年記念事業実行委員会、一九八七年、四四一―四四二頁）。

（17）旧制中学校の校舎を使うため、和洋裁室がなく、古い武道場で被服製作実習が行われる（前掲『六十年の歩み』、一四七頁）、裁縫室と作法室を兼ねた和室が新制高校発足後四年以上経って要求される（前掲『愛知二中・岡崎中学　岡崎高校九十年史』、四八七頁）など、施設整備には時間がかかっていた。

（18）前掲『愛知県高校教育三十年史』、二〇頁。

(19) 一九五一年度時点で、県立総合制高校（分校を含む）の八九・五％に家庭科教員が配置された（愛知県教育委員会「愛知県職員録　１９５１」よりカウント、算出した）。
(20) 愛知県高等学校定時制・通信制教育30周年記念会編集委員『愛知の定通教育』愛知県高等学校定時制・通信制教育30周年記念会、一九七九年、三八―三九頁。
(21) 愛知県教育委員会編『愛知県教育史』第6巻、愛知県教育委員会、二〇二三年、一九八―二〇〇頁。
(22) 森川きく「家庭科教育の現状と諸問題」『教育愛知』第一巻五号、一九五三年、三〇―三五頁。
(23) 愛知県教育委員会事務局編『愛知県教育要覧　昭和29年度』愛知県教育委員会、一九五四年、一〇六頁。
(24) 愛知県科学教育センター『愛知県戦後教育史年表』愛知県科学教育センター、一九六五年、六三―六五頁、一七三頁。
(25) 前掲『六十年の歩み』、一七四頁。
(26) 愛知県史編さん委員会編『愛知県史　通史編9　現代』愛知県、二〇二〇年、四〇五頁。
(27) 愛知県『愛知県地方計画書』第六巻、愛知県、一九五九年、一四三頁。
(28) 同前書、一五九―一六〇頁。
(29) 同前書、一六〇―一六一頁。
(30) 三重県総合教育センター『三重県教育史』第3巻、三重県教育委員会、一九八二年、一四一―一四二頁。
(31) 同前書、一四五―一五一頁、三五一―三五五頁。
(32) 同前書、三五一―三五四頁。
(33) 同前書、三五五―三五七頁。
(34) 同前書、三五七―三五九頁。
(35) 同前書、三六五頁。
(36) 同前書、三六六―三六七頁。
(37) 四日市高等学校百年史編集委員会『創立100周年記念事業　四日市高等学校百年史』三重県立四日市高等学校創立100周年記念事業実行委員会、二〇〇一年、六三九頁。

(38) 前掲『三重県教育史』第3巻、三六九―三七一頁。
(39) 同前書、三七八―三七九頁。
(40) 前掲『創立100周年記念事業　四日市高等学校百年誌』、六四三頁。
(41) 同前書、六四五―六四六頁。
(42) 三重県立上野高等学校創立百周年記念誌委員会編『百年のあゆみ』三重県立上野高等学校創立百周年記念事業実行委員会、一九九九年、七八四頁。
(43) 同前書、七八四頁。
(44) 同前書、七八五頁。
(45) 同前書、七八四―七八五頁。
(46) 同前書、七九三頁。
(47) 三重県立松阪高等学校編『松阪高等学校九十年史』三重県立松阪高等学校、二〇〇〇年、一四八―一四九頁。
(48) 同前書、一六二頁。
(49) 全日制の総合制高校は、一九四八年八月の高等学校統合・編成案では県立高校の四〇・七%であったが、四九年四月の案では七四・一%に増加した。全日制における学科家庭科は、四八年八月案で県立高校の二二・二%、四九年四月案で三・七%と少なかった（岐阜県教育委員会編『岐阜県教育史　通史編　現代1』岐阜県教育委員会、二〇〇四年「図表4―3　高等学校再配置表」および「図表4―4　岐阜県における中等教育機関の変遷」より）。
(50) たとえば、多治見高等学校では、一九四八年度（九月以降）には教科担当教員五四名中八名が家庭科教員、一九五〇年度には教科担当教員六一人中九名が家庭科教員である（創立60周年記念実行委員会『創立60周年記念誌「桔梗」』岐阜県立多治見高等学校、一九八三年、二四三―二四五頁）。
(51) 岐阜高校は一九五一年度から、大垣北高校は一九五二年度から、斐太高校は一九五四年度からコースを設けた（岐阜県教育委員会編『岐阜県教育史　通史編　現代2』岐阜県教育委員会、二〇〇四年、四七八頁）。
(52) 同前書、四九七頁。

(53) 岐阜県教育委員会事務局編『岐阜県の教育　昭和28年度』岐阜県教育委員会、一九五三年、四六―四七頁。
(54) 岐阜県教育委員会編『岐阜県教育史　史料編　現代1』岐阜県教育委員会、二〇〇一年、二七六頁。
(55) 創立70周年記念「城陵70年」編集委員会編『城陵70年』岐阜県立恵那高等学校、一九九二年、一四九―一五〇頁。
(56) 前掲『岐阜県教育史　史料編　現代2』、四六四―四六五頁。戦前から、繊維産業の女性労働者にやがて主婦となるために必要な衣服製作の技能や教養について教育の機会を設けることが重視されてきた（榎一江「製糸工女と衣料生産」総合女性史学会編『女性労働の日本史―古代から現代まで―』勉誠出版、二〇一九年、二九八頁、川又彩夏「富岡製糸場に勤めた女性たちのライフヒストリー―昭和期の「あたりまえ」の書き残し―」『絹ラボ研究成果報告書』二〇二一年、九二―九四頁）。
(57) 岐阜県教育委員会編『岐阜県教育史　史料編　現代4』岐阜県教育委員会、二〇〇〇年、三二一頁。
(58) 高校進学率が上昇する中、求人を有利にする一つの方法であった（豊島紡績30年の歩み編纂委員会編『豊島紡績30年の歩み―装いを創る―』豊島紡績、一九八六年、一六六頁）。
(59) 岐阜県教育委員会編『岐阜県教育史　通史編　現代3』岐阜県教育委員会、二〇〇四年、二七〇―二七一頁。
(60) 愛知県教育委員会事務局編『愛知県教育要覧　昭和24年度』愛知県教育委員会、一九四九年、四二八―四二九頁、『愛知県統計年鑑　第6回』愛知県、一九五七年。
(61) 岐阜県総務部統計課『岐阜県統計書　昭和二四年度』岐阜県、一九四九年、岐阜県総務部統計課『岐阜県統計書　昭和二六年』岐阜県、一九五一年。
(62) 前掲『岐阜県教育史　通史編　現代2』七七一頁。
(63) 学園史編集委員会『中西学園三十年史』中西学園、一九七五年、二六―二九、三六頁。
(64) 同前書、五五、七九頁。
(65) 同前書、五一、八七頁。
(66) 同前書、八七頁。
(67) 「第三編　労働計画　第一部　現況　第二章　職業訓練　第二節　職業訓練」（前掲『愛知県地方計画書』

第六巻、三二六—三三三頁）。

（68）「第三編　労働計画　第一部　現況　第二章　職業訓練　第三節　技能者養成」（同前書、三三三—三三四頁）。

（69）七月から一一月頃に求人開拓や斡旋、就職活動、就職試験がもっとも多く行われていたと思われる（佐藤竹雄「わが校における進路指導計画」『職業指導』第三二巻第四号、一九五九年、二二一—二二四頁では、七月から求人開拓が開始され、翌年二月頃まで求人開拓斡旋は続いているが、年内には峠を越したとされ、また、一二月は冬季休業に入るため、実質的に一〇—一一月頃が就職活動のピークであったと判断した）。

（70）宋和直美「私たちの衣服史—お母さんやおばあさんは何を着ていたか—」前掲『洋裁文化形成に関わった人々とその足跡—インタビュー集　その1—』八五頁。

（71）求人広告にみられるほか、百貨店のデザイナーも洋裁学校との関係が深かった。名古屋の松坂屋、丸栄、オリエンタル中村、名鉄の各百貨店婦人服部門においてもそれぞれが系統を異にしたデザイナーをかかえており、名鉄百貨店の婦人服オーダー部門は、当初は田中千代デザインセンターとして創設された。その後三〇年間、婦人服オーダー部門デザイナーは田中千代服装学園出身者に限られていた（『名鉄百貨店開店30周年記念社史　30年の歩み』名鉄百貨店、一九八五年）。

〔付記〕学位論文の第三章として書き下ろした論文を一部修正加筆して本書に収録したが、学位論文全体の執筆とその後の審査、出版に時間を要したため、本書の刊行が先行した。

第Ⅲ部

教育改革の理念と現実を検証する

――高等普通教育、特別科学教育、教師教育

第七章

明治後期における高等学校改革構想
――「高等普通教育」の制度化

吉岡　三重子

はじめに

一九一一（明治四四）年、高等中学校令が公布され、それまで大学予科のみとなっていた高等学校は「須要ナル高等普通教育ヲ為ス所」とした高等中学校に改変されることとなった。本稿では、高等学校大学予科が、なぜ高等普通教育を目的とした高等中学校に変更されたのかといった点に着目し、一九〇〇年代の高等学校改革において提唱された高等普通教育が制度および実態として実現したのかについて検討する。

旧制高等学校は、一八九四年、井上毅文相により、それまで中学校令で規定されていた修業年限二年の高等中学校から、修業年限三年の「専門学科ヲ教授スル」機関に改められ、但し書きで帝国大学への進学のための予科を設置することも可能とされた。第一から第六高等学校に医学部、第五高等学校には工学部、また第三高等学校には工学部と法学部が設置され、第三以外の高等学校に大学予科が設置された[1]。しかし、専門学部は相ついで分離独立し、結局、一九〇六年に第五高等学校の工学部が独立すると、高等学校は事実上、大学予科のみが機能することとなった。

高等学校大学予科は、一九一八年の高等学校令によって廃止されるまで約二五年間存続したが、その設置当初から廃止や改革の必要性が議論されていた。明治後期において、学制改革問題はすでに朝野で議論されていたが、文部省における高等学校の具体的な改革案が示されたのは一九〇二年の高等教育会議における菊池大麓文相の諮問案であった。同時期に内閣に設置された政務調査委員会で議論された菊池の改革案は、高等学校大学予科を修業年限二年の大学予備門とし、校数を既存の大学予科の半数とするものであったが、いずれも高等教育会議で否決された(2)。その後、久保田譲文相期においても、高等学校を帝国大学に附設し、一部を実業学校に改組する学制改革案が構想されたが、日露戦争の影響等により審議は中断された。

したがって、高等学校を高等普通教育機関とする改革案が、文部省において積極的に展開されたのは、牧野伸顕文相期以降であった(3)。同文相期において推進された高等学校を高等普通教育機関とする改革は、中学校における高等普通教育の不十分さから、その延長として主唱された。この改革方針は、小松原英太郎文相期に構想された中学教育令案に引き継がれていったのではないかと考えられる(4)。

なお、牧野・小松原文相期に関する研究は、高等中学校令制定過程に関するものが多く、高等中学校令の原案とされる中学教育令案(5)については着目されているが、それ以前の改革案との連続性は言及されていない(6)。一方、本山幸彦や若月剛史は、牧野文相と小松原文相の教育政策について検討している(7)。本山は、牧野文相期においては日露戦後の急速な資本主義の発展の下で教育勅語が活用され、精神主義教育と実業主義教育が表裏一体とされたが、小松原文相期においてはより国体主義イデオロギーが強められ、国民統合の強化が図られたとする。一方、若月は、中学校教育との関係性から両文相期における七年制の学校案に着目し、小松原文相期の政策が帝国大学の拡充が前提とされていたとしており、その点は本稿も同様の認識である。しかし、これらの研究は、本稿が課題とする高等学校を高等普通教育機関化する必要性、およびそれが推進された背景やその要因を明らかにしたものではない。また、若月の研究で指摘される、牧野文相期の七年制の学制改革構想が中学校教育の修業年限延長であったのに対し、小松原文相期のそれは経費の支出を国費から地方費に変更するためであり、それ自体が推進されていたわけではなかったとする点には疑問が残る。それまで大学予科であった高等学校を高等普通教育機関に改変することで、大学進学者だけではなく、直接社会に出る人物養成も目指されていたのはこの時期に特有のことであり、なぜ当該期に高等学校卒業生を社会に出す案が構想されたのかについて検討する必要があるのではないか。また小松原文相期の七年制の学校案も、牧野文相期と同様に、高等普通教育の拡充政策としてそれ自体の制度化が推進されていたのではないかと考える[8]。

結局、小松原文相期に公布された高等中学校令は、その後、奥田文相により施行直前に無期延期とされたことは周知のとおりである。しかし、高等中学校令は、のちの高等学校令制定過程において、高等学校令は「高等中学校令ト其ノ軌ヲ同シクスル所ニシテ畢竟高等学校ニ於テ完成セル一体ノ教育ヲ授ケムトスルノ趣旨ニ出ツ」とされたように、その後の高等学校令制定に多大な影響を与えることとなったのである[9]。

よって、本稿では日露戦後の高等学校改革案において重視されることとなった高等普通教育について明らかにするため、牧野文相就任以前に構想されていたと考えられる専門学務局による「高等学校制度改正案」や、牧野・小松原両文相期における改正案をそれぞれ検討する。高等普通教育が七年制の高等学校案として展開される過程や、各文相期の政策との関連性において付与された高等普通教育の概念、そしてその変容についても分析する。以上の作業を通して、日露戦後の高等学校改革構想が、大学の予科ではなく、中学校と連続性をもった高等普通教育として推進された理由の一端を明らかにしたい。

第一節　「高等学校制度改正案」における高等普通教育

文部省では、牧野文相就任以前からすでに高等学校をはじめ、教育制度全般に関する制度改革案が検討されていた[10]。本節では、まず文部省専門学務局作成の「高等学校制度改正案」を検討する。この史料は、第五高等学校の高等学校長会議の決議史料に収録されており、一九〇六（明治三九）年五月の高等学校長会議において提示されたと考えられる[11]。「高等学校制度改正案」は、その趣旨説明と一一項の箇条書き、学科課程案で構成されていた。今回は、趣旨説明と箇条書きについて考察する。

「高等学校制度改正案」の趣旨説明は次のとおりであった。

本案改正ノ要旨ハ高等学校ヲ以テ男子ニ須要ナル高等普通教育ヲ為ス所トシ、兼テ帝国大学入学ノ為メニ楷梯タラシメントスルニ在リ

専門教育及実業教育ノ隆興ニ伴ヒ、之ト併行シテ高等普通教育ト《ママ》ノ普及ヲ図リ、以テ智識及趣味ノ偏狭ナル発達ヲ救ヒ、且国民修養ノ程度ヲ上進スルコトハ目下ノ時勢ニ於テ特ニ緊要ナリトス、中学校ノ学科目ハ普通教育須要ノ科目ヲ略網羅セリト雖モ、未タ之ヲ以テ国家最高ノ普通教育トシテ満足スルコト能ハス、中学校教育ニ継続シ之カ補足及補修《ママ》ヲ為ス為メニ特別ノ施設ナカルベカラス、然ルニ現行ノ制度ニ於テハ中学校卒業者ニシテ進ンテ修学セントスル者ノ進路ハ特殊職業ノ準備又ハ其予備教育範囲ニ束縛セラレ、自由ナル修養ヲ求ムルノ途ナシ、高等女学校卒業者ニ対シ補習科専攻科ノ設アルニ対シ、男子ノ為メニ之ニ相当スル施設ナキハ看過スヘカラサル欠点ナリトス

分科大学入学ノ為メニスル現行大学予科ノ制度ハ、単ニ在学中某学科教授ノ便宜ヲ慮レハ最モ都合ヨキ方法ナルヘシト雖モ、国家ニ須要ナル人材ヲ養成スル方法トシテハ大学ハ寧ロ広ク高等普通教育ノ素養アル者ヲ採ルヲ可トス、又学生ノ為メニハ高等学校入学ノ初ヨリ最後専攻ノ目的ヲ一定シ、早クヨリ之ニ適切ナル技能ヲ準備スルハ一利アリト雖モ、又其進路ノ範囲ヲ広クシ、充分ノ素養ヲ積ミ、意志ノ確定スルニ至ルマテ選択ノ自由ヲ存スルコトハ更ニ重要ナリトス

之ヲ実際ノ状況ニ照スニ、今日ノ高等学校ハ大学予備教育ヲ唯一ノ目的トスルカ故ニ、大学ノ設備ニ応シテ高等学校各学科ノ入学者ノ数ヲ限ラサルヲ得ス、又其ノ卒業者ハ悉ク分科大学ニ収容セサルヲ得ス、之カ為メニ高等学校ノ入学者ヲ選抜シ、又其卒業者ヲ各大学ニ分配スルニ当リ、年々非常ノ困難ヲ感シツ、アリ、而シテ将来ニ於テハ帝国大学ノ増設ヲ予期スルモ、高等学校ノ制度ヲ改メサル以上ハ此困難ハ到底除去スルコト能ハサルヘシ

以上ノ理由ニ依リ、高等学校ヲシテ独立ノ目的ヲ有セシメ、兼ネテ分科大学ト連絡ヲ保タシムルヲ本旨トシ、現行制度ヲ改正スルノ急要ナルヲ認メ、先以テ其ノ要綱ヲ掲ケテ案ト為ス

高等学校は「男子ニ須要ナル高等普通教育ヲ為ス所」とし、「兼テ帝国大学入学ノ為メニ楷梯タラシメントスル」とされ、帝国大学に進学するための教育と高等普通教育は別のものとされた。このように改正する理由として、まず「智識及趣味ノ偏狭ナル発達ヲ救ヒ、且国民修養ノ程度ヲ上進スル」ため、「特殊職業ノ準備」や「予備教育」ではない「自由ナル修養」を補う中学校の教育に継続した高等普通教育の施設とすること、また「国家ニ須要ナル人材ヲ養成スル方法」として大学はむしろ「広ク高等普通教育ノ素養アル者」を入学させる必要があることが指摘された。なお、実際の状況として高等学校卒業者を各分科大学に入学させることは困

難であることも改正理由として示された。

以上の趣旨に基き、箇条書きで一一項が示された。第一項において「高等学校ハ中学校卒業ノ男子ニ更ニ高等ナル普通教育ヲ為スヲ以テ目的トスルコト」とされ、第二・第三項において大学予科を廃止し、三年制の高等学校とすることが示された。また、第六項では「高等学校各学科ノ学科目及其ノ程度ハ文部大臣之ヲ定ムルコト」とされた。大学予科では進学する分科大学による三部制が採られ、各部の学科課程はその大学の要求に応じた内容とされていたが、改正案では文科と理科の二分科とされ、その間に「甚シキ専門的差別ナカラシムル」こととされた。

また、第七項では、「高等学校ヲ卒業シタル者ハ帝国大学各分科大学ニ入学スルヲ得シムルコト」とされた。その理由として、「高等学校卒業者ヲ任意志望ノ分科大学ニ入学セシムルコトハ普通教育ヲ基礎トシテ専門教育ヲ施ス本来ノ趣意」とされ、「且専門学科ノ選択ハ成ルヘク遅キ時機マテ之ヲ自由ニ遺スコト」や、「大学入学ノ門戸ヲ広クシテ成ルヘク多方面ノ学生ヲ収容スルコトトハ高等学校及大学ノ現状ニ徴シテ最必要ト認メラル」とされ、高等普通教育が分科大学における専門教育の基礎となり、なるべく長期にわたって教授すべきことが示された。また、高等学校の卒業者は、各分科大学において入学試験や「予備教育」を行うこととされた。

このように、牧野文相就任以前において、専門学務局では高等普通教育を目的とした高等学校改革構想が企図されていた。趣旨説明に示されたように、中学校教育が、「国家最高の普通教育」として不十分であり、継続して中学校教育を補足するための施設として、高等学校を高等普通教育機関とする必要性が指摘された。加えて、専門学務局において立案された「高等学校制度改正案」は、帝国大学に進学することを前提として構想されており、改正案における高等普通教育は、大学における基礎教育として有効であることが強調されたのである。

第二節　牧野文相期における高等学校の高等普通教育

一九〇六（明治三九）年三月、第一次西園寺内閣の文相として牧野伸顕が就任した。牧野は、「国民教育、普通教育の改善発達を期すること最も急務」として義務教育年限延長の問題の解決を目指すとともに、「近来学生の風紀大に紊れ」ていることを懸念していた。[12] また、彼は中学校卒業者が高等の学校に進学しなければ、これまでの学歴が「何等の効果なきの現況」となることを危惧し、中学校が「高等学校の予備校なるが如き傾向」を矯正し、「実地の活動に資せしむべき組織」に改める必要があると主張した。[13] 当時は、高等学校の入学者が年々増加する一方で中途退学者も多く、またそのような中途退学者は、必ずしも「学力劣等の者」だけでなく、「前途有望の青年」も少なくなかった。[14] そのため、「空しく修学の機会を失せしめ、或は自暴自棄に陥らしむるは誠に国家の不幸なり」として、入学難の緩和や中学教育を充実させる必要があるとされた。[15]

一九〇七年一月、帝国議会において、牧野は「今日ノ中学教育ハ如何ニモ不十分デアル、普通教育トシテモ不十分デアル」ことを指摘し、そのために、「中学校ヲ卒業シテモ、モウ一層上ノ学校ニ行カナケレバ、ドウシテモ青年者ノ教育ハ一通リ一貫シタ完備シタモノニナレナイ」状況を批判した。[16]「ドウシテモ中学校ヲ卒業シタ者ガソレ丈デ止マルコトハ、親モ不安心デアルシ、青年者モ満足シナイ」という観念が一般にあり、「モウ少シ中学ニ力ヲ入レテ高等普通教育デモ其資産及家庭ノ事情ニ於テ学問ヲ止メルト云フモノハ、ソレ丈学校ヲ退イテ世ニ立ツダケノ資格ヲ与ヘタイ希望ヲ有ッテ居ル」として、中学校における高等普通教育の修了者に十分な資格を与えることが企図されていた。[17]

こうした中学校における高等普通教育の不足を補うために、中学校に高等科を附設する案が提起されることとなった。「現在の高等学校の外、更に各府県をして中学校に高等学校を併置せしめ得ることとなし、以て此急需に応ぜん」として、各府県の中学校に高等科を設置すること、またその卒業者には得業士の資格を与えて直に社会に出すといった「高等学校の組織変更説」が構想されていた。[18]中学校に高等科を附設する案は、一九〇七年七月の全国中学校長会議において、文部省諮問案の第七項として新たに加えられることとなった。[19]その第七項「高等普通教育の完成を図る為め、中学校に高等科を設置することを得しむる必要なきか、若之を設置すとせば其の修業年限を、如何に定むるを以て適当なりとするか」は、一五人の委員による協議の末、[20]「高等普通教育の完成を図る為、現在の中学校に、二ヶ年の高等科を附設するの必要ありと認む」として可決された。[21]その理由として、「現在の吾が中学校教育は、高等普通教育として、尚ほ不完全の嫌なきにあらず」、二年の高等科によってその完成を図る必要があること、またそれが「同高等科を卒業したるものには大学入学上、特に便利を与へられんことを望む」とされたのである。[22]

牧野文相が全国中学校長会議の最終日に行った訓示では、中学校卒業生の「普通学」の不足とその必要性が改めて指摘された。[23]牧野は、米国において、「近来学校教育が智識教授に偏するを戒め、甚だしきは成るべく少く教へ、学校にては寧ろ人間を作ると云ふ方針に専ら力を入れ」ており、「成るべく長く、青年をして普通教育に在学せしめ、専門教育に移る時期を成るべく遅延せしめ、以て人物教育に最大の時間を充つべし」とされていることを指摘し、「人格を主にする教育方針」が「大なる時勢の必要に基くもの」であると主張した。[24]また、「何れの国も教育の発達が、国家の繁栄に大関係あるを認識して、之に尽力しつつあり」とし、中等教育に関する問題は「世界共通的宿題」であり、「之が改良の実を挙ぐることは、国際間の状況に顧みて、今日の急務とする所」であるとした。[25]「彼の米独の両国が早くより中学教育に改良を加へ、而して人格を作るに努むることに一致するは、最も玩味すべき事体なり」として、「特に力を用ふべきは人物の養成にあ」るとされた。[26]

このような中学校高等科附設案は、普通教育拡充の必要から、中学校関係者や『教育時論』等のメディアによって支持されていた。彼らは、「中学校の程度を高むる」ことを趣旨とし、「其の本来の目的は直に大学と連絡し得る完全なる中学校を造るにある」として大学との接続も視野に入れた改革をその目的としていた。[27]「高等科によりて、高等普通教育を完成し、其の卒業生は高等学校を経由せずして、直ちに大学に入学し得るものとせんこと」が、文部省のみならず「中学校長会大多数の希望」であるとされた。[28]よって、高等学校は「過渡の施設」であり、それが永続的に存置されることは「吾が中学校教育の不名誉」として、将来的な高等学校の廃止が求められていた。[29]

一方で、牧野文相期には、高等教育機関の増設要求が帝国議会や高等教育会議において高まりを見せており、文部省においても高等教育機関の不足が強く認識されていた。[30]高等学校については、従来の文部省の方針は「文部省ニテハ現在ノ高等学校数ヲ減スル歟然ラサルモ新ニ之ヲ起サザルヲ得ヘキヲ以テ其ノ力ヲ専門教育ナリ将タ又大学教育ニ注クコトヲ得テ大ニ国家ノ利益タルヘシト云フニ在リ」としていた。[31]しかし、牧野文相期においては、文部次官の沢柳政太郎が「大学ニ収容スル余地ノアル限リハ出来ル丈収容ヲシタイ、文科法科ノ如キハ尚幾分両大学ニ於テ収容スル余地ガアリマスルカラ、高等学校ニ多少ノ臨時費並ニ経常費ニ要求ヲシマシテ、明年度カラ三万人バカリモ余計収容シタイト云フ考デアル」ことを示していた。[32]また、一九〇七年三月には、衆議院で「高等学校ヲ四国ニ設置スルノ建議案」が可決されており、[33]同年四月に提出された「学制及学事に関する質問書」に対する答弁書においても、「従来学校の系統不備の観あるは学校の数十分ならず、為めに入学志願者を尽く収容する能はさるに基因すること多し」として、「故に本大臣は務めて学校の増設を図り、将来も亦増設を企図せんとす」ると表明された。[34]

しかし、一九〇七年一一月に示された内閣の経営方針では、「政府入要の人材丈けを養成するに足るの学校を設立維持するに止め、他は公立私立の学校を勃興せしめて政府は之を奨励監督するを可とす」ることが示された[35]。また、一九〇八年度の予算として要求された高等学校増設費は大蔵省の許可を得ることができなかった[36]。沢柳は、高等普通教育を完全にするには、「現在の中学校の制度甚不充分」として改革を必要とする一方で、「直に一般中学校の修学年限を延長することは、尚其時機に達したりとすべからず」とし、「別に高等中学校を設けて普通教育の完成を図らんとす」るとして三年制の高等中学校を設置することに変更された[37]。高等学校改革において「如何にすれば経費を要せずして、改革を為し得るか」を「一重要問題」とし、高等学校全廃と高等中学校の復活は「此所四五年間到底不可能」のため、「現高等学校教科の内容に多少の改正を加へ、以て実際社会と幾分の接近を得しむると同時に、得業士の称号を与ふる等に止め、漸次機を見て改正を加ふ」る方針に変更されることとなったのである[38]。

牧野文相期における高等学校改革案は、中学校における高等普通教育を延長する案として構想され、高等学校を高等普通教育機関に変更することにより、直接社会に出る人物を養成することが可能とされた案であった。五年制の中学校に二カ年の高等科を附設した案は、中学校関係者から支持を得ていた。しかし、日露戦後の緊迫した財政状況の下、「政府入要の人材丈け」が目的とされた高等教育機関増設方針において、七年制の高等中学校案は三年制に変更することが余儀なくされ、結局実現することはなかった。牧野文相期における中学校教育の改革は、結果として中学校令施行規則の一部改正に止められることとなったのである[39]。

第三節　小松原文相期における高等学校の高等普通教育

一九〇八（明治四一）年七月に文相に就任した小松原は、高等普通教育を目的とした高等学校案をどのように捉えていたのか。小松原文相期における一連の高等中学校令制定過程についてはすでに検討されているためここで詳述しないが、本節では小松原文相期に制定された高等中学校令が、中学科四年・高等中学科三年の中学教育令案を原型として制定されたことに着目し、高等普通教育を目的とした中学教育令案が推進された要因について検討する。

中学教育令案は、「前任者の考案をも参酌し」たうえで起草したとされ、牧野文相期の改革案を引き継ぐ形で構想された[40]。小松原文相期においても、「益々専門教育及び実業教育の進歩発達を促進」すると同時に、「高等普通教育の程度を高め」る必要が指摘され、また「国民として知識技能の発達と共に、高尚なる常識を円満に増進せしめ、国民の品性修養の程度を上進し、社会の進運に応ずること」が「目下特に緊要なりとす」とされた[41]。高等中学校卒業者は、その志望により「大学に行くも可」であり、「又紳士として社会の諸方面に立つことをも得べき」とされた[42]。

「紳士として社会の諸方面に立つ」人物養成については、牧野文相期よりも具体的に、「中等社会を組織して居るやうな人々の子弟」というモデルが設定された。文部次官であった岡田良平は、「中学校の教育では尚ほ中等人士として世間に立つに教育の程度が低過ぎる」とし、「県会議員を務めるにしても、村長を勤めるにしても、尚ほ一層高い所の教育を受けて置き度い」のであり、「必しも職業教育でなければ満足が出来ないからと云つて高等の学校を志願する者ばかりとは限つて居ない」とした[43]。また、「世が段々に進んで参りまして教育が一層普及すればする程、斯様な種類の学生は増加して参る訳ではあるまいか」とし、「高等中学の課程は大学の予科としてに非ずして、高等なる普通教育として大いに役に立つであらうと思ふ」と主張した[44]。

こうした大学予科ではない高等普通教育の必要性について、岡田は、まずドイツの例を挙げ[45]、大学進学資格が与えられた中等学校のうち、ギムナジウム卒業生の四分の一以上、レアルギムナジウム卒業生の約半分、オーバーレアルシューレの卒業生の約三分の二が大学に進学しないことを指摘した[46]。これら卒業生は「ホエーエレビユルゲルシューレー〔高等市民学校[47]─引用者〕を以て終り」としており、今回立案した高等中学校は「寧ろ此のホエーエレ種の学校に近い」学校であり、その卒業生が全員大学に進学することはなく、「大学に往かなくても高等中学を卒業しただけで、世間に立つて相当の役をして行くことが出来る」と主張した[48]。また、視学官であった瀬戸虎記は、大学に進学しないギムナジウム等の中等教育機関卒業者は、実際に「駅逓、鉱山、銀行、諸会社、官吏、教員等の各種の職業に従事し、相当なる待遇を得て立派なる国民として国家の為に大に貢献して居る」と説明した[49]。さらに、岡田はアメリカのカレッジについても、「高等なる普通教育を授ける所の機関」であるとし、「亜米利加の卒業生がカレッジの卒業だけで社会に立つ者は沢山にあります如く、我国に於ても高等中学の卒業生が、世に立て行くことが十分に出来やうと云ふ考」であると主張した[50]。カレッジにおける「高いリベラルエヂュケーション」の基礎の上に専門教育を教授する有用性を指摘しながらも、「高等中学と云ふ者《ママ》は何処までも高等普通教育の機関として打立てた方が宜しからう」と高等中学校の教育それ自体が特定の進路を想定するものではない完成教育であることを明示した[51]。

このように、中学教育令案関係者は、ドイツやアメリカにおいて、高等普通教育が完成教育として、その卒業者が必ずしも大学に進学せず、直接社会に出る人物を養成していることに着目していた。実際に、瀬戸は「高等中学校卒業生の大部分は大学に収容さるべきもの」としながらも、「既に中学校の課程を経たる上、更に三年に近き最高の普通教育を受け、志想の根底も大体に於て確定し、国民としての品位修養も比較的高きもの」であれば、「之に国家が何等かの適当なる特典を与ふることとして各種の業務に従事するに利便を与ふることとせば、必ずや社会の各方面に立つて有用の人物となり得」ると主張した[52]。瀬戸は、一四、五年前と比較して、中学校卒業生のほとんどが高等学校進学志望者ではなくなったことを指摘し、「之は実に国家教育上、喜ぶべき現象にして、社会百般の実務を円滑に遂行する上に於て最も大切なことである」とした[53]。このような主張の背景には、「自己の能力比較的弱きにも係らす又生活境遇の許さざるにも拘らず、飽迄も大学に進入せんとするは何れの点より見るも不得策の甚しきもの」であり、自己の特性や必要に応じて社会の実務に就いたり各種の専門学校に入学することができるように、国家が教育の施設を講ずる必要があるとする認識があった[54]。

以上のように、小松原文相期における中学教育令案は、牧野文相期と同様に高等普通教育の拡充政策として構想され、その卒業者については、必ずしも大学進学者だけではなく、卒業後社会に出る人物を養成することが具体的に構想されていた。しかし、中学教育令案もまた、同時期に進行していた帝国大学の増設の影響を受けざるをえなかった。同案における高等中学校の設置数は、立案当初から大学の収容数と連動して構想されていたのである。岡田は、「大学は今日の程度に止め置くべき者《ママ》でない、又止まるものでは無からうと考へて居ります」としており、「高等中学の卒業生が増加いたして、夫が高等中学丈で止まる事をしないで、大学に進みましても大学の門戸に於る所の停滞、若は競争は甚しきを見るには至るまい」としていた[55]。また、牧野文相期に引き続き、小松原文相期においても専門学務局長を務めた福原は、現在の高等学校大学予科が「大学に入る狭き橋」であることを問題視し、高等中学校の増設が大学の増設と権衡して進行されるべきであるとし、「大学の収容力には尚ほ余地あるのみではなく、其入学志望生の増加に従つて拡張さるるものである」とする認識であった[56]。

また、中学教育令案における七年制の高等中学校が、「殆んど高等学校の予備校たらしめんとするの傾」となった「全国一般の中学校」を是正するため[57]、五年制の一般中学校と併置することを前提としていたことも、結局は大学との接続を強化する一因となった。府県立中学校を、高等中学科を併設した七年一貫の高等中学校とすることにより、大学入学志願者は「小学校を卒業して高等中学校の中学科に入学するを以て本則とし、其の中学校に入学するに際しては、競争を経ざるべからずと雖も、一度び入学せる者は、高等中学校を卒はるまで、其の学校に於て七年間一貫の教育を授けらる」ようにし、「普通の中学校に入る者」は、「其の第五学年に於て、実科及法制経済等の学科を修むることを得るのみならず、此の他の学科に於ても、実際に適切なる教育を受くることを得」とされたのである[58]。

高等中学校の学科課程については、中学教育令案作成時から現行の高等学校大学予科の教授時数との比較が示され、高等中学校の卒業生が高等学校大学予科の卒業生に比し、学力を低下させるものではないことが強調された[59]。福原は、高等学校が大学予科である問題点として、ドイツのギムナジウムやフランスのリセにおいては、「医科も理科も全く同一の教育を受け、卒業の上にて其自信する志望の方向に向ふ」が、日本の高等学校大学予科では「大学内の一部に於てすべきことを、高等学校に於て学んで居」る状況を指摘し、「窮屈なる拘束」により「甚だ不利益」であると主張した[60]。よって、「文科、理科に二大別し、法律や土木工学等に対する特種の準備は廃し、普通教育のみの準備に止め、之れに必要なる重要の学科に最も力を集注せしむる方法」を取ることで、「成るべく普通教育を完了し、多少自己及社会を知りたる時に於て定むる」必要性を主張した[61]。大学進学の前段階における教育は、進学する大学の専門に合わせた教育ではなく、むしろ高等普通教育として広く学ぶ方がよいとされたのである。

以上のように、小松原文相期における高等学校改革案は、牧野文相期と同様に高等普通教育の水準を高める必要からその拡充が構想された。諸外国における高等普通教育の実施状況が示され、高等学校を高等普通教育という完成教育機関とすることにより、その卒業者は大学進学者に限らず、特定の進路を想定しないものであった。しかし、東北や九州帝国大学の増設等が重なったことや、七年一貫の中学教育令案自体が一般の中学校とは併置された案であったこと、また大学の前段階の教育として高等普通教育であることの有用性が強調されたことにより、結果として牧野文相期の改革案よりも大学との接続関係が強められた案となったと考えられる。

おわりに

高等学校を高等普通教育機関とする改革構想は、牧野文相期において積極的に展開され、大学予科であった高等学校の性格を根本的に変更するものとして推進された。専門学務局による「高等学校制度改正案」は、中学校教育における高等普通教育の拡充といった方向で構想されたが、三年制の高等学校案であり、その卒業者は大学に進学することが前提とされた。同案における高等普通教育は、各分科大学の専門における基礎教育として重要であることが強調されていた。

一方、牧野・小松原両文相期において構想された高等学校改革案は、いずれも中学校における高等普通教育の拡充が目指された、中学校教育と接続した七年制の高等学校案であった。また、高等学校を高等普通教育機関とすることで、これまでのように大学に進学する者に限らない人物養成を可能とするとされた。ドイツやアメリカにおける教育が強く意識され、高等普通教育機関の卒業者が直接社会に出られるようにすることは、いずれの文相期においても真剣に企図されていた。

牧野・小松原両文相期における改革は、中学校に高等科を附設してその拡張を目指したものであったが、結果として実現しなかった。当該期における高等学校改革構想は、一九一八（大正七）年公布の高等学校令に引き継がれて実現した。高等学校令施行により、高等学校が高等普通教育機関となった後も、高等学校卒業者が直接社会に出ることはほとんどなく、卒業者のほぼすべてが帝国大学に進学した。戦前期の旧制高等学校は高等普通教育という特定の進路を想定しない完成教育機関となった後も、一貫して帝国大学への進学者のみを養成した。戦前をとおして高等学校はたびたびその廃止が求められたが、結局、廃止されることなく終戦を迎えた。

ところで、第二次世界大戦後、ほとんどの旧制高等学校は新制大学に包摂されたが、中等学校を再編して設けられた新制高等学校では「高等普通教育及び専門教育を施すこと」を目的とすると定められた（学校教育法第四一条）。一九六〇（昭和三五）年の時点で中学校卒業者の約六割が高等学校に進学し、そのうちの約六割が高等普通教育のみを行う普通科に在籍していたが、短期大学や四年制大学への進学者数はそのわずか一割程度だった。新制高等学校が必ずしも大学進学者だけでなく直接社会に出る人物の養成も行っていたという事実に鑑みれば、戦後の高等学校は高等普通教育を行う完成教育機関として機能するようになったと捉えることができる。

戦後の高等学校（普通科）から見ると、戦前の高等学校は逆に不自然な制度に見える。戦前期の高等学校において高等普通教育が目的とされたにもかかわらず、なぜ大学進学者の養成に偏った形で機能したのか。それは、中学校に附設することによる高等科の拡張案が実現せず、高等普通教育という教育の理念ないし内容のみが高等学校令によって実現した結果、中学校卒業後さらに三年間も修学し続けようとする人が大学進学者に限りなく絞られたため、大学進学希望者しか高等学校に進学しない状況が生じたと考えられる。これについては今後、戦後の高等学校における高等普通教育と対比させながらさらに検討を進めたい。

注

（1）一八九四年の高等学校令公布当初は、第一から第六高等中学校以外に、山口高等中学校と鹿児島高等中学造士館があり、いずれも大学予科のみを設置した高等学校となった。しかし、山口高等学校は一九〇五年に山口高等商業学校に改組、鹿児島高等学校造士館は一八九六年に廃校となったが、一九〇一年に大学予科のみの第七高等学校造士館として新設された。

（2）菊池大麓演述『九十九集』大日本図書、一九〇三年、一三六―一四三頁。

（3）後述するように、牧野文相期以前にもすでに高等普通教育を目的とした高等学校改正案は構想されてはいたが、公表されてこなかった。

（4）高等中学校令の内容は、牧野文相期において構想されたものであることが、有松英義『小松原英太郎君事略』（一九二四年、九九頁）や、藤原喜代蔵『今後の教育を如何にすべき乎』（金港堂、一九一三年、一七二頁）、『明治以降教育制度発達史』（第五巻、一九三八―一九三九年、一一三九頁）などにおいて指摘されている。

（5）中学教育令案は、中学科四年・高等中学科三年の七年制の学校案である。一九一〇年四月の高等教育会議において修正された後に可決され、閣議決定後、枢密院へ諮詢されたが、約四カ月後に「返上」された（「中学教育令」、国立公文書館所蔵「枢密院会議筆記・一、中学教育令・一、私立学校令中改正ノ件・明治四十四年六月十二日返上」）。

（6）小松原文相期における中学教育令案から高等中学校令制定過程についての研究は、市川美佐子「一九一一（明治四四）年高等中学校令の成立過程」（『日本の教育史学』第二〇集、一九七七年）、同「小松原文相期における学制改革構想と高等中学校令」（『国立教育研究所紀要』第九五集、一九七八年）などがあり、また小松原文相期の政策については、窪田祥宏「明治後期の学制改革問題と学制改革案」（『日本大学人文科学研究所研究紀要』第一六号、一九七四年）、尾崎ムゲン「学制改革問題」（本山幸彦編『帝国議会と教育政策』思文閣出版、一九八一年）、伊東和男「学制改革問題と立憲政友会」（『天理大学学報』第一四一集、一九八四年）、天野郁夫「高等普通教育と社会階層」（『教育社会学研究』第四一集、一九八六年）などで示されているが、いずれも小松原文相期の学制改革案のみを論じており、牧野文相期との関連性は捉えられていない。

（7）本山幸彦『明治国家の教育思想』（思文閣出版、一九九八年）、若月剛史「高等中学校令成立過程の再検討」（『日本歴史』第六九四号、二〇〇六年）。

（8）なお、高等普通教育と七年制高等学校案の制度化は密接に関連して制度化された。このことについては、拙稿「七年制高等学校案の展開過程と『高等普通教育』概念の再検討」（『日本教育史研究』第三四号、二〇一五年）を参照。

（9）「大学令及高等学校令」、国立公文書館所蔵「枢密院審査報告・大正六年―大正七年」。また、松浦鎮次郎は、『岡田良平先生小伝』において「小松原文相の高等中学校令原案の精神中には、後の臨時教育会議に於て復活し、現在生きて働いてゐる点が少なからずある」とし、第一に高等学校を高等普通教育機関とし、二分科制に改めた点、第二に七年制の高等学校を認めた点、第三に中学校第四学年から高等学校に入学させることを可能とし、一年の修業年限短縮が図られた点を挙げた（松浦鎮次郎編『岡田良平先生小伝』一九三五年、一一八―一一九頁）。

（10）先述のように、高等学校大学予科は、設置当初より学制改革の焦点とされてきた。牧野文相以前の久保田文相期においては、文部省内に臨時取調掛が設置され、教育制度全般の改革が討究されていた（前掲『今後の教育を如何にすべき乎』、一二一頁）。

（11）第五高等学校史料「自明治三十九年至大正三年　高等学校長会議決議書」所収。文部省罫紙、枠上に「秘」、枠右に「専門学務局案」とある。史料に日付の記載がないため、作成された日時は不明である。ただし、改正案第八項において「現在ノ高等学校中第五高等学校工学部ヲ除キ」とあることから、改正案は第五高等学校工学部が熊本高等工業学校として名称変更された一九〇六年三月三一日以前に作成されたのではないかと考えられる。なお、「高等学校制度改正案」は一九〇六年五月の高等学校長会議の史料の後に収録されていることから、各高等学校長らに提示された時期はその前後であったと推察される。

(12)「新文相教育方針」『教育時論』第七五六号、一九〇六年。

(13)「中学校科程《ママ》改正の風説」『教育時論』第七六二号、一九〇六年。

(14)こうした入学難の実態について「貴族院一部の人々」は調査を進めており、議会に提議することも考えられていたようである（「学制改善問題」『教育時論』第七六九号、一九〇六年）。

(15)前掲「新文相教育方針」。

(16)「第二三回帝国議会衆議院予算委員第一分科会（司法省、文部省及外務省所管）会議録（速記）第三回」一九〇七年一月三一日、二一頁。

(17)同前。

(18)「中学校高等学校併置説」『教育時論』第七七九号、一九〇六年。なお、その改革案は「中学校に高等科を附設する件」として同月開催の高等教育会議において提案される見込みとされたが、結局「延期」された（「中学高等科問題」『教育時論』第七八四号、一九〇七年）。

(19)「中学校高等科論」『教育時論』第八〇二号、一九〇七年。

(20)「中学校長会」『教育時論』第八〇一号、一九〇七年。

(21)前掲「中学校高等科論」。

(22)同前。

(23)「牧野文相の訓示」『教育時論』第八〇二号、一九〇七年。

(24)同前。

(25)同前。

(26)同前。

(27)「中学高等科問題」『教育時論』第七八四号、一九〇七年。

(28)前掲「中学校高等科論」。

(29)同前。

(30) 一九〇六年一二月、牧野は「普通教育は或る程度迄は、泰西諸国に譲らざるも、高等教育は甚だ劣等にして、到底普通教育との釣合を保ち得ず」とし、「今や小学就学者は、百に対する九十五に進み、中学校も二百八十余校の多きに達し、其結果高等教育、又は専門教育を受けんとするもの非常に増加し居るも、大学を始め其他の専門学校は、孰れも皆漸く希望者の青年をして徒に方向に迷はしめ、煩悶に堪へざらしめつゝある」ことを「聖代の一大欠点」であるとして、財政上の問題等でやむを得なかったとはいえ、これまでに高等教育改革が不十分であったことを問題視した（「牧野文相教育談」『教育時論』第七八一号、一九〇六年）。

(31) 「全国中学校長会議要項」文部省普通学務局、一九〇二年。なお、久保田文相期においても、「高等学校は其一半を帝国大学に専属せしめ、他の一半を実業学校等に改造する事」とされ、日露戦争の影響もあり、高等学校を増設する方針は取られなかった（前掲『今後の教育を如何にすべき乎』、一九頁）。

(32) 「第二三回帝国議会衆議院予算委員会第一分科会議録第三号」一九〇七年一月三一日。

(33) 「第二三回帝国議会衆議院議事速記録第二三号」『官報』号外、一九〇七年三月二八日。

(34) 「学制学事に関する質問」『教育時論』第七九二号、一九〇七年。

(35) 「内閣の教育経営方針」『教育時論』第八一三号、一九〇七年。

(36) 「沢柳次官と高等学校」同前所収。

(37) 「高等中学復活案」同前所収。

(38) 「高等中学問題」『教育時論』第八二〇号、一九〇八年。

(39) 一九〇八年文部省令第二号（一月一七日）。法制経済や唱歌を欠く学校においては、その分の毎週教授時数を便宜他の学科目に配当し得ること、必要に応じて各学年の毎週教授時数を二時間以内に増加可能なこと、土地の情況により随意科目として実業に関する学科目を加えられること等が規定された。なお、この改正に際して発せられた府県知事への通牒には、「学校の情況に依り、国語漢文歴史外国語数学等の時間を増加するの必要を感ずるもの従来往々有之、此等の事情を斟酌し、改正相成たる」ことが示された（「中学規則改正と通牒」『教育時論』第八二〇号、一九〇八年）。

(40) 前掲『小松原英太郎君事略』、一〇〇頁。また、藤原も、「小松原文相は大体牧野文相案に依り」、高等学校の改正を企図したことが示された（前掲『今後の教育を如何にすべき乎』、一七二頁）。
（41）同前書、九八頁。
（42）小松原英太郎「学制改革に就きて」『帝国教育』第三三四号、一九一〇年。
（43）岡田良平「学制改革案の説明」同前所収。
（44）同前。
（45）「高等学校の大学予備校たる性質を改め、独逸に於ける『ギムナヂウム』制の如く、従来の中学と一貫して高等普通教育をなす学校とする」とされたように、中学教育令案がドイツの中等教育制度の影響を受けていたことは周知のとおりである（前掲『小松原英太郎君事略』、一〇〇頁）。
（46）ドイツでは、一九〇〇年学校会議により、これまでギムナジウムにのみ与えられていた大学進学資格がすべての中等学校に与えられることとなった（Margret Kraul, *Das deutsche Gymnasium 1780–1980*, Suhrkamp Verlag, Frankfurt a. M. 1984、望田幸男他訳『ドイツ・ギムナジウム二〇〇年史』ミネルヴァ書房、一九八六年、一一三頁）。なお、「公文類聚」では、ギムナジウムは「九年古典中学」、レアルギムナジウムは「九年半古典中学」、オーバーレアルシューレは「九年実科中学」と表記された（「公文類聚・第三十四編・明治四十三年・第十五巻・軍事門・陸軍・海軍、学事門・学制（大学～中学校）」）。
（47）高等市民学校は、一八八二年の新教科課程により初めて包括された中等学校制度の七類型のうち、実科学校と教科課程を共にした六年制の学校である。高等市民学校はとくに「一定の完結された形成体」を示唆しており、九年制中等学校への進学も可能であったが、その卒業者のほとんどは「それ以上の増補的勉学を必要としない、自らにふさわしい修了試験をパスしたのだという意識をもって、学校を後にした」とされる（前掲『ドイツ・ギムナジウム二〇〇年史』、九二—九三頁）。
（48）前掲「学制改革案の説明」。
（49）瀬戸虎記「高等教育会議を通過せる学制改革修正案に就て」『帝国教育』第三三五号、一九一〇年。
（50）なお、ここでのカレッジは、「バチエラー、オブ、アーツ〔Bachelor of Arts—引用者〕等の学位に導く所のカレッジ」とされた（前掲「学制改革案の説明」）。

(51) 同前。
(52) 前掲「高等教育会議を通過せる学制改革修正案に就て」。
(53) 同前。
(54) 同前。
(55) 前掲「学制改革案の説明」。
(56) 福原鐐二郎「学制改革と其効果」『帝国教育』第三三四号、一九一〇年。
(57) 前掲『今後の教育を如何にすべき乎』、八六―八七頁。
(58) 同前。
(59) 同前。
(60) 前掲「学制改革と其効果」。
(61) 同前。

第八章　一九四〇年代の英才教育
――文部省の「特別科学教育」における試み

金　智恩

はじめに

本稿は一九四五（昭和二〇）年一月から四七年三月まで実施された文部省の「特別科学教育」（以下、「科学組」）の英才教育としての意義を検討するために、実施されるようになった経緯とその背景をふまえて、当初の目的とその実施方法をめぐる論議を明らかにし、日本の教育史上に英才教育の位置づけを試みるものである。

科学組は一九四四年九月、永井柳太郎、石坂繁、中原謹司、小山亮、森田重次郎、小柳牧衛が第八五回帝国議会に提出した「戦時穎才《えいさい》教育機関設置ニ関スル建議案」(1)（以下、「建議案」）の可決以後進められた。その内容は「政府ハ緊迫セル現戦局ノ様相ト其ノ抗戦ノ長期化ニ鑑ミ我ガ国ニ於ケル科学技術界ニ画期的創造ヲ齎シ戦闘力ヲ強化シ以テ聖戦完勝ノ実ヲ挙グル為学徒中ノ穎才児ヲ簡抜シ最高ノ知能ヲ発揮セシムルヤウ速ニ特別ナル教育機関ヲ設ケラレムコトヲ望ム」というもので、戦況が悪化していくなか、科学技術振興を基本路線にしながら、「穎才児ヲ簡抜」して、特別な教育機関を設置して科学教育を中心に行うことを目的としたものである。

この「建議案」には原案が存在しており、それを作成したのは文教懇話会である。当会については不明な点も多いが、一九四四年四月「現下文教諸問題につき、意見を交換し、相互に啓発することを趣旨」として組織された「純民間的会合」であると説明されている。ここに名を連ねている中心メンバーは東京帝国大学文学部教育学科の出身者であり、数回の例会を経て同年八月一四日「戦時穎才錬成機関設置要綱」(以下、「設置要綱」)を作成するに至った。その後、二三日に永井らと会見をし、「基本的意見の一致を見」たので、「設置要綱」の趣旨がほぼそのまま「建議案」として帝国議会に提出された(2)。

そして、「建議案」の可決から約三カ月後の一二月二六日には文部次官通牒「特別科学教育研究実施ニ関スル件」とともに「特別科学教育研究実施要綱」が東京・広島・金沢高等師範学校(以下、「高師」)、そして、東京女子高等師範学校(以下、「東京女高師」)の学校長に通達され、一月初旬から授業が開始された。「建議案」の可決から実施まで、きわめて短期間で進められた。戦局下において、ほとんどの学校機能が停止されていくなか、英才教育として注目された科学組の実施方法と内容はどのように定められたのだろうか(3)。

科学組については先行研究において、その概説は一通り行われてきた。一九六六年に発表された金崎肇の「特別科学教育班」(4)は先駆的な研究で、科学組が成立するに至った経緯とその取組に触れている。しかし、叙述に不正確な個所もあり(たとえば、実施校に関して「奈良女高師」と記されているなど)、再検討を要する。九一年の鈴木一正の「特別科学教育の実施から打ち切りまで」(5)は金崎の研究を踏襲しながら、一次資料を用いてその取組を明らかにしつつ、科学組の成立過程に関わった人物紹介や生徒のその後の状況を明らかにするなど、一連の流れを述べているが、歴史的観点からの科学組の位置づけは必ずしも充分ではない。また、九四年にまとめられた岩坪秀一の「理数系学科にきわめて優れている生徒の入学者選抜方法の調査研究」(6)では当時の新聞記事などの史料を網羅的に収集し、実施校の調査を精力的に行った。この岩坪の研究を筆頭に、戦後の英才教育をめぐる研究や調査では、頻繁に科学組の取組が考察されている。[7]

山内乾史は日本では「才能教育、英才教育、早期教育への関心の高まりに対しては、教育機会の平等性という原則論からの批判が絶えない」[8]し、戦後教育改革期において「才能教育のみならず、エリート教育、早期教育などは一部の例外を除き、ことごとく、非民主的な教育として実践はおろか、研究さえもほとんどなされてないという状況が長く続いた」[9]と指摘している。本稿では、このような英才教育をめぐる議論が一九一〇年代から存在していたことに着目し、英才教育が制度化されない理由を「教育機会の平等性」や「非民主的な教育」であるためという戦後教育史上で新たに浮上した課題であるとする観点から少し離れて考察を行いたい。

なお、本稿で引用する史料において「穎才」「英才」「天才」「秀才」などの用語が混在しているが、その用語については必ずしも定義されておらず、現今に至ってもまだその結論が出されていない。したがって、本稿では、各史料からの用語はそのまま引用し、意味については学業優秀者のための特別措置を英才教育と解釈する。

第一節　一九一〇年代の英才教育をめぐる言説

(一)乙竹岩造の「穎才教育」論

英才教育論の源流とされている乙竹岩造は一九一一（明治四四）年八月帝国教育会開催の教員夏期講習会で

「穎才教育」をテーマに講演を行い、その内容は『穎才教育』（目黒書店、一九一二年）にまとめられた。当初「低能児教育法」の研究に取り組んだ乙竹は「低能児教育の為めに特別の学校を設け特別の教育を施すことの必要から逆に推して直ちに優等児に対しても特別学級を設けさへすればそれで穎才教育の問題が解決出来る、即ち別級編制が穎才をして十分に発展せしむる所の唯一の道であると云ふやうに考ふることは不十分」であると、「穎才児」のための特別学級不要論を提唱した。乙竹がこのように主張する背景には、一九〇七年「師範学校規程」とともに出された文部省訓令第六号「師範学校規程改正ノ要旨並ニ注意方」に「附属小学校ニ於テハ規程ニ示セル学級ノ外成ルヘク盲人、唖人又ハ心身ノ発育不完全ナル児童ヲ教育センカ為特別学級ヲ設ケ」ることが明記され、いわゆる「低能児」のための特別学級が設置されるようになった実態がある。こうした経験から教育界には「優等児」のためにも特別学級を設ける発想が台頭し始めたが、乙竹は「低能児教育」においてはその有効性を認められながらも、「優等児」に関しては「別級を編制するといふやうな外部的」な方法では解決できないと主張した。ただし、注意すべき点は英才児の育成自体を否定したものではなく、あくまでも英才児のための特別な学級や学校は必要なく、集合学習のなかで英才児の個性が尊重されるべきで、その「陶冶」は教師の責任にあるというものだった[10]。

こうした乙竹の主張は、戦後も一貫しており特別学級を編制することには「優等生を選定する尺度の問題」、「いわゆる成績なるものは動揺変化を免れない」、「優等と思われる者が普通の者や劣等の者と共同して学習することが、優等者の才能を没却させる虞れがあるという考えは思いすぎ」、「別級を編制することによって優等生の才能は絶対に発揚されるとも限らない」、「外部的・編制的の特別学級では、真の天才教育の任務が達成されるものではない」などを理由に戦前と変わらぬ理論、すなわち「優等児」のための特別学級開設の必要を否定した[11]。近代公教育制度の確立以来、はじめて主張された英才教育論が、「優等児」のための特別学級に対して否定的な視点であったことは、その後の英才教育のあり方に少なくとも影響を与えたのではないだろうか。

(二)日本初の英才教育のための特別学級

一九一八年四月には京都府師範学校附属小学校に設置された「第二教室」という「優良児」のための特別学級の実践が注目に値する。この取組は一六年に京都府知事に就任した木内重四郎が構想し、野上俊夫、岩井勝二郎、楢崎浅太郎、篠原助市の四人の専門学者を中心に、伊藤猷典が参加、小西重直、松本亦太郎、西本三十二などと意見を交わして具体的なプランを立てたと言われている[12]。このプランを立てるにあたり、乙竹の理論をことごとく反論し、「優良児の個性に適応した教育」「社会国家の進運、文化の発展上其の先覚者となり創造者となり得るが如き有為の人材を育成」「優良児のみを収容せる特別学校は本邦には未だ前例がないので将来この種の教育の普及を促し且つ未開拓の儘なる其の教育方法を研究」することを「第二教室」の目的として掲げた。「優良児」のために特別学級を設けることに関して、「単なる抽象的平等論者はこの種の教育を非難するも、真の平等普遍は特殊具体差別の内に在るもの」と説明されている[13]。

この「第二教室」の生徒募集は、周辺の小学校長の推薦を受け、選抜試験が行われ、学業優秀者を中心に集められた「優良児」のための特別学級として初めての取組ではあったが、制度化には至らず一九四三年に閉鎖された[14]。その理由は「国家による直接的な禁令によったのではなく、附属小学校内部の意向[15]」であったとされている。二七年間継続され、一定の成果もあったと評価されたが、公教育のうちに制度化されるまでには至らなかった。「第二教室」の出身者が科学組に編入されたことは知られているが[16]、偶然の産物であり、制度的な連続性はない。

(三)臨時教育会議における英才教育の言説と学制改革の意義

英才教育論をめぐる議論が展開されるなか、革新的な改革があった。一つ目は一九一九年中学校令改正によって、中学校に予科（二年）を設置することが可能となり「予科第一学年ニ入学スルコトヲ得ル者ハ尋常小学校第四学年ノ課程ヲ修了シタル者又ハ年齢十年以上ニシテ之ト同等以上ノ学力ヲ有スル者」（一九一九年「中学校令施行規則中改正」第四三条）と定められた。また、「尋常小学校第五学年ノ課程ヲ修了シ学業優秀且身体ノ発育十分ニシテ中学校ノ課程ヲ修ムルニ足ルコトヲ当該学校長ニ於テ証明シタル者」（同前、第四二条）は中学校の受験資格が得られることとなった。海《かい》後《ご》宗臣《ときおみ》はこの改正について「秀才のために特別な進路を開い[17]」たと評しているが、最終的に文部省は、官公立中学校には予科の設置を認めないことにしたため、「初等教育体制に重大な変化を与えるものとはなら[18]」ず、「秀才」教育としての成果を確かめる機会は逃された。

二つ目はいわゆる「四修」制度である。一九一八年「高等学校令」の第一二条には高等学校高等科に入学できる者に「中学校第四学年ヲ修了シタル者又ハ文部大臣ノ定ル所ニ依リ之ト同等以上ノ学力アリト認メラレタル者」が記され、中学校から高等学校への飛び級制度が構築された。

しかし、この制度に決定的な影響を及ぼした臨時教育会議の諮問第二号「高等普通教育ニ関スル件」の答申「高等普通教育」（二）の七項「学校ノ入学ニ就テハ生徒心身ノ発育等ノ関係ヨリ或ハ一般ノ通則トシテハ其ノ最低年齢ヲ定ムルノ必要アルヘシト雖之カ為ニ穎才ヲ徒ニ歳月ヲ空費セシムルノ余儀ナキニ至ラシムルハ取ラサル所ナリ〔中略〕特ニ能力卓越シタル者ニ対シテハ学校長ノ証明ニ依ル等弊害ナキ方法ヲ講シ其ノ年齢ニ拘ラス入学ノ途ヲ開カムコトヲ要ス」を取り上げたさいに、高木兼寛が「低能児教育ニ付テハ其声ハ高イ」が、「俊才ヲ養成スルト云フコトニ付テハ殆ド聞ク所ナ」いと指摘し、この七項に対する文部省の意見を求めると、岡田良平文相は次のように答える[19]。

是〔俊才教育―引用者〕ハ教育界ニ於キマシテハ多年議論ニナッテ居リマスコトデ俊才教育ノ特別ノ施設ヲシタガ宜カラウト云フ説ガアリマス、一方ニ於テハソレハ宜シクナイト云フ説モアルノデアリマス、勿論低能児ハ是ハ別段ノ教育ヲ施サナケレバナラヌガ、併シ其他ノ者ニ付テハ是ハ成ルベク平等ノ教育ヲ施シテ行ッタ方ガ宜シイノデアルト云フ一方ニハ説モアルノデ、私考ヘマスルノニ余リ極端ニ平等主義ヲ執ルコトモ宜シクアルマイ、余リ俊才教育ヲ執リマシテ俊才デアルト云フ者ニ対シテ無暗ニ鞭撻ヲ加ヘテ進マセルト云フコトハ是ハ教育上有害ノコトデアラウト思フ、〔中略〕先刻委員長カラ報告ニナリマシタ制度ノコトデゴザイマスナラバ是ハ今日実行致シマシテモ何等ノ危険モナイコト丶考ヘマスカラ、少クトモソレ位ノ程度ノコトニ付テハ途ヲ開ク方ガ宜カラウト思フノデアリマス

英才教育に対して極めて無難な回答をしており、答申の内容に関しても何ら意見を示すことはなかった。岡田の説明から見えてきた文部省の立場をまとめると、第一に、一九一〇年代の英才教育をめぐる議論において「平等主義」を意識していたこと、第二に、特別な施設（特別学級）を設置する方法もあろうが、文部省としては具体案を持っていないことである。

これらについて考察してみると、臨時教育会議で論じられた「平等主義」は、もとより複線型の学校系統であるうえ、その進学の決め手が、家庭の経済的な条件であった時代背景をふまえると、戦後教育改革期での「教育の機会均等の平等性」とは明確な質の違いがあることには注意が必要である。四民平等を建前とした近代公教育制度の定着を優先課題としてきた文部省としては、急進的な制度改革、すなわち特別学級の設置にま

で乗り出すことは躊躇していた。すでに、中等学校への入学試験の激化が社会問題となっているなか、英才教育を施すための学力考査を実施し、選抜することになれば、受験競争に火をつけることになり、本来の意味における英才の選抜ではなく、受験に強い人間が選抜される結果になってしまうことも看過できなかっただろう。

第二節　教育審議会における飛び級をめぐる議論

これまでみてきたように、文部省は、より優秀な人材を選抜し特別学級を設置することには消極的であったが、英才教育の措置として、学業優秀者の修業年限を短縮して上級学校への進学を早める飛び級制度を設けた。とくに、中学校から高等学校高等科への進学において四年次で受験資格を付与したことは、高等学校が持つエリート教育機関としての意義を考えると相当優秀な人材を早期発見し、選抜できる構造の構築である。

しかし、四修制度をめぐっては、教育審議会において再びその実施をめぐってさまざまな議論が展開された。なかでも、公立中学校長であった西村房太郎は四修制度についてかなり批判的な立場であった。第六回整理委員会（中等教育）において、中学校のカリキュラム改革案を提示し、中学校の教育内容は四年ではなく五年をもって完結すべきであるとした発言から修業年限をめぐる議論が本格化した。こうした流れから、整理委員長の林博太郎は飛び級制度を議題にして文部省に意見を求めた。普通学務局長の藤野恵が答えている場面を米田俊彦は次のようにまとめている。

第一に中学校教育が知識の注入だけなら、知識の受容能力に個人差があるので制度化が可能になるが、知徳体すべてを含む人間形成と考えると困難になる。第二に英才教育を加味すると考えた場合、「英才」を学力に優れた者とみるのかどうか、さらにその才能をどのように、どの段階で判断するのかが問題となる。第三に学年を一つ飛ばすのは無理なので優秀な者だけのグループないし学級を組織して、授業のスピードを速くするという方法が考えられるが、学校内に優劣の差別によって特別なグループないし学級を設置して教育に支障がないかどうか、教員や設備などが整えられるかどうかが問題となる。第四に親や生徒が優秀なグループないし学級を希望し、必要以上に競争が激化する可能性がある。これらの問題を一つずつ解決しなければ実施できない。[20]

藤野は「一昨日」委員長より飛び級制度について「委託ヲ受ケタ」ので「マダ研究ノ途中」であることを前提にしながらも、飛び級制度も特別学級の設置も否定的にとらえている。もとより第一と第二の発言から、英才教育の概念がまだ明確化されていないことがうかがえる。つまり、「英才教育ナル者ノ観念ハ動モスレバ学力ニ於テ優レタル者ヲ称スルガ如キ従来ノ誤リタル観念」であるとし、学業優秀者を英才としてとらえることに関して警戒をしている。また、その対象を「鑑別」する方法や時機にも「相当問題」があると指摘し、具体的な提案には至っていない。[21] 一昨日の委託とはいえ、臨時教育会議の岡田文相の発言から約二〇年が経ったにもかかわらず、文部省としての英才教育の基本方針などに関する研究がほぼ白紙に近い状態であったことを裏づける発言である。英才教育の実施に関して消極的にならざるを得ない要因の一つはやはり第四の発言のように、受験競争の激化から見出すことができる。

教育審議会における飛び級制度をめぐる議論はこれ以上深まらなかった。しかし、四修制度に関しては「中等教育ニ関スル件答申」（一九三九年九月四日）のなか、「高等学校ニ関スル要綱」第三項において「但シ中学校第四学年修了者ニシテ人物、学力、体位特ニ優秀ナル者ニ対シ当該中学校長ガ許可シタル場合ハ高等学校へ入学スルヲ得ル者トスルコト」とする内容が追記され、条件付きの資格付与という抑制的な方針が盛り込まれるようになり、英才教育としての飛び級制度は一九一九年の中学校令改正よりやや後退する結果となった。

第三節　文教懇話会の「戦時穎才錬成機関設置要綱」

(一)文教懇話会の英才教育

教育審議会を経て、すべての学校系統の大々的な教育改革が行われたが、太平洋戦争下、ますます総力戦体制を強化するために、学校教育においては教職員をはじめ、児童・生徒を動員するための政策が次から次へと展開され、改革内容への対応は困難を極めた。とくに、一九四三（昭和一八）年一〇月一二日には「教育ニ関スル戦時非常措置方策」が閣議決定され、学徒動員政策はさらに強まった。

こうした状況下、一九四四年四月「現下文教諸問題につき、意見を交換し、相互に啓発することを趣旨」とする文教懇話会という「純民間的会合」が組織された。その会員については次のように説明されている。

昨年〔一九四四年〕四月二十九日に第一回の準備のための会合を開き、東大の海後助教授、吉田助手〔〕文理大の石山助教授、安藤助手、国民教育図書の藤谷〔重雄〕氏が出席し、種々の打合を行つた。其後、文部省の塩野〔直道〕、角南〔元一〕両監修官の賛同を得、海後、石山〔〕塩野、角南四氏の連名を以つて同志を募った。伏見猛弥氏、細谷俊夫氏、阿部仁三氏〔、〕寺門照彦氏、増田幸一氏。《ママ》池田計三氏、梅根悟氏等を始め多くの同志の参加を得て、二十二名の会員を得た。[22]（〔　〕は引用者による）

当時の若手研究者を含め、文部省とかかわりを持つ人物など、教育学者によって組織された小規模の有志団体であったとみられる。以下では、文教懇話会の英才教育に関する考察を分析の対象とし、英才教育の当初の目的とその構想を明らかにしていきたい。

文教懇話会の例会において「中心をなしたものは穎才教育問題」で、その理由は「大東亜戦争の勝利を確実にするためには、従来の教育体勢《ママ》を打破し、全国の穎才を集め徹底せる科学技術を与へることが極めて緊急である」ためだと述べている。こうした課題意識に基づいて、八月一四日に「戦時穎才錬成機関設置要綱」（以下、「設置要綱」）を作成した。設置要綱の「要旨」には、戦時下における科学技術の動員、生産増強の政策はその成果を充分に出せておらず、現今の情勢を一転するには「科学技術ノ創造」が必要であり、その実現のためには「俊英ナル我ガ青少年学徒ノ、赤誠ニ貫徹セル研修ニヨリテ期待スベシ」と述べている。さらに、「従来ノ教育ハ天分ノ暢達ニ意ヲ用フルコト甚ダ薄ク、却ツテ天才ヲモ平凡化セシムル傾向ナシトセズ、而モ近来ノ勤労動員ハ一律一斉ニ走リ学徒ヲシテ研鑽ニ傾倒スルノ暇ナカラシメントス」とし、英才教育の不備と勤労動員によって「研鑽」が進まない状況にあると指摘した。したがって、この状況を打破するために「戦時穎才錬成機関ヲ創設」し「穎才ヲ選抜収容シ」「皇道科学技術ノ創造ニ専念スベキ優秀要員ヲ確保」する必要があるとした。文教懇話会はもとより「天才ヲモ平凡化」する教育制度の問題を指摘し、さらに、勤労動員によって学校教育の機能が停滞している深刻な状況から英才教育の必要性を唱えた。

そして、英才教育の実施方法について、次のように構想した。まず、「戦時学術錬成院」は「国立」とし、中央（東京）と地方（札幌、仙台、新潟、東京、名古屋、大阪、広島、松山、福岡、京城、台北、新京）に設置、各錬成所に長期（国民学校四年修了程度以上）、短期（中等学校二年修了程度以上）の二つの課程を編成する。どちらの課程も修業年限は定めないが前者は一〇年、後者は五年を超すことはできない。修練生の選抜については「各学校長ノ推薦」による候補者の「志望、学業成績、遺伝、学科試験知能検査ヲ参考」にし、「選衡委員会」で決定する。定員は「毎年中央二百名地方各百名」を採用する方針となっており、中央は地方錬成所の「修練生中、最モ優秀ナル者ヲ入所」させるとしている。すなわち、選抜された者の中から、とくに優秀な者をさらに選抜することとなる。一方で、「穎才ノ素質ナシト認メラレタル者ハ速カニ一般学校ニ転校」させることを明記しており、徹底的に選抜した人材だけを集めようとしたことがうかがえる。具体的な「部門」[23]としては「電波兵器、化学兵器、航空機、船舶、爆薬、燃料、食糧、衣料、細菌」を編成し、修練生はこの中から専攻を選ぶことにしている。

また、修練生は「寮舎」で「指導官」と共に生活することになるが、指導官は「自ラ家長トナリ修練生ヲ家族トスル家庭的生活ヲ営」むと記されており、たんなる寮生活以上の構想であったことも注目に値するが、そのねらいは「挺身国家ニ殉スベキ烈々タル気魄ヲ養」うためである。既述した選抜基準に「志望」というのがあるが、これは「決して自己自身のために穎才教育を受けんとする意志」ではなく「身を捨て、全生活を学問に捧げ、国家に殉ぜんとする気魄」[24]と述べていることもおさえておきたい。

修練生の修了基準、学力の認定方法などは記されていないが、「修業生ハ学術錬成院ノ会員トナシ、国家ノ最モ必要トスル部署ヘ配置」するか、「修業生及中途退所生ハ必要ナル場合、学力ノ認定ニヨリ一般学校令ニヨル相当学年ノ修了資格ヲ授ケラルル」とし、修了後の進路について言及している。そして、こうした構想は「新ナル勅令」の制定を以て実現すると述べているが、後述するように、勅令制定も、「戦時学術錬成院」のような特別機関が設置されることもなく、高師の附属校においてそれぞれが作成した規程によって科学組を実施することになる。[25]

(二)「建議案」の可決と文部省の立場

冒頭で述べたように、この「設置要綱」はほぼそのまま「戦時穎才教育機関設置ニ関スル建議案」として作成され、一九四四年九月第八五回帝国議会で可決された。「設置要綱」にはなかった「戦闘力ヲ強化」するという表現は加筆されているが、「穎才児」を選抜し、科学技術に特化した教育を行うことを目的とすることは貫いている。

森田重次郎は「建議案」の説明で、「科学ノ戦争」において必要なのは「新シイ精鋭ナ武器」の発明であるが、そうした人材を育成するには「青少年学徒」の中から「簡抜シテ国家ノ施設」で特別な教育を施す必要があり、そのためには「簡抜」された者は「学徒動員」を免除すべきであると強調した（永井らは同帝国議会に「学徒動員ニ関スル建議案」も提出している）。文部政務次官の今井健彦は森田の説明に対し、「文部省ト致シマシテモ至極同感」であると答える一方、「学徒動員」に関しては「理工科系ノ学徒」は「研究ノ施設等ノ動員」を重視していると明かし、「将来科学技術ノ研究要員ト致シマシテハ、枢要ナル学徒等」は「動員カラ除外スルコトヲモ考慮」すると述べ、文部省としては動員先の配置などによる人材活用により重点をおいている。そのうえ、科学技術の教育方法に関しては「大学院ノ特別研究生制度ノ活用トカ、中等、初等教育ニ於キマスル理科教育ノ重視等、既ニ着々実施」していると説明し、「戦時穎才教育機関」については「適当ナ一方途ト考ヘマスノデ、十分研究致シマシテ、御期待ニ副フヤウニ致シタイ」と答えた。つまり、文部省としては、新しく施行されるようになった特別研究生制度や国民学校の理数科教育を中心とするカリキュラムなどによる科学技術の教育に期待していただろう。こうした文部省の態度に対し、森田は「是ハ相当研究ヲシテ作リ上ゲタ案」で、「具体案モア」り、「学界ニモ二、三ノ有力ナル研究ノ方々ガ研究団体ヲ持ツテ居」り、すでに実行できる段階であるとし、その実施を急ぐよう促した(26)。

文教懇話会の幹事である吉田昇は建議案の決定を受けて、その内容を解説しているが、まず、英才教育が必要になった背景について、「戦争と共に始まつた問題ではなく」「近代学校制度の発展が必然的に齎した結果」として「被教育者を平均化」してしまったこと、また、本来は「優れた者のみが中学校や高等学校に入つた」が、「入学者増加によつて下位の者が増加」して「一層平凡化」が進み「学校教育自体も往時の秀才教育の力を失つた」と指摘し、「従来の学校を改組する程度を以つては不十分」であるため、新しい機関の設置が必要であると述べた。つまり、時局下においてそれに相応する教育内容を構想することは必要であったものの、より根本的な英才教育の必要性は、学校制度の反省から提起されたのである。そして、英才教育でもっとも重要なのは「選抜」で、「選抜が殆んど一切を決定」するため、「出来るだけ広い範囲から穎才の素質あるものを公平に選び出」し、「全国的組織」とする必要があると強調した(27)。

「設置要綱」と「建議案」で構想された英才教育の趣旨が文部省に行き届いたかどうかは不明であるが、文教懇話会のメンバーを中心に開かれた座談会「戦時穎才教育の提唱」での森田の発言が興味深い。森田は「建議案」について、文部政務次官が「全面的に賛成」し、その実現を期待しているが「調査しているらしいとい ふ話を伺ひましたが、それが果たしてどんな内容と方法で具現されるかといつたやうな事については未だ詳しく聞いてをりません」と述べている。また、文部省の教学官である内藤卯三郎も「穎才教育」に関して「はっきり申し上げるだけの考へはない」と述べたうえ、「これ迄の学校教育といふものが大体は欧米の模倣でありまして、その中で育てられた教師達が大部分」だから、指導者問題も厳しいが、「今度の国民学校の趣旨がよく隅々迄浸透してしまつた結果として、そこに生れて来る教育指導者によつて期待できる」と発言しているように、英才教育に対して、緊急の課題としての意識がきわめて薄いように見られる。これは、上記の今井文部政務次官の発言とも通じるところがあり、内藤の個人的な見解というよりも、科学組の実施に対する文部省の立場であったと考えていいだろう[28]。

このような消極的な発言に対して、文教懇話会のメンバーであり、川口中学校長であった梅根悟は、現在「中学や、高等学校などではかなり設備が遊んでいるし、通年動員で大学なども相当遊んでいる」「現在かなり手すきの先生」がいるので、「動員して、理想的にやつて貰いたい、設備を作つて指導者を養成した後といふ事を考へず、明日からでもすぐやつて貰ひたい」と批判した。新しい機関を設置することなく、高師を中心にその附属校で実施するようになった背景として、一刻も早く科学組を実施するためには、既存の学校施設を利用する方法が現実的ではあったと思われるが、高師の附属校における実施についての文部省の考え方には疑問が残るところが多い[29]。

文部省は科学組の実施の目前に、一問一答の形式で科学組を次のように説明している。まず、吉田昇が英才教育においてもっとも大事だと強調した「選抜」については、「被教育者の選抜方法について十分確信を得てから選抜範囲を順次拡大」する予定であるとしながらも、まだ選抜方法が準備されていないことを述べており、当初の英才教育としての意義はすでに失われているようにうかがえる。さらに、選抜範囲は全国からではなく「今回は研究的に実施」するため、各高師の附属校から選抜することになったと説明しているが、高師での実施が試行的な運営であったとしても、その試行的期間などについては言及されていない[30]。

文教懇話会の「設置要綱」では英才教育の実施のために、「新ナル勅令」の制定が必要であると示されていたが、文部省は「学校令等」は「差当りは改正しないつもり」と述べている。つまり、「高等師範学校附属学校では、単に中等学校令及び国民学校令に準用すればよい」ので、「各高等師範で適当と考へる教育方法及び教育内容を任意考究して実施する」「現在の段階では、国家的にとり上げて制度化するほど確信のある教育方法及び教育内容はできてい」ないので、「各高等師範の各教職員が協力して、全力を挙げて新しい教育方法を打ち樹てる」ものと説明した。[31] このことから、文部省が新しい機関を設置せず、高師の附属校で英才教育を実施するに至った背景は、法令を制定あるいは改正して制度を新設することを避けようとしたためであったと思われる。

その理由が、一刻も早く科学組を実施するためであったかどうかは不明であるが、このような体制をとったことによって、結果的には科学組の卒業生の進路設定など活用方法の仕組みをあいまいなままにすることになり、科学組の終焉を招くことになったといってよい。詳細は後述するが、科学組の児童・生徒が上級学校へ進学するさいの選考については「上級学校進学ニ関シテハ別途之ヲ考慮スル」と規定されたが、学校令が改正されない限り、上級学校への接続において、修業年限や学力などの特別の判断基準もなく、混乱を招くことになる。文部省が示しているとおり、高師の附属校は実験校としての役割もあり、教育内容や方法については強い制約を受けず編成できる点から、ひとまず高師で試行的に実施したことは、速やかな対応であったともとらえられる。しかし、「特別機関が設置されてもこれ〔科学組―引用者〕を廃する考へはありません。これと並行的に実施」[32] するとも述べており、やはり高師の附属校での実施目的は曖昧である。「設置要綱」に示されているように修了したら、「国家ノ最モ必要トスル部署ヘ配置」するか、「一般学校令ニヨル相当学年ノ修了資格」を与えるなどの進路先が示されていないことによって、科学組の英才教育としての目的も見えにくくなってしまった。

(三)文部省の「特別科学教育研究会」の設置

一九四四年一二月二六日に通牒「特別科学教育研究実施ニ関スル件」が各高師の校長に通達され、翌年一月から科学組が実施されるまでの動きを明らかにするため、まず、文部省内に設置された「特別科学教育研究会」[33](以下、「研究会」)の規程を確認したい。

第一条　本会ハ特別科学教育研究ニ関シ各研究班ノ連絡・促進ヲ図リ其研究実施ノ適正ヲ期スルヲ以テ目的トス
第二条　本会ハ之ヲ文部省内ニ置ク
第三条　本会ハ会長一名・副会長二名・会員若干名ヲ置ク
会長ハ文部次官、副会長ハ国民教育局長及科学局長之ニ当リ、会員ハ文部省内関係官・研究班長及班人・学術経験者中ヨリ会長之ヲ委嘱ス
会長事故アルトキハ副会長其ノ職務ヲ代行ス
第四条　本会ニ幹事若干名ヲ置キ文部省並ニ研究実施学校関係官之ニ当ル
第五条　本会ハ第一条ノ目的達成ノ為必要アル場合随時研究会ヲ開催スルモノトス
第六条　本会ノ会員ハ随時各研究班ヲ視察シ其研究状況ニ付報告ヲ徴スルコトヲ得
第七条　本会ニ書記若干名ヲ置キ文部省関係職員ヲ以テ之ヲ充ツ
書記ハ上司ノ命ヲ承ケ庶務ニ従事ス

本規程の第一条の「目的」からわかるように、研究会は各実施校に設置される「研究班」の「連絡・促進」を図るといった事務的組織として設置された。この点からしても科学組に関する研究は各実施校に委ねられていたことがうかがえる。そして、「会長ハ文部次官、副会長ハ国民教育局長及科学局長之ニ当リ、会員ハ文部省内関係官・研究班長及班人・学術経験者中ヨリ会長之ヲ委嘱ス」とあり、会員は総務局総務課長、専門教育局大学教育課長、国民教育局総務課長などの官僚をはじめ、大学及び高師の教授、助教授、その附属校の主事、事務官などを合わせて四八名で構成されている（自由学園の羽仁説子が唯一の私立学校の関係者であり、女性として入っている点は注目に値する）。研究会の具体的な活動の詳細は不明であるが、「特別科学教育研究実施要綱」(34)（以下、「実施要綱」）の作成は当研究会によるものとみられる。以下、文部次官通牒と共に通達された「実施要綱」の内容である。

第一　方針

科学ニ関シ高度ノ天分ヲ有スル学徒ニ対シ特別ナル科学教育ヲ施シ以テ我国科学及技術ノ飛躍的向上ヲ図ランガ為之ガ実施ニ関スル各般ノ方途ヲ研究セントス

第二　措置要領

一、本要綱ニ基ク研究ハ差当リ中等学校生徒及国民学校児童ニ就テ之ヲ実施スルモノトス

二、本研究ノ実施ハ差当リ現在ノ学校施設ヲ活用スルモノトシ、本年度ニ於テハ東京、広島、金沢各高等師範学校及東京女子高等師範学校ニ於テ実施スルモノトス

三、指導教官ハ原則トシテ前項各学校ノ教職員ヲ以テ之ニ充ツルコト、スルモ要スレバ他校ノ適当ナル教職員ヲ前記各学校ニ兼任又ハ講師トシテ嘱託セシメ之ニ当ラシムルモノトス

四、被教育者タル生徒・児童ハ原則トシテ現在当該学校附属中学校及附属国民学校（金沢高等師範学校ニ於テハ石川県立金沢第一中学校及石川師範男子部附属国民学校）ノ生徒児童ヨリ之ヲ選抜スルモ場合ニヨリテハ当該地方ノ中学校又ハ国民学校ノ生徒・児童ヨリ選抜スルコトヲ得ルモノトス
五、研究実施ノ為ニスル教育方法及教育内容ニ就テハ法令及通牒ノ解釈上許サル、範囲ニ於テ各実施校ノ創意ニ俟ツモノトス
六、本研究実施ノ為各実施校ニ当該学校長ヲ班長トシ、関係官及関係教職員ヲ班員トスル研究班ヲ組織セシメ速カナル研究成果ヲ挙グルニ努メシムルモノトス
七、前項ノ研究班ノ連絡ヲ図リ其研究実施ノ適正ヲ期スル為前記各学校ノ研究班員中適当ナル者及文部省関係官並ニ学識経験者ヲ以テ特別科学教育研究会ヲ設置スルモノトス
八、本研究実施ニ要スル経費ハ本年度ニ於テハ文部省科学研究奨励金中ヨリ之ヲ支弁スルモノトス

備考

一、本要綱ニ基キ特別科学教育ヲ受クル生徒・児童ハ勤労動員ヨリ除外スルモノトス
二、本要綱ニ基ク特別科学教育ヲ受ケタル者ノ上級学校進学ニ関シテハ別途之ヲ考慮スルモノトス
三、本要綱ニ基ク特別科学教育ハ昭和二十年一月ヨリ之ヲ実施スルモノトス
四、将来穎才教育ニ関シ特別機関ノ設置セラル、場合ハ本要綱ニ基キ実施セラル、研究ノ成果トノ関連ヲ考慮スルモノトス

前述した文部省の説明にあった内容の通り記されている。すなわち「五」において「研究実施ノ為ニスル教育方法及教育内容ニ就テハ法令及通牒ノ解釈上許サル、範囲ニ於テ各実施校ノ創意ニ俟ツ」と規定していること

とから、実施校においては法令などの「解釈上許サ」れる範囲において工夫することになるが、実施校の環境によってはさほど成果が期待できないことも予測できる。

実施校の中で唯一の女子校であった東京女高師は、学校の設備などを含む環境面からして、他校に比べて不十分であったが、考慮すべき点や女子校としての実施意義については明記されていない。とくに、附属高等女学校の科学組に選抜されても、進路先において制約があったはずだが、高等女学校についての特別な説明は示されていない。東京女高師の科学組の取組については、稿を改めて論じたいが、実施校として女子校が含まれている理由は、文教懇話会の「設置要綱」の研究「部門」に「食糧、衣料、細菌」があったことから、いわゆる女子の研究動員も必要であったと推測できる。当時の新聞記事によれば、東京女高師附属高等女学校の科学組の教育方針は、「まづ基本になる教育を平等に教へて、その後で甲は食品に、乙は栄養にというようにその適する方向に没頭させる」[35]とあり、主に「食糧」に関する研究を担おうとしていたことがわかる。

研究会のメンバーであった藤岡由夫の回想録によれば、研究会でも「中学で特別教育を終へた生徒をいかなる学校に進学させるかは、二年生が中学を卒業するまでには、初めから心配された問題で」「当初文部省では、当時の特別学級の最上級生である二年生が中学を卒業するまでには、何とか解決するといふことであつた」ようである。この「解決策」を議論したタイミング（戦前か、戦後か）は不明であるが、研究会では「科学高等学校のやうなものを大学附属として」つくることを構想したが、「この種類の学校を作ることがきはめて困難であることがわかり、特別教育の将来は固い門戸を鎖され」たと述べ、科学組が「朝令暮改となつたことについて第一に遺憾に思ふことは、文部行政の方針の確立しないこと」であったと指摘している[36]。

以上、英才教育として注目を集めた科学組の当初の構想（文教懇話会の「設置要綱」のねらい）と、実施されるまでの過程をみてきた。戦局下という時代と相まって、その基本方針や教育内容が戦争に勝つための科学技術者の養成に特化された点は注意を払うべきであるが、科学組は文部省が所管したはじめての英才教育のための特別学級であった。しかし、その設置に関する具体案が文部行政の外側から浮上し、急ぎたてられて実施された結果、英才教育の制度構築にまでは至らなかった。

一九四五年に開始され、まだ試行錯誤の過程にあった科学組は戦後の数年間続くが、その継続如何も各実施校に委ねられた。四七年五月一二日の科学教育局長の通達には「自主的にこれ〔科学組―引用者〕を継続するものについては、本年度に限り、左の通り考慮することに決定した」とあり、研究助成金を申請した学校に対しては助成金を配当している。しかし、これも一九四七年度に限るものであった。最終的にはすべての実施校は継続を断念し、科学組は終焉を迎えた。科学組の廃止について、新学制の出発に当り、自然消滅するのが宿命だったとの見方もあるが、本稿で検討してきたように、英才教育、とくに特別学級の設置に対して一貫して消極的だった文部省の立場からすれば、その終焉はむしろ必然的な結果であった。

おわりに――戦前・戦後をつらぬく文部省の英才教育への立場

(一)文部省所管の英才教育としての科学組――特別学級設置の意義

英才教育の必要性とその実施方法をめぐる議論が本格化したのは一九一〇年代であった。乙竹岩造の特別学級設置不要論にはじまり、「第二教室」の実践、臨時教育会議での学制改革〔飛び級制度による英才教育の可能性構築〕に至るまでの過程で明らかになったのは、文部省としては英才教育のための特別学級の設置には一貫して消極的であったことである。「第二教室」が世間から注目を集めた実践であったのにもかかわらず、教育審議会においても相変わらず英才教育の制度化には消極的であった。もとより、複線型の学校系統であった戦前の教育制度においては、袋小路コースとエリートコースが分けられ、学業優秀者を選抜するための別途の措置はさほど必要とされなかった。しかし、中等、高等教育機関の拡大を背景に、英才教育への声は高まっていった。文教懇話会の梅根悟《うめねさとる》が指摘しているように、本来の中等教育は、「相当優秀な連中が集つて」高いレベルの教育が行われたが、現状はその拡大により「能力の低い子供も入つて」、その本来の目的を見失っており、「特別機関」の必要性は「戦争のはじまる前から痛切に感じて」[37]いたにもかかわらず、四修制度も教育審議会の審議を経てやや後退する結果となり、英才教育の制度化は議論の場を失った。

しかし、突如として現れた文教懇話会の「設置要綱」で構想された科学組の提唱は、学徒勤労動員による人材流出、非常措置としての修業年限短縮、また科学技術振興策の下で唱えられた理科教育の重視などを背景に、英才教育を緊急の課題として喚起させた。「建議案」の可決から実施校への通知まで極めて短時間で行われたが、その教育内容や実施方法は各実施校に完全に任されるなど、科学組の実施にさいしても文部省の対応は充分に行われなかった。

(二)戦後の英才教育をめぐる論争

従来の言説では戦後の「教育の民主化」、すなわち教育の機会均等の観点から英才教育はその精神に相反し、受け入れがたいものとして位置づけられ、その実践と制度構築がなかなか進まないと指摘されてきた。しかし、こうした教育の機会均等（平等主義）の理念と英才教育との摩擦は時代を問わず存在していた。教育の民主化の動きが英才教育の制度構築に歯止めをかけたのではなく、文部行政としては、受験競争の激化を避け、公教育制度の安定が優先課題であったのだろう。

こうした文部省の基本体制を立証する一例として、一九六〇年代に経済審議会において議論された「能力主義の徹底」のための飛び級制度の提唱と文部省の対応があげられる。一九六二（昭和三七）年九月内閣総理大臣の諮問「今後に予想される技術革新の進展、労働需給の変化等に対応し、わが国経済を健全に発展させるためにとるべき人的能力政策の基本的方向いかん」に対する経済審議会の答申のなかには、「能力主義の徹底」が強調されている。戦後の教育改革は「教育の機会均等と国民一般の教育水準の向上について画期的な改善がみられたが、反面において画一化のきらいがあり、多様な人間の能力や適性を観察、発見し、これを系統的効率的に伸長するという面においては問題が少くない」と指摘し、「学校教育を含めて社会全体がハイタレントを尊重する意識をもつべきであろう」と述べている。[38]すなわち「進級、進学を画一的に行わず、能力に応じて弾力的に行えるような方向に進むべき」で、「能力のある人は、たとえば高校1年から3年に進級するとか、高校2年からでも大学進学を可能にするとかの飛び級制」を検討することを提言した。[39]

しかし、こうした飛び級制度に関する具体的な対応が始まったのは、一九八九年中央教育審議会（以下、「中教審」）であった。中教審で飛び級、厳密には高校二年修了後に大学に「飛び入学」ができる構想が打ち出されたのが第一四期中教審総会である。しかし、この時点でまだ十分な調査研究が行われていないことを理由に、次期に繰り越された。一九六二年経済審議会の答申が出されてから、約三〇年間、進展がなかったのである。結局、大学への飛び入学が可能になったのは、九七年六月、中教審が「教育上の例外措置」として物理と数学の分野に限り一七歳の大学入学を認める答申を出してからになる。[40]

経済審議会の「人的能力主義に基づく教育的要請は、まず企業内における既成の訓練体系の再編成問題としてとりあげられ、それがそのままほぼストレートに後期中等教育とくに高等教育を中心として教育政策化されたところに、この期の特質」[41]がある。また、戦時下で実施された科学組と「第十六期中教審答申の現状分析、課題に通底するものがある」として、「才能を伸ばす教育の目的が戦争勝利から経済発展に変わっただけ」[42]だという指摘もある。これらは教育政策がどの時代においても外部の要請から制度化されることへの課題意識を表している。教育政策は社会的要請とかけ離れたものではなく社会で生きていくための力を育成することを目的とすべきであるが、英才教育をめぐる一連の動きは、文部行政における教育計画の欠如をあらわにした。

注

（1）国立国会図書館議会官庁資料室所蔵「昭和十九年九月九日提出建議案第一五号」七頁、『帝国議会衆議院上奏・建議・決議・動議・質問　八五回　一九四四〇〇〇〇（昭和一九年）』所収。

（2）文教懇話会（吉田昇）「穎才教育案」『教育学研究』第一三巻第二号、一九四五年、二六—二七頁。

（3）科学組は当時、各種のメディアに取り上げられ、多くの期待が寄せられた。「科学の英才教育—1月から4高師に〝特別学級〟—選抜学童は勤労除外」『朝日新聞』、「〝科学の尖兵〟を育む—優秀学徒を選び画期的な教育」、「社説　科学教育の一前進」『毎日新聞』、「天才を育成」『中国新聞』など、以上一九四四年一二月二七日付の記事で実施前から期待が寄せられ、その後も多数の新聞記事により、科学組が報道された。そのほとんどの内容は英才教育として新しい教育への期待であった。

（4）金崎肇「特別科学教育班—理科教育史のひとコマ—」『金沢大学教育学部紀要』第一五号、一九六六年、二九—四四頁。

（5）鈴木一正「特別科学教育の実施から打ち切りまで」『福岡教育大学紀要』第四〇号、第四文冊、一九九一年、三七七—三九四頁。「特別科学教育の実施から打ち切りまで（続き）」『福岡教育大学紀要』第四四号、第四文冊、一九九五年、三五九—三七四頁。

（6）岩坪秀一（研究代表者）『理数系学科にきわめて優れている生徒の入学者選抜方法の調査研究—終戦前後に

実施された「特別科学教育」に学ぶ―』平成五年度科学研究費補助金（総合研究（A））研究成果報告書（課題研究番号〇四三〇一〇三六）。
（7）田中紀子「京都における特別科学教育学級の記録（数学史の研究）」『数理解析研究所講究録別冊』二〇二一年、九三―一一五頁、「京都における特別科学教育学級の授業と生徒のその後（数学史の研究）」『数理解析研究所講究録別冊』二〇二二年、一〇九―一二六頁など。磯崎哲夫・野添生「卓越性の科学教育を意図したカリキュラムの構成原理序説」『科学教育研究』（第四一巻第四号）、二〇一七年、三八八―三九七頁など。大家まゆみ「わが国の才能教育の歴史的変遷と教育施策：STEM教育との関連から」『東京女子大学紀要論集』七三巻二号、二〇二三年、一五一―一六五頁。
（8）山内乾史編『才能教育の国際比較』東信堂、二〇一八年、三頁。
（9）同前、六頁。
（10）乙竹岩造『穎才教育』目黒書店、一九一二年、三九六―三九七頁。
（11）乙竹岩造『天才の本質と教育技術の革新』培風館、一九五二年、三二二―三二四頁。
（12）稲垣真美『ある英才教育の発見』講談社、一九八〇年、一九―二五頁。
（13）塚本慶助編『優良児教育第一報告』京都府師範学校附属小学校第二教室、一九二一年、七―八頁。
（14）「第二教室」の創設から終焉までの詳細は前掲の稲垣真美『ある英才教育の発見』に詳しい。
（15）同前、二四二頁。
（16）同前、二四七頁。
（17）海後宗臣編『臨時教育会議の研究』東京大学出版会、一八六〇年、八頁。
（18）同前、四〇六頁。
（19）文部省『資料臨時教育会議　第三集』文部省、一九七九年、四四九―四五二頁。
（20）米田俊彦『教育審議会の研究　中等教育改革』野間教育研究所、一九九四年、三三〇―三三一頁。
（21）「教育審議会諮問第一号特別委員会第六回整理委員会（中等教育）会議録」（一九三九年一月二七日）『教育審議会諮問第一号特別委員会整理委員会会議録　第五輯』一九七〇年、宣文堂書店出版部、一一四頁。

(22) 文教懇話会（吉田昇）「穎才教育案」『教育学研究』第一三巻第二号、一九四五年、二六―二七頁。
(23) 吉田昇はこの「部門」について「穎才教育は従来の学問的分類による学科別でなく問題的による部門によつて行」う必要があり、学科別の基礎訓練（数学、物象、生物、生理、心理など）も必要であるが、「基礎教育が済み次第、穎才はそれぞれの部門の具体的問題について自らの研究を展開」することになると説明している。「戦時穎才教育について」『日本教育』第四巻第七号、一九四四年、四三頁。
(24) 同前。
(25) 前掲「穎才教育案」。
(26) 『第八十五回帝国議会衆議院建議委員会議録（速記）第四回』一九四四年九月一〇日、五一頁。
(27) 前掲「戦時穎才教育について」。
(28) 座談会「戦時穎才教育の提唱」『日本教育』第四巻第八号、一九四四年、二―一七頁。出席者は塩野直道（文部省第二編修課長）、森田重次郎（衆議院議員）、伏見猛弥（教学錬成所錬成官）、川上清康（陸軍中佐）、内藤卯三郎（文部省教学官）、梅根悟（川口中学校長）、野口彰（東京都視学官）、藤谷重雄。
(29) 同前。
(30) 文部省「特別科学教育の実施」『週報』一月三一日号、一九四五年、一四―一五頁。
(31) 同前。
(32) 同前。
(33) お茶の水女子大学歴史資料館所蔵「女高師事務資料」資料群、五五番（簿冊名「昭和十九年度書類綴」）。
(34) 同前。
(35) 「偏重でも深く」『毎日新聞』一九四四年一二月二七日。
(36) 藤岡由夫『科学教育論』河出書房、一九四七年、九五―九六頁。
(37) 前掲「戦時穎才教育の提唱」、一三頁。
(38) 経済審議会編『経済発展における人的能力開発の課題と対策』大蔵省印刷局、一九六三年、一五頁。
(39) 同前書、四六頁。

(40)　小林哲夫『飛び入学―日本の教育は変われるか』日本経済新聞社、一九九九年、一一〇―一四九頁。
(41)　久木幸男・鈴木英一・今野喜清編『日本教育論争史録・第三巻　現代編（上）』第一法規出版、一九八〇年、一〇五頁。
(42)　前掲書『飛び入学―日本の教育は変われるか』、二七二―二七三頁。

〔付記〕本研究はＪＳＰＳ科研費（課題番号二三Ｋ一二七〇八）の助成を受けたものである。

第九章

戦後初期の義務教育教員養成における「観察・参加・実習」の構想と課題
――教育実習改革に焦点化して

山崎　奈々絵

はじめに

本稿の目的は、戦後初期の義務教育教員養成において、教育実習を中核とした教職専門教育の再構築を目指してアメリカより導入された「観察・参加・実習」について、師範学校及び再編後の教員養成系大学・学部が具体的にどのように構想していったのか、その際どのような課題に直面したのかについて、教育実習改革に焦点を絞って明らかにすることである。

「観察・参加・実習」について、戦後初期の定義でもっともわかりやすいのは、教師養成研究会によるものであろう。本研究会は、戦後改革期に文部省師範教育課長及び教職員養成課長にあった玖村敏雄が東京都内の教員養成諸学校教官らを集めて一九四七（昭和二二）年一月に発足させたものである。同年一一月、研究成果を『観察・参加・実習―新しい教師のための実験課程―』（以下、『観察・参加・実習』）にまとめて刊行した後、五四年一一月に本書を改訂して『観察・参加・実習　増訂版―新しい教職経験課程―』を刊行した。本書において「観察・参加・実習」とは、「教職経験課程」の「三つの領域」であり、「研究の順序」であり、「教育の実証的な研究方法」であり、「広義の教育実習の三部面」と定義された。[1]これをふまえ、本稿では、「観察・参加・実習」とは、戦後改革期にアメリカより導入された広義の新しい教育実習であり、同時に新しい教育実習を中核に教職専門教育の再構築を目指すものだったと定義する。なお、「観察・参加・実習」の「実習」は、狭義の教育実習を意味する。

周知の通り、戦後教員養成は師範教育の欠陥とされた、教育技術を重視して特定の型にはめようとする養成からの脱却をしようとした。脱却のために、とくに重要だったのは実際の学校において体験的に学ぶ唯一の科目であった教育実習の改革である。玖村は、師範教育の問題点を「ひくくせまい実用主義」[2]的、あるいは「観念的、常識的、形式的」である面にみいだし、これからは、「為すことによって学ぶ」「行動によって学ぶ」教職専門教育を確立し、その中核に「観察・参加・実習」を据え、「直接の経験」と「学問理論」とをつないでいく養成教育へ改善しなければならない、そのために「観察・参加・実習」で貫かれた教育実習を確立していくことが重要だとしていた。[3]

この「観察・参加・実習」について北神は、その後に続く「理論による再構成」とあわせてひとまとまりのものであり、「戦前の教育学やそれを基礎とする師範教育」を「全面的に改める」ため、「実証科学的なアメリカ教育学、教職教育に基づくTeachers' Colledgeモデルを導入する」ための鍵となる考えだったこと、ＣＩＥの強い指導のもとに導入されたが、制度枠組みにおいては教育職員免許法施行規則（以下、「免許法施行規則」）に教職専門科目が列記されるだけにとどまったため、一つひとつの科目の具体的内容や教職専門教育の改革については養成現場である各大学・学部の実践にかかっていたことを指摘している。[4]このように北神は、「観察・

参加・実習」について、教職専門教育の改革という視点から戦後初期の理念や構想を明らかにしている一方で、教職専門教育の中でもとくに教育実習の改革を迫るものだったこと、さらに教育実習改革が教職専門教育の再構築の中核に位置づいていたことという重要な点に着目していない。

これに対して、藤枝は、戦後初期の「観察・参加・実習」は直接的には教育実習の改革を迫るもので、「教育実習をとおした研究」を実現化しようとする重要な考え方を提示したもの、その実現を図ってこそ教職専門教育の再構築も可能になったはずだと指摘した。[5]ただし、養成現場である各大学・学部において、「観察・参加・実習」といった教育実習改革、あるいは「教育実習をとおした研究」の実現化が、具体的にどのように構想され、実践され、その過程でどのような課題に直面したのか、といったことについては解明していない。

先行研究では、戦後の教育実習改革が、「観察・参加・実習」の導入を機に、養成現場である個々の大学・学部でどのように進められたのかについて、ほとんど明らかにされてこなかった。そうしたなかで近年、久恒により、東北大学の実態が明らかにされつつあるが、[6]旧帝国大学と旧師範学校をあわせて教育学部を発足させた、教員養成の中では特殊な組織である本学の事例が、ほかの養成現場の実態や教員養成一般においてどのような意味を持つのかは明らかにされていない。

以上のような先行研究の状況をふまえ、本稿では、戦前から戦後にかけて義務教育教員養成を目的あるいは主としてきた、師範学校及び教員養成系大学・学部の実態に着目しつつ、戦後初期の「観察・参加・実習」の具体的な構想と課題を、教育実習改革に焦点化して明らかにすることとする。

第一節　「観察・参加・実習」の導入

戦後日本の教員養成に「観察・参加・実習」をもたらしたのは、一九四六（昭和二一）年四月公表の第一次米国教育使節団報告書（以下、「使節団報告書」）である。本報告書は、「児童の研究」を教職専門教育の中核に据えること、「児童の研究」の充実を図るために「見学、関与、及び教生実習」すなわち「観察・参加・実習」に「多くの時間が与へられなくてはならぬ」ことを勧告した。本報告書を受け、文部省師範教育課が同年八月付でまとめた「アメリカ教育使節団報告書に基く対策」[7]には、「観察・参加・実習」に関する項目として、「児童研究と教育実習の方法検討」のほか、「調査統計に基く心理学的研究方法の習得」が挙げられた。

使節団報告書をふまえて、東京第一師範学校は一九四六年八月よりＣＩＥカーレーらの指導・助言のもと、戦後の新しい養成カリキュラムの検討を始め、一二月、「一応の成果」として、「大学に於ける教育学科のカリキュラム—東京第一師範学校案」（以下、「東京第一師範学校案」）を公表した。本案の特徴は、教職専門教育を「実践から理論へ」と学ぶ帰納的構造に再編する方向を提示したことにある。この「実践から理論へ」は、「観察—参加—実習—理論による再構成」と言い換えられており、「実践」を通じて学ぶ「観察—参加—実習」を三年次前期まで実施した後、三年次後期から四年次までを「理論による再構成」にあてるといった構想が示された。この構想は、教育実習改革だけでなく、教職専門教育や教育学教育の改革をもめざしており、一年次の「観察」と並行して教育心理学などを学び、二年次の「参加」と並行してカリキュラムや評価、教育社会学などを学び、三年次前期（一八週）の「実習」を経て、三年次後期から教育史や教育哲学及びゼミなどを履修するという形で、とくに二年次までに学ぶ教育心理学、カリキュラムや学習評価、教育社会学についてはアメリカの科学的・実学的な教育学のあり方を参考とするというものだった。[8]全体を通して、「教員養成」として想定されているのは小学校教員養成及び義務教育教員養成だが、小学校教員養成、義務教育教員養成、そして新制中学校（以下、「中学校」）教員養成の三つがほとんど明確に分けられず、したがって「教員養成」といったときにどの段階の教員養成を指しているのか、文脈によってははっきりしない内容になっている。ただし、先の「実習」期間を一八週にするという構想は、後述の通り、義務教育教員養成を想定し、小学校実習と中学校実習を行うことを構想していた。

本案は、（一）中央レベルでの制度改革論議や、（二）全国の師範学校における改革構想・実践などに影響を及ぼした。（一）については、一九四六年一一月に作成途中の案が教育刷新委員会に提示され、[9]本委員会における新しい養成カリキュラムのイメージ形成に一定の役割を果たした。（二）については、四七年一月一八日付文部省学校教育局師範教育課長発各師範学校長宛通達「学科課程案の研究について」[10]に添付され、当時の各師範学校が戦後の大学における新たな養成カリキュラムを構想する際のモデル案となった。その後も、同年七―八月に開催された「教員養成のための研究集会」、すなわち四八年から始まるＩＦＥＬ（アイフェル：教育指導者講習）の教員養成に関する講習の前身において、討議資料として使われ、また当時本案を実際に試行していた師範学校が三二校あったというように、[11]全国の師範学校のモデルカリキュラムになっていたことがうかがえる。

本案の枠組みを前提に、さらに具体化を進め、同時に中等教員養成、新制高校（以下、「高校」）教員養成も含んで検討を重ねたのが、先述の教師養成研究会である。本研究会は、一九四七年一月に発足後、ＣＩＥカーレーの指導・助言のもとで進めた研究成果を、一一月に『観察・参加・実習』にまとめて刊行した。先述の通り、「東京第一師範学校案」は小学校教員養成、義務教育教員養成、中学校教員養成の三つをほとんど分けずに論じていたが、『観察・参加・実習』も、小学校教員養成、義務教育教員養成、中学校教員養成、中等教員養成、高校教員養成の五つを基本的には分けていない。そのため、「教員養成」といったときにどの段階の教員養成を指しているのか、はっきりしない箇所も多いが、全体を通じておおよそ義務教育教員養成を中心に考えている一方で、「実習」期間については、後述の通り、義務教育教員養成と中等教員養成を分けて論じていた。

なお、メンバーの一人である吉田昇（東京女子高等師範学校教授）は、本書の草稿を残している。ここには、従来の教育実習は「形式的な訓練」で「一定の型にはめ込む」といった「欠陥」があるという問題意識と、今後の教育実習は「生徒自身の体験を豊富ならしめる」ものへと改善し、同時に「観察・参加・実習」という「一連のコース」を「新しい教員養成の中心《コーア》カリキュラム」に据えて教職専門教育、さらには養成教育全体の再構築を図るという方向性が示されており[12]、こうした課題意識は本研究会でおおよそ共有されていたと考えられる。

「東京第一師範学校案」も『観察・参加・実習』も、ＣＩＥの指導・助言を受けながらではあるが、養成現場の教官らによる研究成果であり、全国の師範学校における実践の枠組みを作っていったと考えられる。その枠組みを確認するために、「観察」「参加」「実習」のそれぞれについて、以下で要点を整理していきたい。

（一）「観察」とは

「東京第一師範学校案」において、「観察」は一年次の半期に心理学的手法を中心に調査研究を行いながら学ぶ、「児童研究」の中核となる領域とされた。「観察」だけを取り出した特別な科目・時間を設定するか、教育心理学など特定の科目に組み込むかは、各養成校の考えや実態に即してさまざまだとされた[13]。

『観察・参加・実習』では、上記の内容が引き継がれたうえで、「子供を観る眼を養う」重要性と「真実性」「客観性」「現実性」を重視することが、とくに強調された[14]。

なお、「東京第一師範学校案」でも『観察・参加・実習』でも、「子供」として想定しているのは主に学齢児童生徒である。これは、ほかの師範学校や再編後の教員養成系大学・学部においても、おおよそ共通だろうが、まれに幼児を含む場合もあった。たとえば新潟大学高田分校で一九五〇年度に使用されていた『観察、参加、実習の手引』を見ると、観察の対象に、「児童」「生徒」だけでなく、「幼児」も含まれている。本校では、子どもを「科学的」に捉え、「児童研究」を行う力量を獲得するためには「幼児」の観察がもっとも有効だと考えられ、まずは「幼児」から観察をスタートさせること、その後順に「児童」「生徒」と対象を変えていくという方法をとった[15]。

(二)「参加」とは

「東京第一師範学校案」において「参加」は二年次に一名から数名の児童の「生活を研究」し、「学習」を見るもので、カリキュラムや学習評価に関する科目の履修と並行して学びを深めるとされた[16]。東京第一師範学校では、本案が実際に試行されたが、試行途中の一九四七年三月一八日付で“PARTICIPATION At The First Normal School of Tokyo”が作成されている。ここでは、「東京第一師範学校案」に記載されていることに加え、(一)「参加」は「児童研究」と「社会研究」の二面から構成されること、(二)「観察」と違って実際に子どもに関わり、子どもの生活や家族について深く知ることになるが、「探索的興味にかられて深入り」したり、「子供やその家族に迷惑をかけ」たりすることは「厳に戒められなければならない」こと、(三)「医師」ではないので子どもたちを矯正しようとするようなことはあってはならないことの三点が追記されている[17]。

なお、先の「児童研究」と「社会研究」は、『観察・参加・実習』では、「(児童の) 個別研究」「学校参加」「社会参加」「その他」の四つに分けられた。「参加」を通じた研究が「児童研究」と「社会研究」の二面から成るという考え方は“PARTICIPATION At The First Normal School of Tokyo”と同じだが、二年次の一年間を通じて「学校参加」すること、あわせて学校外の「社会」に「参加」することが強調された。(一)「学校参加」とは「教師の教育活動を援助」すること、(二)「社会参加」は教師として必要な教育課程開発のため、という二点が強調され、また、具体的な「社会」として「教育行政機関・児童保護教育機関・児童文化機関・社会教育機関等」が挙げられた。こうした「社会」の「活動に参加する」ことを通して「地域社会を研究し、人間の知的・社会的・情緒的・身体的人格を形成する諸条件、広い意味の教育の機能全般について、より精深、広汎な理解を得ようとする」ことが重視された。さらに、「社会参加」のために、「自由研究日、日曜日、休暇等」も活用すべきとされた[18]。

以上のような「参加」は、「観察」と同様、子どもなどの対象を「外から実証的に研究する」[19]という側面があった一方、学級担任の「助手」[20]や「見習」[21]という側面の方がより強調される傾向があった。こうした活動を伴わない「学校参観」については、「参加」ではなく、次の「実習」の中に組み込まれている。

(三)「実習」とは

「東京第一師範学校案」では、「実習」は三年次前期に一八週、授業を中心に行うものとされた。一八週と算出したのは、一九四三年師範学校規程で小学校実習期間は「凡ソ一二週」とされていたことをふまえて小学校実習を一二週と考え、そこに一二週の半分にあたる六週の中学校実習を加えたからである。一八週は六週ずつに分けられ、附属学校・都市部の協力学校・地方の協力学校の三つで分割実習するとされたが、小学校と中学校にどのような順で配属するかといった細かいことは、明記されなかった。また、実習中は週一日を「研究日」とし、養成校に戻って研究をする、あるいは他の科目の履修をする時間にあてるとされた。研究日の設定と関連して、（一）これからの「実習」は、「なすことによって学ぶ」もの、（二）「決して仕上げを意味してはゐない」もの、（三）実習後に「理論による再構成」の期間が必要、という三点が強調され、戦前のような総仕上げ的・完成教育的な教育実習観からの転換が図られた[22]。

その後、『観察・参加・実習』には、（一）期間、（二）履修時期、（三）協力学校実習、（四）取得希望免許状以外の教科の実習の四点について、義務教育教員養成と中等教員養成とに分けて、次のような構想が示された[23]。

第一に期間について、義務教育教員養成の場合は三年次前期の一七―一八週とされたが、小学校・中学校の両方の免許状を取得する場合は一八週（うち六週は中学校実習）、中学校免許状を取得しない場合は中学校実習ではなく中学校「参観」（期間は不明）を行って一七週とすることとされた。義務教育教員養成では全員小学校の免許状は取得する、つまり中心は小学校教員養成ということである。他方で中等教員養成の場合は、中学校と高校の免許状をあわせて取得することを原則とすること、小学校・中学校の両免取得の場合に課す中学校実習が六週であることの二点をふまえて、六週を二倍にした一二週とされた。

第二に履修時期について、義務教育教員養成の場合は三年次前期、中等教員養成の場合は三年次前期、三年次後期、四年次前期のいずれかというように幅のある設定となった。この違いは、中等教員養成の場合は教科に関する「専門学科」の知識を十分に獲得してから実習した方がよいという意見が、東京女子高等師範学校と東京体育専門学校から出されたためであった。ただし、いつ実習を行うとしても、「理論による再構成」のための期間を卒業前に半期以上は設けなければならないとされた。

第三に協力学校実習について、義務教育教員養成において、その必要性が強調され、附属学校で「基本実習」を行った後、「質の多様性」や「種々の教育の類型」を学ぶために協力学校で「応用実習」を行うべきであり、協力学校は「農村や漁村」の学校にしたり、隣接校種としたりするのも望ましいとされた。なお、実習校が複数にわたる場合は、「責任」ある実習にするため、一つの学校に最低四週は配属すべきとされた。

第四に中等教員養成に限り、取得希望免許状以外の教科の実習も必要だとされた。理由として挙げられたのは、就職後に免許外教科も「受持たされることもある」という現実である。こうした現実をふまえ、取得希望免許状教科以外の「二学科」程度についても授業を行うのが望ましいとされた。

ところで、実習評価をめぐる問題については、「東京第一師範学校案」では言及がなく、『観察・参加・実習』では今後の重要な検討課題とされた。検討にあたり、(一)学生の自己評価を効果的に実施する、(二)学生を「よりよくする」という目的に沿ったものにする、(三)評価は「実習の全期間中、絶えず与えられる」ような仕組みとする、(四)実習自体の評価を行い、大学や実習校の反省資料とするという四点を重視して、客観的・妥当で学生の成長のためになるものとするのが大事だと強調されている。ちなみに、(一)の自己評価のために重要なのは、実習日誌をつけることのほか、「実習進歩の一般的段階表」と「自己の程度」の比較を定期的に行うこと、「受持った生徒の進歩を測定」する方法を開発することとされた。また、(二)のために重要なのは、大学が「実習」だけでなく「観察」や「参加」での記録もあわせて学生の個別指導を行うことだとされた。

以上見てきた「観察・参加・実習」を、実際に各大学・学部が実践していくにあたって直面した現実的な課題について、次節で整理していきたい。

第二節　「観察・参加・実習」をめぐる現実的な課題

教員養成系大学・学部の場合、開放制の多くの大学・学部と異なり、附属学校を持っていた。その附属学校の改革も、戦後初期の重要課題であったが、その改革論議の中で一貫して強調されたのは、附属学校は学生の「観察・参加・実習」を指導するという役割を持つということであった。それは、たとえば一九四八（昭和二三）年七月二八日付「附属学校の学級数試案」[24]、同年九月一七日付「教員養成を主とする学芸大学基準（案）」[25]、同年一一月一日付「教員養成を主とする附属学校及び協力学校設置要領（案）」[26]といった、文部省及び大学設置委員会が当時作成した案に明記されている。なお、上記の「教員養成を主とする附属学校及び協力学校設置要領（案）」において、附属学校と協力学校をめぐる一つの違いは、前者が「観察」「参加」「実習」の場であること、後者が「実習」のみの場であることとされている。ただし、実際には後者においても「参加」が行われることもあった。四九年一一月、全国附属学校連盟研究委員会が刊行した『附属学校年鑑』には、戦後初期の「観察」「参加」「実習」の実践記録が収録されており、協力学校における「参加」の記録も収録されている。その一つ、東京第三師範学校が協力学校において「参加」を行った記録に、次のような記述がある。[27]

まず参加の概念から説明したがその意味が通じないのに驚かされた。所謂事例研究の重要なことは解るが、参加とはどんな仕事を指すのか、抽象的な意義よりも実際的な活動分野が問題になった。結局参加とは教育実習に似たもので、授業をすると云う表面だった活動には至らず、反対に観察の非常に立ち入ったもので学級経営の基礎調査等の面倒な仕事を受持つ担任教師の助手と云うことで落ち着いた上記は、学生からの報告である。協力学校で「参加」を実践するということになると、その趣旨を理解してもらうのも難しく、「教師の助手」として活動するということに落ち着かざるを得なかったことがうかがえる。ちなみに、この『附属学校年鑑』には、「社会参加」の記録がない。「社会参加」の具体的実践としてどのようなものがあったのかはわからないが、「社会参加」の場合、協力学校以上に、施設側に「参加」の意義を理解してもらい、実践に協力してもらうことが困難だったのではないか。

なお、神戸大学の場合、「観察」や「参加」の実施を困難にしたのは、学校側の「受入体制」以上に、「大学の授業計画」や「学部の指導組織」といった大学側の事情であった。本学は戦後改革からずいぶん先の一九六五年度になって初めて「観察」及び「参加」を導入した(28)が、その導入の目的は戦後初期とは大きく異なるだろう。

そもそも戦後の師範学校は、一九四七年度より急に、中学校教員養成も行わなければならなくなった。こうしたなかで全国の師範学校に共通だったのは、「観察・参加・実習」という新しい教育実習やそれを中核に据えた教職専門教育のあり方を模索する以前に、まずは免許状取得に必要不可欠な「実習」を学生全員が行えるようにするにはどうすればいいのか、言い換えれば学生のほとんどが小学校と中学校の両方の免許状を取得するという実態において、小学校実習と中学校実習をいつ・どのように行えばいいのか、いままでよりも数が必要になる実習校をいかに確保すればいいのか、といった課題の解決こそが圧倒的に重要だったということである。

一九四九年度に師範学校を再編して教員養成系大学・学部が発足したが、五〇年度まで師範学校は存続し、大学・学部内には四年課程より学生数の多い二年課程もあった。こうしたなかで、四年課程のみの「観察・参加・実習」のあり方を検討し、実践する余裕はなかったはずである。師範学校や二年課程の学生が最終学年に

「実習」を行うなか、また、そうした学生たちには「観察」や「参加」に時間をかける余裕がないなかで、四年課程の「観察・参加・実習」の実際の多くは、「実習」の冒頭で「観察」や「参加」を少し行う程度の実践に矮小化せざるを得なかったと考えられる。

こうした矮小化は、たとえば新制大学の完成年度にあたる一九五二年度に開かれた第九期ＩＦＥＬの「教員養成カリキュラムに関する講習」においても顕著である。このときまとめられた報告書には、「観察・参加・実習」という言葉すら出てこない。そして、「教育実習」の課題として検討されたのは、「実習」すなわち狭義の教育実習のみである。そのうえで、当面解決すべき課題として挙げられたのは、（一）実習期間の最低基準をいかにするか、（二）三年次の履修をいかに可能にするか、（三）協力学校実習の実施をいかに実現するか、（四）研究日をどのように設定するかの四点であった[29]。

以下、この四点をめぐり、当時の養成現場が直面していた課題を整理していきたい。

(一)実習期間をめぐる問題

先述の通り、義務教育教員養成における教育実習の期間について、一九四六年一二月の「東京第一師範学校案」及び四七年一一月の『観察・参加・実習』は（一七―）一八週としたが、教員養成系大学・学部の設置審査がいよいよ始まるという段階で示された文部省の案では八週のみとなった。たとえば先述の四八年七月二四日付「附属学校の学級数試案」は、期間を八週としたうえで、附属学校と地方の協力学校において分割実習する、附属学校実習と協力学校実習の期間については四週ずつ、あるいは五週と三週という二つの案を示している。その後、先述の一一月一日付「教員養成を主とする附属学校及び協力学校設置要領（案）」では、義務教育教員養成における実習について、「小学校教員志望者」は六週（六単位）、「中学校教員志望者」は五週（五単位）と、先の八週よりさらに短く、また、「志望」別に週数を分けるという方針が示された。最終的には、四九年一一月、免許法施行規則により、志望別ではなく取得希望免許状別に、小学校免許状を取得するなら小学校実習は四週（四単位）、中学校免許状を取得するなら中学校実習は三週（三単位）となり、小学校及び中学校の両方の免許状を取得する場合は七週ということになった。

ただし、免許法施行規則と同じ一九四九年度に刊行された先述の『附属学校年鑑』によれば、全国附属学校連盟が必要だとする実習期間は、最低でも八週と免許法施行規則より一週多いうえ、できれば一二週、「理想」としては「教育者としての生きた知識や技能や態度」を学ぶために必要な一二―一五週であった。本書には、四九年度の教員養成諸学校における実際の実習期間が掲載されているが、それによると、最短が四週（二校）、最長が一八週（一校）、もっとも多くの学校数すなわち一三校は一二週であった[30]。

このように、一九四九年度の段階では、師範学校規程にあった一二週程度の実習を行っていた養成現場が多かったが、五〇年度に師範学校が廃止された直後、大学・学部における実習期間は一二週を大きく下回っていった。先述の五二年度開催の第九期ＩＦＥＬにおいてでさえ、義務教育教員養成に必要な実習期間は八週[31]とされた。また、同年度、先の全国附属学校連盟から組織される日本教育大学協会（以下、「教大協」）第三部会が『教育実習の手引』を刊行したが、ここでも八週[32]にとどめられた。教員養成系大学・学部が完成年度を迎える段階で、大学側も附属学校側も、小学校・中学校の両方の免許状を取得する場合の実習期間は八週が妥当だと考えていたことがうかがえる。

実際に、八週と設定していた大学の一つに、福井大学がある。ただし、発足当初から主に教科専門担当教官より「多大な不満の声」が上がっていた。長すぎるという不満である。これに対し教職専門担当教官は、「就職上も有利」と反論していたが、一九五四年に免許法施行規則が改正され、制度上は五五年度から、中学校実習の最低基準が二週（二単位）に変更されることになったのを機に、「不満の声」がますます強まり、教授会では、実習が「時間割の編成」を困難にし、また、学生の「卒論の時間」を圧迫しているため、六週に短縮すべきという意見が相次いで出された。その結果、五五年度より六週に短縮すること、うち一週は休暇中に実施することを決定したという(33)。

また、発足当初から免許法施行規則通り、すなわち七週としていた大学の一つに、神戸大学がある。免許法施行規則通りにもかかわらず、本学でも発足当初から「長すぎる」という批判的な意見があったうえ、「次第に強く」なっていったという(34)。

福井大学や神戸大学に見られた批判的な意見は、おもに中学校実習に向けられていた。同様のことは宇都宮大学においても指摘できる。本学では一九五四年、教授会において、小学校実習は免許法施行規則を一週上回る五週を継続する一方、中学校実習は免許法施行規則改正を受けてこれまでより一週減らした二週とすることを決定した(35)。

(二)三年次履修をめぐる問題

先述の通り、教大協第三部会は一九五二年度に『教育実習の手引』を刊行したが、そこには、「職人の見習教育の域を出ず、科学的基礎に立っての指導体系がなかった」という師範学校時代の教育実習は改善しなければならないという課題意識が示されている。ただし、全体を通して、教育実習の目的は「教師としての精神」すなわち児童生徒に対する「教育愛」や「具体的な教育技術」「有効適切な教育技術」のほか、「教職をもって己が一生の仕事とし」ようとする「強い信念」を獲得することだと強調している。そして、こうした目的を達成するためには、教育実習の時期は四年次が妥当だが、四年課程学生のみ三年次履修としたのでは師範学校と二年課程の学生が最終学年としていることとの整合性がとれない、実習校と大学との関係調整が困難になるといった理由からも四年次が妥当だと結論づけた[36]。ここには、教育実習が大学教育の一環であるという視点や、教育実習を通した研究といった視点がほとんどない。

実際の教員養成系大学・学部においても、多くは初めて四年生が在籍することになる一九五二年度より四年生を対象に教育実習を開始している。東京学芸大学でさえ、当初は四年次履修であり、五四年度をもって二年課程を廃止した直後の五五年度より、附属学校実習のみを三年次履修に引き下げた。ただし、調整が困難だった協力学校実習は、四年次履修のまま、時期を変更しなかった[37]。

もちろん、当初から三年次履修とした大学も一部ある。たとえば群馬大学は附属学校実習を三年次前期、協力学校実習を三年次後期とした[38]。また、和歌山大学は一部の学生だけ三年次履修とした。一部の学生だけになったのは、三年次履修を望む学部側と四年次履修を望む附属学校側の意見調整の結果であり、一九五二年度より、「附属校の受入れ人数」と学生の「選択」をふまえて「条件」を満たした一部の学生のみ三年次履修としたのであった[39]。群馬大学も三年次履修だったが、七一年度より附属学校実習と協力学校実習を共に半期ずつ繰り下げ、附属学校は三年次後期、協力学校は四年次前期に変更した。その背景には、とくに協力学校から「数年」にわたり、実習生の「自覚」や「熱意」を十分に高めてから実習に臨んでほしいという要望や、社会科を中心に三年次の学生の知識や履修単位が不足しているという指摘が出されていたことに加え、「全国的傾向」は四年次履修だという認識があった[40]。

(三) 協力学校実習をめぐる問題

先述の『附属学校年鑑』は、一九四九年当時、師範学校が実際に行っていた実習を、A型（附属学校実習→

協力学校実習→附属学校実習）、B型（附属学校実習→協力学校実習）、C型（協力学校実習→附属学校実習）、D型（附属学校実習のみ）の四つに分類し、A型及びB型が望ましいとした[41]。

現実的には、とくに協力学校実習について、時期や期間をめぐって附属学校以上に調整が困難なことも多かった。たとえば福井大学の場合、大学側は小学校実習も中学校実習も「農山村に於ける教育」や「複式教育」などを経験することが重要だと考えていた一方で、協力学校の数を十分にそろえるのは難しく、調整の結果、小学校免許状取得希望者は三日間だけ協力学校実習を行う、小学校免許状を取得しない者は公立小学校・中学校に二回ずつ行く「地方参観」だけにとどめるということになった[42]。このように、小学校実習ではできるだけ協力学校実習を行う一方で中学校実習では参観程度にするという事例も当時多く見られるが、岡山大学のように、小学校実習では協力学校実習も行っているにもかかわらず中学校実習では参観さえも行わない、といった事例もあった[43]。

（四）研究日をめぐる問題

研究日については、戦後の師範学校では設けることを試行している事例も複数ある一方で、再編後の教員養成系大学・学部では発足当初から設けていないところがほとんどだったと考えられる。各大学・学部の沿革史で研究日の記述があるのは、岡山大学や京都学芸大学など少数に限定されるからである。岡山大学の場合、「帰学日」と呼ばれる研究日を設けるか否か、一九七三年まで学生に選択させていたらしい。いわゆる実習期間六週の間に実習のみ行う場合は六単位、「一週間のうち、水曜日を除く一日を学部の講義の履修にあてた場合」は五単位が、実習合格後に認定される仕組みであった[44]。他方で京都学芸大学の場合は、五一年度に実習期間中、週二日は実習、残りは「研究日」として実習を通した研究や他の科目の履修にあてられるようにしたが、すぐに「種々の支障」が発生して廃止されたという。[45]

もともと、先述の一九四七年度刊行の『観察・参加・実習』では、（一）実習期間中に実習校から指導される「つくり方」「扱い方」「やり方」「仕方」「とり方」といった教育技術に関する「基本的な訓練」、（二）実習に関する「報告書」、（三）実習を通して発見した課題を深める「研究（論文）」、（四）四年間の総括として取り組む卒業研究（論文）といった四つのものがすべて関連して深まっていくのが望ましいとされていたが[46]、一つひとつがどのように関連していくのか、とくに（三）が実習評価にどのように反映されるのかなど、明確でないことが多かった。こうしたことは実際の養成現場で追究していく必要があっただろうが、実際には早い段階で意識されなくなっていったのではないだろうか。そしてそのことが、研究日をとくに設けないという実態につながったのではないか。

おわりに

一九四六（昭和二一）年、使節団報告書によって、「観察・参加・実習」が導入された。それをふまえて師範学校の教官らが研究した成果である「東京第一師範学校案」や『観察・参加・実習』により、「観察・参加・実習」という広義の教育実習を再構築し、教育実習をとおした研究を実現していくといった構想が示された。「観察・参加・実習」とは、一年次に「観察」を通して子どもをありのままにみとる科学的な手法や調査法を学び、二年次に「参加」において行う、教師の補助を中心とした学校での活動や学校外の教育機関での活動を通して教育課程開発に必要な力量を獲得し、三年次以降に「実習」を通して授業を中心とした実践を学び、四年次に「理論による再構成」を行うというプロセスをふむもので、児童研究を深めるために不可欠なものだった。とくに「実習」については、従来のように最高学年の最後に履修させるのではなく、三年次か、遅くとも四年次前期の履修にすること、その後「理論による再構成」の時間を保障すること、義務教育教員養成の場合は小学校実習一二週と中学校実習六週の計一八週という長期間の履修が必要であること、同時に附属学校・協力学校の両方の実習が必要なこと、期間中も研究日を設けて実習を通した研究を保障することなどが強調された。

こうした構想をふまえ、実際の養成現場も改革を試みたが、「実習」とは別枠で「観察」「参加」を実践すること、「実習」という狭義の教育実習でさえ師範学校規程の一二週よりさらに六週も長い一八週とすること、附属学校だけでなく協力学校でも実習を行うことなどをめぐって、学内におけるカリキュラムや各部門からの意見の調整のほか、附属学校・協力学校から「観察・参加・実習」という新しい教育実習に対する理解を十分に得ることが必要だった。実際には戦後の師範学校の多くにおいては、いくら長期にわたるとしても師範学校規程の枠組みの一二週程度が限界だったのではないか。一部、一二週を超えてさらに長期の実習とした師範学校があったようだが、どのような条件が整備されて長期となったのかは、よくわからない。

一九四九年度に師範学校は教員養成系大学・学部に再編されたが、当初は師範学校と、大学・学部内の二年課程においても、教員養成が行われていた。三つの教員養成が併存するなか、三つの整合性を図る、三つの学生全員が実習できるように実習校を確保するなどの環境を整えるといったことが、四年課程の優先事項だったはずである。さらに、同年度の免許法施行規則は、小学校実習は四週、中学校実習は三週を最低基準とした。そうしたなかで四年課程のみが「実習」を前倒しする、「実習」だけでなく「観察」や「参加」もたくさんの学生たちが行う、免許法施行規則を上回る長期実習をするといったことは困難だったに違いない。そのうえ、戦後の開放制のなかで、同一府県内のほかの大学・学部、すなわち私立の大学や一般学部も教員養成を行い、教育実習を行うなかで、教員養成系大学・学部だけが履修時期を前倒ししたり、長期実習としたりすることは、附属学校だけでやるならともかく、協力学校でもやるとなると、実現化はきわめて難しかったはずである。

このような現実のなかで「観察・参加・実習」のあり方を独自に追究し、新潟大学や福井大学のようにカリキュラムに特徴を持たせた事例や、京都学芸大学や岡山大学のように研究日を教育実習に位置づけた、あるいは位置づけようとした事例もあった。こうした大学において、追究を可能にした条件は何だったのかといった詳細については、今後の課題としたい。また、東京学芸大学のように一九五〇年代に実習を前倒ししたり、神戸大学のように六〇年代に「観察」や「参加」を「実習」と別枠で新設したりする背景には、おそらく教員採用試験の時期の変更や、実習校からの学生に対する批判的意見などがあったと考えられるが、こうした点を実証することも今後の課題としたい。

注

（1）教師養成研究会『観察・参加・実習　増訂版―新しい教職経験課程―』学芸図書、一九五四年の「増訂のことば」六―七頁。

（2）玖村敏雄編『教育職員免許法　同法施行法　解説（省令編）』学芸図書、一九四九年、二二頁（執筆者は玖村）。

（3）教師養成研究会『観察・参加・実習―新しい教師のための実験課程―』学芸図書、一九四七年の「序」三―五頁（執筆者は玖村）。

（4）北神正行「戦後教員養成カリキュラムの形成―教職教育の内容と構造の分析を中心に―」『岡山大学教育学部研究集録』第九五集、一九九四年、八七―九八頁。

(5) 藤枝静正『教育実習学の基礎理論研究』風間書房、二〇〇一年。
(6) 久恒拓也「戦後教員養成における教育実習の実態に関する研究—一九五〇年代の新制東北大学の事例から—」『新見公立大学紀要』第四〇巻、二〇一九年、四三—五〇頁。
(7) 「戦後教育資料」V—三所収。
(8) 「大学に於ける教育学科のカリキュラム—東京第一師範学校案」一九四六年一二月三〇日、一九—二三頁。
(9) 一九四六年一一月八日の第一〇回総会で提示された（日本近代教育史料研究会編『教育刷新委員会教育刷新審議会会議録』第一巻、岩波書店、一九九五年、二二六頁）。
(10) 近代日本教育制度史料編纂会編『近代日本教育制度史料』第二四巻、大日本雄弁会講談社、一九五七年、五一七—五二〇頁。本通達は、全国の師範学校に対して、新しい戦後の大学における教員養成カリキュラムについて作成して三月一五日までに師範教育課へ提出することを求めるものであった。
(11) 「自 昭和二十二年七月二十一日 至 昭和二十二年八月十五日 教員養成のための研究集会記録　主催 東京帝国大学 文部省」（高橋寛人編『占領期教育指導者講習（IFEL）基本資料集成』第I巻、すずさわ書店、一九九九年、三七二—四二六頁所収）、「自 昭和二十二年七月二十一日 至 昭和二十二年八月十五日 教員養成のための研究集会記録［二］　主催 東京帝国大学 文部省」（同前書、二五七—三七〇頁所収）。
(12) 吉田昇「師範教育のカリキュラム（中間報告）」。
(13) 前掲「大学に於ける教育学科のカリキュラム—東京第一師範学校案」、一七—一九頁。
(14) 前掲『観察・参加・実習—新しい教師のための実験課程—』、三—四頁。
(15) 新潟大学高田分校教育実習委員会編『観察、参加、実習の手引—昭和25年版—』一九五〇年、一八—二〇頁。
(16) 前掲「大学に於ける教育学科のカリキュラム—東京第一師範学校案」、一九—二〇頁。
(17) "PARTICIPATION At The First Normal School of Tokyo" 一九四八年三月一八日。
(18) 前掲『観察・参加・実習—新しい教師のための実験課程—』、三六—三八・五三頁。
(19) 前掲『観察・参加・実習　増訂版—新しい教職経験課程—』、「序説」五—六頁。
(20) 前掲『観察・参加・実習—新しい教師のための実験課程—』、三七—三八頁。
(21) 前掲「師範教育のカリキュラム（中間報告）」。

(22) 前掲「大学に於ける教育学科のカリキュラム―東京第一師範学校案」、二〇―二三頁。
(23) 前掲『観察・参加・実習―新しい教師のための実験課程―』、七三―八三頁。
(24) 「戦後教育資料」Ｖ―一〇所収。
(25) 同前。
(26) 同前。
(27) 全国附属学校連盟『附属学校年鑑―研究年次報告―』学芸図書、一九四九年、一二七頁。
(28) 神戸大学教育学部沿革史編集委員会編『神戸大学教育学部沿革史』神戸大学教育学部、一九七一年、三五〇頁。
(29) 昭和廿七年度教育指導者講習会編「第九回　教育指導者講習研究集録　教員養成カリキュラム」二〇―二二頁。
(30) 前掲『附属学校年鑑』、一六六―一六七頁。
(31) 前掲「第九回　教育指導者講習研究集録　教員養成カリキュラム」、二〇―二三頁。
(32) 日本教育大学協会第三部会編『教育実習の手引』学芸図書、一九五二年、一六五―一六六頁。
(33) 福井大学五十年史編集委員会編『福井大学五十年史』福井大学、二〇〇二年、二三〇・三六三頁。
(34) 前掲『神戸大学教育学部沿革史』、三四九頁。
(35) 宇都宮大学教育学部百十五年史編纂委員会編『宇都宮大学教育学部百十五年史』宇都宮大学教育学部、一九八九年、四九〇―四九二頁。
(36) 前掲『教育実習の手引』、一六五―一六六頁。
(37) 東京学芸大学二十年史編集委員会編『東京学芸大学二十年史―創基九十六年史―』東京学芸大学二十周年記念会、一九七〇年、二二一頁。
(38) 群馬大学教育学部百年史編集委員会編『群馬大学教育学部百年史』群馬大学教育学部同窓会、一九七九年、七四一―七四三頁。
(39) 和歌山大学五十年史編纂委員会編『和歌山大学五十年史』和歌山大学、二〇〇〇年、二二六・二二九頁。

(40)　前掲『群馬大学教育学部百年史』、七四六頁（元は、一九七〇年一一月一一日付で教育学部カリキュラム検討委員会がまとめた「教育実習についての中間報告書」）。
(41)　前掲『附属学校年鑑』、一六七—一七一頁。
(42)　前掲『福井大学五十年史』、一二三〇頁。
(43)　一九五二年度に協力学校実習を導入することを検討はしている。岡山大学教育学部附属中学校編『岡山大学教育学部附属中学校二十年史』岡山大学教育学部附属中学校、一九六七年、二五五—二五六頁。
(44)　岡山大学二十年史編纂委員会編『岡山大学二十年史』岡山大学、一九六九年、二二九頁、岡山大学教育学部附属中学校編集発行『岡山大学教育学部附属中学校五十年史』一九九七年、一四一頁。
(45)　京都学芸大学開学十五周年誌編集委員会編『開学十五年誌』京都学芸大学、一九六四年、九〇頁。
(46)　前掲『観察・参加・実習—新しい教師のための実験課程—』、七八—八〇頁。

第Ⅳ部

教育・文化の格差と分断を乗り越える

――文明、沖縄、夜間中学校、方言と標準語

第一〇章

勝海舟と文明論
――ギゾーの西洋文明史論和訳書「序」をめぐって

河田　敦子

はじめに

二〇二四（令和六）年現在、ロシア、ウクライナ、イスラエル、パレスチナ等、世界各地で戦争が勃発、人道的危機や環境破壊、食料危機等、緊張が高まっている。こうした戦争は人類の危機であり、西洋文明が生んだ近代国民国家システムから生じた禍根ともいえる。本稿では、幕末維新期、日本の近代国家建設に主導的役割を果たした政治家勝海舟がギゾーの西洋文明史論(1)の和訳書序文を執筆したことの意味について考察する。

筆者は、これまで「教育の公共性の国際比較」というテーマに取り組んできた。日本が幕末維新期に海外から取り入れた「公共性」とはどのような性格を持ち、どのように移入されたのかを研究している途上で、ギゾーの西洋文明史論に行き当たった。ギゾーの文明史論は、福沢諭吉の『文明論之概略』（一八七五年刊。後に詳述）を通して、広く日本社会に紹介され、福沢の文明論は、現代でも日本における文明論の主流をなしていると思われる。そこで、筆者はギゾーの文明史論の伝播と影響について研究することにした[2]。

フェルナン・ブローデルは、「civilisation という語は、一八世紀フランスから発してあっという間にヨーロッパをかけめぐった」[3]と述べ、小沢栄一は、日本では一八七三（明治六）年頃に「文明開化史の出現が感激的に迎えられた」、「'History of Civilization' と銘打たれて輸入され、一世に異常な歓迎を受けた二つの書物」として、ギゾーとバックルの書物を挙げている[4]。西川長夫は、「文明（あるいは文明開化）は、civilisation あるいは civilization の訳語として、『書経』や『易経』といった中国の古典から借りて、幕末から明治初期にかけて定着した用語」であるとし、「われわれはふだん、開国、近代化、西欧化といった一連の観念のなかで『文明』あるいは『文明化』をみることに慣れていて、用語の異様さに気づかないが、この一つの言葉の中には世界史の一つの段階と日本の歴史の独自性が集約的に表現されている」と示唆している。さらに、「例えば福沢諭吉がギゾーのいう文明の二側面（社会の進歩と人間性の進歩）をきわめて簡潔に『文明とは結局、人の知徳の進歩と云うて可也』と要約してみせたとき、そこに漢字文化の伝統の威力とそれがもたらすであろう歪みとが同時に認められる」と、「文明」という翻訳語に内在する「歪み」を鋭く指摘している。西川は「文明化論者が植民地主義者に転落したと同様、文化論者は帝国主義者に変質してゆく」と示唆している[5]。安川寿之輔は、福沢は日清戦争期に「強硬な出兵要求を文明史観で合理化した」、「福沢は、『文明開進』という口実があれば、他国の『国事を改革』したり、『国務の実権』を掌握することは内政干渉にあたらない」という立場をとっていたと、福沢の文明観とアジア蔑視を、福沢の著作物の詳細な分析によって明らかにした。その分析に基づき、丸山真男等の福沢礼賛の思想家たちが日本近代史像を歪めてきたと批判している[6]。

それぞれの文明は、近代国家の境界線を突破し、新たな「公共圏」を形成してきている。現在、世界各地で勃発している戦争においても、文明は、各国が自国中心の公共圏を形成するせめぎ合いの圏内と圏外を区分けする概念の一つとなっている。筆者の問題意識は、文明とその言葉が持つ「越境する力」にある。上記西川の指摘した文明という翻訳語に内在する「歪み」とは、近代日本において文明が「越境」したときに生じた「力」の一側面と捉えることができる。この「歪み」を明治初期に鋭く捉えていたと思われる人物がいる。勝海舟である。勝は、一八九七年三月に、足尾銅山鉱毒事件について、「今日は文明だそうだ。文明の大仕掛けで山を掘りながら、その他の仕掛はこれに伴はぬ、それでは海に小便したとは違うがね……わかったかね……元が間違ってるんだ」[7]と述べた。そのように述べた勝が、明治初期にギゾーの西洋文明史の英訳書を和訳した著作二種類に「序」を寄せていたことは興味深い。しかしながら、この点に関して論及した研究は管見の限りない。本稿では、「元が間違っている」と指摘した勝が、西洋文明史の「序」を執筆した背景とその意味を明らかにすることを目的とする。

第一節　二〇世紀以降の西洋文明史論

(一)西洋文明史論の変遷

西洋文明史論は、一九世紀初頭にはギゾー等により「社会の進歩と人間性の進歩」と、「進歩」の象徴として肯定的に説かれた。しかしながら、二〇世紀初頭からは、否定的に取り上げられるようになり、西洋文明を人類滅亡の危機の元凶と捉える研究が多く出されている。公表された原著出版年順に研究を挙げると、オスヴァルト・シュペングラー『西洋の没落』(一九一八年)、アーノルド・トインビー『戦争と文明』(一九五〇年)、フェルナン・ブローデル『文明の文法』（一九六三年）、フランシス・フクヤマ『歴史の終わり』（一九九二年）、サミュエル・ハンチントン『文明の衝突』（一九九三年）、ジャック・アタリ『１４９２─西欧文明の世界支配』（一九九四年）、モハンマド・ハタミ『文明の対話』（二〇〇〇年）、ジャレド・ダイアモンド『文明崩壊』（二〇〇五年）、ユヴァル・ノア・ハラリ『サピエンス全史─文明の構造と人類の幸福─』（二〇一一年）等である。

シュペングラーは、文化と文明を対比して、文化から文明への推移を「無機的なものにむかい、終末にむかう巨歩」と表現し、「文化と文明と――これは土地から生まれたところの有機体とその固結から生じた機構とである。文化の人間は内に向かって生き、文明化した人間は外に向かって、空間の中で、体軀と『事実』との間に生きる」と、やはり文明を無機的に捉えている。(8)

トインビーは、「一八世紀にはじまり、二〇世紀にまだやまっていない残忍な西洋の戦争の、この後の方の一循環は、デモクラシーと産業主義という二つの巨人的な推進力によって、先例のない残忍さへと盛り上がってきた」(9)と述べ、西洋文明の特徴を「デモクラシー」と「産業主義」と捉え、「先例のない残忍」な戦争を引き起こしたと、否定的に捉える。

ブローデルの『文明の文法』は、一九六三（昭和三八）年に世界史の教科書として刊行され、一九八七年に一般の図書として刊行された。彼は、文明の特性を「空間」「社会」「経済」「集合心性」と、四つの観点から読み解く。その中で筆者は、「集合心性」に注目している。ブローデルは、それぞれの時代において、社会全体に浸透し、社会全体を動かしているのは、支配的な集合心性であり、「一社会の態度を決し、選択を方向づけ、偏見を根付かせ、動きに影響を与えるこうした心性は、すぐれて文明の一現象」と述べている。文明の集合的心性を「世代から世代へ脈々と伝えられて広がった壮大な感染の結果」とも表現している。この「感染力」は、筆者の「文明の越境力」という問題関心に類似している。彼は、西洋文明の特徴を「工業化」と「科学」と捉えている[10]。

フクヤマは、一九八九（平成元）年、冷戦終結時に『ナショナル・インタレスト』誌に「歴史の終わり」を発表。「人類のイデオロギーの生成が終点に達し、人類の統治の究極の形態としての西欧型自由民主主義が普遍化したこと」を「歴史の終わり」と宣言した。一九九二年、「全世界がリベラルな民主主義に向かって進歩を遂げていると考えるだけの根拠はあるのだろうか」「社会進歩のメカニズムが資本主義と同様に民主主義体制をも生み出し得るのか」という問題意識に基づき、著書『歴史の終わり』を執筆した。彼は、一九世紀にはほとんどのヨーロッパ人が進歩と考えていた民主主義への歩みに対し、二〇世紀に生きる大多数の人々はこの問題にコンセンサスは何ひとつ持っていないとの認識を示し、歴史を前進させるエネルギーとは、「『承認』を求める闘争と『優越願望』である」と、歴史を読み解く新たな概念を提起した[11]。

アタリは、一四九二年のコロンブスのアメリカ大陸発見を西洋文明の世界支配開始期と捉え、「ずっと以前から堂々巡りしている一つの考え、〈進歩〉という考えを具体的なものにするのだ。そこでヨーロッパは〈よりよいもの〉の源泉として自らの価値を認めさせる」、「こうして隷属状態による《文明化》、民族大虐殺による《進歩》が根を下ろし始める」と述べ、「文明化」を「隷属状態」、「進歩」を「民族大虐殺」と捉えている[12]。

ハンチントンは、既存の文明は八つ（西欧文明、イスラム文明、ロシア正教会文明、インド文明、中国文明、日本文明、ラテンアメリカ文明、アフリカ文明）あり、それらの「政治的境界線が次々に引きなおされて、文化的な境界線、つまり民族や宗教や文明の境界線と重なっていく。文化を共有する国家群が冷戦時代の東西ブロックにかわって登場し、世界政治の中で、文明の断層線を境界として紛争が起こる」と論じている。同著の中心的テーマは、「文化と文化的なアイデンティティ、すなわちもっとも包括的なレベルの文明のアイデンティティが、冷戦後の統合や分裂あるいは衝突のパターンをかたちづくっている」ということであり、「西欧文化の普遍性を信ずる」ことは、「不道徳かつ危険である」という点で誤りであると指摘している。[13]

ハタミ元イラン大統領は、ハンチントンの「文明の衝突」理論を意識し、一九九八（平成一〇）年九月の国連総会で「文明の衝突」を防ぐために「文明の対話」をよびかけた。これを契機に、二〇〇一年を文明間の対話の年とする決議が採択された。『文明の対話』は哲学的な内容を含み、他の文明論とは趣が異なる。「この心の一体化は、異なる世界に住む人々の思想のなかにふくまれている主要な概念を理解し、理解したことを自分と同じ世界にいる人々に伝えるために、偉大な思想家たちが努力を傾けて初めて、達成されます。人の心とか気持ちに関わる基礎的な思想について話し合うことが必要なのです」、「すべての人は、人生の意味をどう考えているのか、幸せの意味をどう理解しているのか、死は何を意味すると思っているのかなど、自分の考えていることを発表すべきです」、「こうした話し合いが行われない限り、たとえ政治や経済の分野での合意ができたとしても、その合意は極めて脆弱なもの、短命なもので終わるに違いない」等、一つひとつの文明の衰えや滅亡が単に他の文明との衝突や侵略によるものではないこと、文明の中に生きている人々が社会に対し何を求めどのような問いを持っているかを考え、それを相互に話し合うことが、文明の成長を左右すると説いている。[14]

ダイアモンドは、かつて存在した様々な文明の崩壊や接触の過程を分析し、「環境ストレスもしくは人口過密もしくはその両方をかかえた国は、政治的ストレスにさらされ、政権が崩壊する危険性が高くなる」と指摘、トップダウンとボトムアップを併用している管理方式が文明を存続させると示唆している。さらに、「長期的な企てと、根本的な価値観を問い直す意思」が現在の地球規模の環境問題を解決する重大な要素であるとする。[15]

ハラリは、「文明は人間を幸福にしたのか」を正面から問い、「地球全体の幸福度を評価するに際しては、上流階級やヨーロッパ人、あるいは男性の幸福のみを計測材料とするのは間違いだ。おそらく、人類の幸せだけを考慮することもまた誤りだろう」と論じている。彼は、キリスト教や民主主義、資本主義あるいは人権を実態のない「想像上の秩序」と捉えている。彼は、文化を「神話と虚構のおかげで」、「厖大な数の見ず知らずの人同士が効果的に協力できるようになった。この人工的な本能のネットワークのことを『文化』という」と述べ、文明を文化の集合体として捉えている。[16]

以上のように文明の捉え方は年代や執筆者によって変化し、異なる。それは、「無機的」「デモクラシー」と「産業主義」「工業化」と「科学」「民主主義」と「資本主義」「『承認』を求める闘争」と「優越願望」「隷属状態」と「民族大虐殺」「文化へのアイデンティティ」「根本的な価値観を問い直す意思」「生きることに対する求めや問いをめぐる対話」「人工的な本能のネットワークである『文化』の集合体」という変化である。こうした一連の変化は、文明がもたらした社会現象から「進歩」や「民主主義」という肯定的な価値観を抜き去り、西洋文明を無機的かつ批判的に見る表現への変化と読める。シュペングラーは、文明の本質を「無機的なものに向かう巨歩」と第一次大戦中に洞察していた。文明の発展の結果、地球環境の汚染と破壊は限界に達している。二〇世紀末から、人類は「文明の進歩」よりも「持続可能な社会」へと方向転換した。[17] 文明の進歩の限界に気付き、「文明」を人間が生きるという視点から根本的に考えようとする思想は、非西洋社会に属するハタミから発せられている。

(二)アジア諸国（日本、朝鮮、中国）における西洋文明論

アジアの国々はどのように西洋文明を受け止めたのだろうか。藤田雄二は、日本、朝鮮、中国における西洋文明の受容を、「ゼロト主義」＝「彼我の優劣を顧みず、自らの文明を固守しようとするもの」[18]を通してみた「三国の対外態度の比較」を試みている。幕末明治期の日本は、富国強兵を実現するための開国を志向した。これに対し、朝鮮は、「儒教が廃れるくらいなら、富国強兵はしなくてもよい」と儒教を重視し、むしろ西洋

ではなく日本に対して敵対意識を持ち、日本の侵略に抵抗するために西洋を味方に付けようとしていた。中国は、自国の人的資源に絶対の自信を持っており「正義が我が方にあり、地の利も我が方にあり、兵の数でも我が方がまさり、さらに兵の疲労度の点でも我が方が有利なわけですから、我が方にはまさに必勝の条件が揃っている」と考え、西洋に負けるはずがないという鷹揚で余裕のある考え方をしていた。「周知のように、当時の中国では、西洋の優れた文物について、自国にも同じものはあったとか、もともと自国で生れたものが西洋に伝播したのだというようなことがよく言われた」と、中国は西洋文明に敬意も脅威も感じていなかったと捉えている[19]。

許時嘉は、明治期日本の知識人の「文明」言説の捉え方の相違とその変遷について詳細に研究し、台湾との比較も行っている。許は、明治期の文明言説について、「福沢諭吉のような明快に西洋を肯定する明治第一世代とは異なって、『明治青年の第二世代』に属する彼ら〔志賀重昂、内藤湖南など―引用者〕は、日本の西洋文明への依存心を切り捨てて判断しながら、その他者を文明化するに際し、無意識に西洋文明とその必要性の肯定・再確認を繰り返すようになる。こうした批判と再確認の行動が交錯する中で、アジアにおける日本のリーダーシップは次第に具現化され、アジア諸国の運命に干渉する権利が当然視されるようになっていったのである」と示唆している[20]。許は勝海舟の文明観についても論じているが、これについては後述する。

丁奇洙は、韓国におけるフランス思想と文学の需要について研究している。丁は、「一九世紀末、『隠者の国―朝鮮』は数百年間墨守してきた鎖国から西欧列強に門戸を開放した。まず日本が、一八七六年に朝鮮王朝（李朝。一三九二―一九一〇）と友好・通商条約（江華島条約、江華条約）を結ぶと、朝鮮王朝は欧米列強の要求に屈せざるをえなくなる」、「西洋文化は朝鮮には北京のイエズス会宣教師の仲介で、中国を経て（つまり中国語で）、間接的、散発的に入った。宣教師たちは、アジアに福音を伝えるため、文化を手段とした。朝鮮はカトリック教を追い出すと同時に、西洋文化のもう一つの面、すなわち科学と技術までも排斥した。こうして韓国は、西洋文化との接触を新たに始めねばならなかったのである」と捉え、「朝鮮にとって、一八、一九世紀の西洋文化との遭遇は悲劇を引き起こした一つの衝撃となる」とする。朝鮮が西欧文明と接触せざるを得なかったのは「西欧の帝国主義の新たな弟子」となった日本に開港を強要されたためであり、「朝鮮の文明の進歩と近代化に寄与したのは主にカトリック教とフランス人宣教師であった」と述べている。[21] 丁の著書にギゾーの西洋文明史論は出てこない。

上記以外のアジア諸国における西洋文明論の受容状況も検討する必要があるが、アジア、とくに朝鮮の文明論の中に日本に対する批判が強い。そして、西洋文明に対する脅威が「攘夷」思想となり、一転して西洋文明が進んで受け入れる対象となり、「文明論」として「熱狂的」に受け入れられるようになったのは、東アジアで日本のみで、その点が日本では顕著だったといえる。

第二節　勝海舟とギゾーの西洋文明史論の和訳書「序」

(一)三種類の和訳書

ギゾーの西洋文明史論の和訳書については、小沢栄一が詳細に研究し、次の三種を挙げている。

①『泰西開化史』ギゾー著　荒木卓爾・白井政夫訳　西周閲　勝安芳序文　一八七四（明治七）年九月　独醒楼蔵梓（国立教育政策研究所所蔵）C・S・ヘンリー訳の英語版第三版（一八四八年）を和訳。

②『欧羅巴文明史』ギゾー著　永峰秀樹訳　奎章閣版（出版者稲田政吉）（一八七四年九月から発刊、一八七七年六月に完了）C・S・ヘンリー訳英語版（一八七三年）を和訳。

③『西洋開化史』翻訳局訳述　室田充美訳　一八七五（明治八）年五月（一八七二年一二月付け訳者序がある）仏語原著を和訳。

右記のように①と②は、ほぼ同時期に刊行され、③は、翻訳されたのはもっとも早いが、もっとも遅く刊行された。小沢は、①②の英訳本の入手時期および経路は不明であるとしながらも、かなり早い時期に日本に輸入されたと示唆している。[22]

泰西開化史

同訳書は、荒木卓爾・白井政夫が翻訳、西周が校閲している。緒言で訳者が、「この英訳書は、ニューヨークの哲学博士C・S・ヘンリーが英訳した一八四八年刊行の第三版を日本語に翻訳した」と述べている。さらに、訳者はヘンリーの英訳がこの著書の初めての英訳ではないことを知っており、最初の英訳本には訳者の名前がわからないため「英人某之ヲ訳セリ」と記している。ヘンリーによる英訳第一版は一八四二年に刊行された。ギゾーの著書が初めて英訳されたのは一八三七年で、その英訳書には Priscilla Maria Beckwith と訳者名が明記されている。ニューヨークアップルトン社から一八三八年に刊行された英訳書の訳者序文は無記名で、「Oxford, 8th March, 1837」と記され、「最後の方の一回あるいは二回の講義は他の講義の翻訳者とは異なる者によって翻訳されていることを明記する必要がある。統一性を確保するために彼は慎重に改訂した」と注記されている。末尾に「Oxford」とあるので、イギリスで翻訳されてニューヨークで出版されたのである。この情報を基に、荒木と白井は、「英人某之ヲ訳セリ」と記したのだろう。こうした言及ができるということは、この和訳者たちが一八三八年と一八四八年の英訳書の両方を手にすることができたことを意味する。両方の英訳書を手にできた人物は、前記二種の英訳書の刊行年の古さから推して、もっとも早期に渡米した人々の中にいるはずである。勝海舟、福沢諭吉等は、一八六〇（安政七）年、咸臨丸でサンフランシスコへ渡航、同地に止まったが、ボーハタン号に乗船した者たちはサンフランシスコ到着後、フィラデルフィア、ニューヨークへと航海を続けた。その中で、加賀藩士佐野鼎がニューヨークでアップルトン社を訪れ、多数の洋書を購入した[23]。また、同使節団は、「アメリカ滞在中に三使および上役らは、米国政府や政府高官、役人などから、書籍（主に英書）を多量に贈られたり、購入した[24]」という。このときに入手された本が蕃書調所や沼津兵学校へ集められ、勝海舟や西周の手に渡った可能性がある。

『泰西開化史』に勝安芳（海舟）が寄せた序は、次の通りである。

今や万のことわさひらけそめ行を目に／耳には聞けといまた遠く其の源に／おし登りあとさきのわかちとやらむ／かくやと深くも浅くもつたゝせるは多／からぬをこゝに荒木卓《ママ》白井政夫の／主たち思を潜め力をともにし西の邦／人の書ともの内もとも世に益あるを選／てうつし出たるそ誠に其みなもにおし登／其流れを吸む人々の為ひとかたならぬ功／とも云はめ一日其書示されたるにたゝに／やとて我おもふまゝをはしかきしつるは／いといとそそろ成るしハさになむ

明治七年　九月　勝　安芳[25]

（加藤時男翻刻。「／」は原文における改行位置を示す）

勝は、一八七四年当時、西洋に関する多くの見聞が世間に拡がっているが「誠に」その源を確かめた者は少ないと説き、「荒木卓（爾　原文には「爾」の文字はない）と白井政夫が西洋の国の人が執筆した書物の中から、わが国のために益あるものを選び、翻訳したことは、誠にその源におし登り其の流れを汲もうとする人々の為の一方ならぬ功労である。私は、大変わくわくする思いである」と述べている。「源におし登り其の流れを汲もうとする人々」とは、原著の考え方をその通りに理解しようとする人々ということを意味している。

勝は、一八五三（嘉永六）年に建言書「海防に関し再度の上書」を老中阿部正広へ提出、その中で「近来翻訳書夥敷流布仕候得ども、甚杜撰多く候趣き、承居候。若天下之裨益に相成候事御座候書は、学士に被命翻訳被仰付、官板にて世上に布告仕候はば、右等之杜撰惑説に心酔仕候様なる事は有之間敷と奉存候」[26]と述べている。すなわち、当時の翻訳書は「杜撰で人を惑わす」だけであるから、学士に翻訳を命じて多くの翻訳をさせるようにすれば、「杜撰な説」に心酔することはなくなるだろうと提案したのである。この勝の建言が翌年の老中阿部による「海防局」構想に影響を与えたことは、先行研究ですでに指摘されている[27]。この後、一八五五（安政元）年に洋学所が設立されると、翌年勝は、蘭書翻訳勤務、同年七月二九日には海軍伝習を命じられ、一八六〇（万延元）年には蕃書調所頭取となった。この後、勝は洋書翻訳関係と軍艦操練所頭取から軍艦奉行の二種の任務を並行して遂行するようになる。洋書の正確な和訳書刊行事業は、勝が自ら主唱した事業だった。

欧羅巴文明史

永峰の和訳書は、ヘンリーによる一八七三（明治六）年刊行の英訳書であり、後世に広く読み継がれた和訳書である。また、前述のように、その第一巻の巻頭に勝安芳が序を執筆している。

解事宜談史　明治七年
晩秋応秀樹　永峯兄之需　　海舟　勝安芳

「明治七年　晩秋に永峰秀樹兄の求めに応じて『解事宜談史』という言葉を寄せた」という意味であろう。出版されたのが九月で、勝が「晩秋」と記しているのでこの「序」は九月中に執筆されたと考えられる。前出の『泰西開化史』も九月に序を執筆しているので、勝は、ギゾーの和訳書三種中二種に、同じ時期に「序」を執筆していたことになる。

永峰は、自伝で同著を初めて読んだ時期について、沼津兵学校に在籍していたころで、和訳に着手したのは海軍兵学校に入学後三年を経た時と述べている。(28) 彼が沼津兵学校に在籍したのは一八六九年から一八七一年の間であるから、彼が読んだ最初の英訳本は、和訳の底本とした一八七三年版ではない。一八六九年、同兵学校の頭取に就任した西周は、前述のように、『泰西開化史』の校閲者だったので、英訳本を所持していたに相違ない。西が沼津兵学校の頭取であった時に、第二期資業生となった永峰は、一八四八年版等、一八七三年より前に出版された英訳書を手に取ることはできただろう。

沼津兵学校が幕末明治期に果たした役割については、熊沢恵理子が詳細に検討している。熊沢は、同校が能力主義に基づき積極的に洋学を導入した近代的な教育を行った学校であり、勝海舟の影響が大きかったと示唆している。(29) 永峰は、沼津兵学校の資業生を辞す許しを得るために勝を頼り、一八七一年七月一三日に勝の自宅を訪ねており、勝とも交流があった。(30) 永峰は、その二カ月後、海軍学寮出仕の辞令を得て転居した。その海軍兵学校の創設者も勝であった。ギゾーの英訳の和訳に勝も含めて沼津兵学校関係者が関わっていることは注目に値し、明らかに勝の影響を読み取ることができる。

西洋開化史

この和訳書は、室田充美がフランス語から和訳したものである。一八七五年五月に翻訳局から刊行され、前出三種の翻訳本の中でもっとも遅いが、その序文には「明治五年壬申十二月」と記されており、もっとも早くに和訳されていたことがわかる。序文中には「福沢氏之言ヘル」と福沢の『西洋事情』を引用している部分が二カ所ある。室田は、林則徐は「瞑頑不霊」であり、クロムウェルは「サボアフェール」(savoire-faire: 有能の意)であると、阿片を取り締まった中国の政治家林則徐を蔑むような記述をしている。さらに、この二者の差異は「識不識ノ間ニアルノミ」として福沢の論を引用しているので、福沢の影響があると考えられる。[31]

一八六八年八月東京府の所轄であった昌平学校に助教取締、助教、教授付属の諸職が置かれ、一〇月には、箕作麟祥、内田恒次郎、細川準一朗、福沢諭吉等の洋学者が学校取調御用掛を命じられた。翻訳局は、最初、蕃書調所の後継である開成学校の一部に一八六九年一〇月、大学南校内に設けられ、一八七一年九月に文部省編纂寮に移管された。さらに、一八七二年、「翻訳局ヲ廃シ秘史局分課文書掛ト更定」(四月二四日)となる。同年、太政官より、「正院ニ翻訳局ヲ置キ各庁備置ノ西洋書目ヲ徴ス」(一〇月四日)が発令され、翻訳局が正院に再設置されたのである。[32] 室田が序文を執筆したのは、一八七二年一二月であるから、文部省が創設され、そちらに翻訳局が移管され、さらに一度廃止された後正院に再設置されてからの刊行である。室田が翻訳局に入局したのは、ギゾーの著書の和訳を完成させた後である。室田は、兵庫県士族で、一八七三年四月一四日に翻訳局増員のため十等出仕として入局した。この左院の起案による増員計画は、国家的事業であった。[33] 室田は、早期にギゾーの原著を入手し、翻訳したが、翻訳局の度重なる移管により、出版する機会を失い、一八七五年にようやく同翻訳書を出版できたのではないかと推測される。

(二)福沢の『文明論之概略』と和訳書刊行年

もう一つ注目したいのは、福沢が『文明論之概略』を執筆した時期と①②の勝が序を執筆した和訳本が刊行

表 10-1　『欧羅巴文明史』の版権免許取得年と出版年

巻	版権免許取得年	出版年	巻	版権免許取得年	出版年
1・2巻	1876年2月3日	1874年9月12日	9・10巻	1876年9月27日	1876年10月2日
3・4巻	1876年2月3日	1876年2月25日	11・12巻	1876年9月27日	1877年3月2日
5・6巻	1876年2月3日	1876年11月15日	13・14巻	1876年9月27日	1877年6月25日
7・8巻	1876年5月2日	1876年5月15日			

された時期である。小沢は、福沢の一八七五年四月二四日付嶋津祐太郎宛書簡を根拠に、福沢が同書執筆に着手したのは、一八七四年三月だったと示唆している[34]。同著が出版されたのは翌一八七五年八月である。①②③の和訳書は、いずれも福沢の同著刊行に先んじて出版されている。②永峰の和訳の巻別出版年を表10—1に示すと、福沢の著書刊行を挟んで出版されていることがわかる。第一・二巻は版権免許を得る一年以上前、福沢の同著執筆開始から刊行されるまでの間に出版されている。なぜ、版権免許取得が第一巻、二巻の出版後だったのだろうか。

明治政府は、一八六九年に出版条例を制定、一八七二年に改正、出版免許の手続きが簡素化された。ところが、一八七五年五月の全面改正では、一転して統制が厳しくなり、外国の図書を翻訳して出版する者は、事前に届出を行うことが義務付けられた。この改正は、福沢が自著の偽版を警戒して提言したことにより制定された[35]。一般に同改正は、福沢が著作権の概念を日本に導入した画期的改正だったといわれている。永峰の和訳書は、第一、二巻は同条例改正前一八七四年に出版したが、三巻以降は届け出を義務付けられて出版が遅れたものと思われる。同じ和訳書なので、第一、二巻も版権免許申請をしたと想像されるが、確かなことはわからない。

他方、この一連の和訳書出版は、福沢の著書が世に出る前に刊行しようとする勝の意図があったのではないか。福沢の文明論出版の動きを察知し、勝が原典に基づく翻訳書の出版を促した可能性があると筆者は考える。

(三)幕末期における洋書翻訳をめぐる政策

幕末期の翻訳事情について、佐々木千恵は「開版見改元帳二」をもとに、開版許可がすぐに下りなかった草稿について検閲機能の分析を行った。その結果、当初は、西洋科学の入門書なら出版を認めても、キリスト教信仰への導きが目的である著書の刊行は許可しなかったが、一八六〇年頃になると、「西洋知識の必要性を痛感していた一流洋学者である教授陣は、多少キリスト教色のついた草稿でも、有益な西洋知識取得と引き換えに検閲を通してしまっていた」と推測している。一八六四（元治元）年からは、次々と優秀な洋学者を直参にしようとし、こうした幕府の方針は、「緊迫する国際情勢の中で、有益な洋学知識を幕府のみで専有せず、武士階級のみならず一般の人々までもが知識を共有できる体制づくりを心掛けるようになってきた事の現れ」と読み解いている。[36] 新政府は、前出の出版条例の前に、一八六八（明治元）年、新著並翻訳書類官許令を出した。

勝は、一八五五（安政二）年に蘭書翻訳勤務を命ぜられ、一八六〇（万延元）年米国から帰国後、蕃書調所頭取となった。福沢は一八五八年幕府外国方、一八六〇年外国方となった。勝と福沢の両者は、共に幕末日本における洋書翻訳に係る重要人物であった。勝は原典に忠実な翻訳を追求し、福沢は開国まもない日本に役立つ西洋社会の解釈論を展開した。二者は、洋書翻訳の面でも異なる考えを持っていたのである。

第三節　勝海舟の文明観

(一)先行研究

勝海舟の文明観については、松浦玲、別所興一、許時嘉等の研究がある。松浦は、勝が自ら一八五六(安政三)年に執筆した『蚊鳴余話』(「ぶんめい余話」と読む)に基づき、勝の文明観を論じている。松浦は、同著を勝の痛烈な文明批判として位置づけ、「海舟は海軍伝習によって文明を考察する必要に迫られた。海舟にとって海軍とは、文明問題であった。そういう意味で海軍は、文明批評家海舟の原点である」と述べている。[37] 勝は、徳川幕臣が煩瑣な身分制度に縛られているがゆえに、長崎海軍伝習は成功しないと見込んでいた。幕府のそうした身分制度に反して浪人と庶民を「軍艦奉行勝安房守の家来」という資格で操練所に入れるが、幕府はこれを許さず、勝を罷免し、神戸海軍操練所は廃止された。その後を引き取ったのは、西郷隆盛であった。松浦は、さらに、福沢の『文明論之概略』的文明観に、「勝は巻き込まれなかった」と示唆し、勝は「福沢流の文明の反対側にいる」、「海舟は日本と欧州の間に本質的な優劣の差を認めない。むしろ、文明之欧州に追随する連中に文明的劣性を見るのである」と述べている。勝は、日清戦争前夜の福沢の「脱亜論」には反対であり、「文明の先輩国として中国・朝鮮に対する畏敬の念を失うことはなかった」と松浦は示唆している。[38]

別所は、勝は幕臣でありながら、「あくまで日本全体の見地に立って考えることを訴えただけでなく、西欧列強の侵略への防衛策として、アジア的な視野を持つ(一国だけでは守れない)ことの重要性を力説していた」と指摘している。「旧幕は野蛮だと言ふなら、夫れで宜しい。伊藤さんや陸奥さんは文明の骨頂だと言ふじゃないか。文明といふのはよく理を考へて、民の害とならぬ事をするのではないか、夫れだから文明流になさいと言ふのだ」[39]という、足尾銅山鉱毒事件を告発した田中正造衆議院議員に対する福沢の対応を批判した勝の言葉の中に、勝の文明論の本質があると、別所は示唆している[40]。

許は、「東洋が古代から持ち続けてきた〈文〉イデオロギーの定義した〈文明〉観念が西洋で規定される「Civilization」と出会ったとき、その概念の内実が東洋社会の知識面、倫理面、道徳面においてどのような変容を遂げたか」というテーマに取組み、明治期の「文明」言説を分析した。福沢が『文明論之概略』において語った「文明」とは、「古来の中国漢籍における『智徳兼備』の意味ではなく、智識の発展を道徳から分離したものだった」と批判している。許は、勝は「中国、朝鮮と提携して、商業、工業、鉄道なのどのインフラを整備し、東亜の利権を東亜自身のものにするほうがよかろう」と考え、「民の害を成さないことは『文明』という理念が成立する基準である。西郷も勝も、人民の利益を守ることを政府の当然の義務と見て、その義務を果たせるかどうかによって、一国の文明程度を判断する。その考えの中に東洋社会の儒教的仁政統治の理念が見え隠れしている」と述べている[41]。

松浦、別所、許は、勝と福沢がまったく異なる文明観を持っていたと捉えている点で共通している。松浦は、勝が西洋文明に心酔していなかった点を、別所と許は福沢が西欧諸国との交際に主眼を置いていたのに対し、勝はアジアとの連携を主張していた点、さらに三人は共通して、西洋文明がすべてではないと勝は考えていたが、福沢は西洋文明に傾倒していた点を指摘している。許は、勝の文明観には東洋的徳があるべきという考えがあり、福沢は智の発展を重視したと指摘している。

(二)勝海舟における「文明」をめぐる言説

勝の『幕末日記』[42]および『書簡と建言』にどのように「文明」という言葉が用いられているかを、『欧羅巴文明史』および『泰西開化史』が刊行される一八七四年までについて重点的に調べた。同日記には、一八六二(文久二)年から一八六八年までの日記が、『書簡と建言』には、一八四九(嘉永二)年からの文書が収録されている。

『書簡と建言』中、最初に「文明」という言葉が現れるのは、一八六五(慶応元)年一二月三日の松平慶永宛の書簡である。「共和政治之他は、立君自裁之国、皇国、支那、朝鮮其外文明と中国には有御座間敷、況哉封建之制を以て海外に通信交易仕候に到ては、別に一大政法無御座候ては、瓦解は目前に御座候。我国支那習にて道学を維持仕候国柄故、如斯之成り行き(後略)」[43](傍点筆者)と、皇国(日本)、支那、朝鮮は文明国ではないので、「一大政法」がなければ瓦解は目前であると述べている。次いで一八六七年「オランダ人教師謝絶問題につき誠実の措置を建言」[44]で、「万国の交際は、唯信義ある而已。況や鎖国殆ど三百年、誰か宇宙に公道あるを知らむや。ゆゑに其交際小誤あるも、其意、誠実に出て是を処置せば、彼の文明諸国、孰れか是を不可とせむ」「若果て文明諸国なるものならば、如何ぞ彼我現時の国勢如何、廟廊の処置如何、其誤を是よりして生じ、其不通を如此して生ずといふを了解せざるべけむや。之を了解せしむるは智術にあらず、譎詐、能弁にあらず、唯一片の誠意を以て、彼我の情態を通ずる而已。豈他の術あらむや」(傍点筆者)と、文明諸国との交際ができるか否かは、日本に文明があるか否かではなく、「信義」と「誠意」を尽くすことだと主張している。相手の国の「大小強弱」を見て、その交際の信不信を決めるのは、文明国としてあるまじきことだと述べている。外国と交際するためには、日本が文明国家になるべきという福沢の論とは正反対の考え方である。

勝は、随筆「天道は至誠を助く」でも、「若今此萎靡して寥々に及ぶ所以を考ふれば、其邦内傑出□□□□徒に千古之跡に膠泥して今□□形成を考究熟知せざるに関す。是を挽回せむと欲せば、広く海外に遊学して宇内の学術を研究せしめ、邦人之意識をして自から遠大を期せしむるにある歟。空敷巧智を先とし、誠大遥遠にたちもとおるならば、欠典の大成るものにして、衰弱年々深く、終に挽回之期無かるべし」、「今若学生をして航海せしむには、学不学を不論、心情至誠之輩を先に送るにあり。〔中略〕巧智を先じ□目前之毀誉を是とすが如き、窃に慨歎に堪へざる也」（□は虫食い）と述べている[45]。若者を海外留学させることは、国家繁栄のために重要であるが、「学不学を問わず」、まず「心情至誠之輩」を選んで送るべきとしている。もし、知力を重視して、誠実さのない人間を選ぶと、国家は年々衰弱して挽回することができなくなると述べている。

一八六九年、「封建を改めて郡県となすは難事に非ず[46]」では、「政府の正府なるを文明諸邦と申が如き歟。文明諸邦といはれざるかぎりは、其政府、公私混交して、知らず不知其政私にながれ安く候歟。利権を弄して下を苦しめ、私執を以て人を挙げ、強勢を仮て順を下す等、是を公と可申哉」（傍点筆者）と、新政府は「公私混交」しているが故に「文明諸邦」とは呼べない、文明国であるために「正しい政府」であるべきと述べている。

勝の「文明」観には、「万国の交際は、唯信義あるのみ」（信義）、「日本が誠意を以て接すれば外国は理解してくれる」（誠意）、「政府の正府なるを文明諸邦と申す」（正義）のように、「信義・誠意・正義」等の倫理観によってこそ文明であるという信念があった。洋書の和訳や若者の海外留学についても「知力よりも誠実さ」を重視していたことがわかる。

おわりに

勝は、幕末維新期に「文明」という言葉が日本人にとって持つ影響力を深く理解し、日本という国家の将来を見ていた。この言葉に西洋の civilization の意味合いが安易に便乗することの危険性を察知したのではないか。「文明に驕矜して、下民を圧する勿れ」[47]とは、そうした知識人の驕りを戒めている。それは、当時抜群の知力で『西洋事情』を執筆し、西洋という未知の世界を日本の一般民衆に知らしめ、一世を風靡していた福沢批判とも受け取れる。勝は、福沢が「文明」という言説を用いて欧化政策とアジア蔑視に拍車をかけようとしていることに不安を感じ、福沢に先んじて原著に忠実な西洋文明史の和訳本を、自らが「序」を引き受けることで世間に広めようとしたのではないかと筆者は考える。

勝は文明社会となるために「徳」を重視した。維新後の新政府に「誠意のある正義」を見出せない中で、「元が間違っている」と文明批判をしていた。勝は洗礼は受けなかったが、晩年にキリスト教に傾倒していったという指摘がある。[48] 勝は自らも関与した「文明」という言説が、福沢の媒介により、巧智を先とし誠意を後回しにした挽回できない「歪み」を形成してしまったことを憂慮していたと考えられる。

維新以降日本は、欧化政策に全力を注いだ。しかし、初期には、外交政策として勝の主張する中国・朝鮮と連携してアジア連邦を形成する可能性があった。勝は欧米とアジアの対立を念頭に置いたわけではなく、長い歴史的交流を持つ隣国との友好関係を重視したのである。安川が指摘するように、日本は福沢の主導したアジア蔑視と侵略への道を歩み、現在も元従軍慰安婦や強制連行被害者に対する謝罪と賠償の問題や戦争の記述をめぐる教科書問題[49]、福沢諭吉が長く最高価紙幣一万円札の肖像になっていたこと等、日本政府は、いまだ真の意味で反省しているとはいえない状況にある。

丁は、「広島と長崎に原爆が投下されて数日後の一九四五年八月一五日、日本は連合軍に無条件降伏した。韓国は『その事実自体により』日本帝国の植民地統治から解放された」と述べている。[50]日本が世界で初めて原爆投下された被害者意識に苛まれている戦後に、このように思う国家があることにどれほどの日本人が気付いているだろうか。筆者自身、戦後世代として生きてきて、この言葉に衝撃を受けた。丁は、さらに、近年の韓国における外国語教育に触れ、日本語が学びやすいと高校生を惹きつけているが、「今日の日本が西洋文明から生まれたということを忘れてはならない。したがって、さらにその源泉たる西洋諸国から汲み取った方がよいであろう」と述べている。[51]これは、前出の丁が述べた「日本は西洋文明の弟子」という言葉とも重なり、「西洋文明から生まれた」日本の源泉がすでに日本あるいはアジアに存在しないこと、源泉を持たない根無し草になっているという痛烈な批判に読める。

勝が早期に西洋文明を安易に受容することに危機感を感じ、福沢のアジア蔑視と不誠実さを見抜きながら、ギゾーの和訳書「序」を執筆したことは、維新後から現代に至るまで日本が歩んだ福沢路線の過ちを予見するものであり、近代日本の歴史から戦後史を読み解く上でも非常に大きな意味をもっていたといえる。

注

（1）F. Guizot, *Histoire Général de la Civilisation en Europe*, Didier,1828

（2）河田敦子『教員の「公務員」性成立をめぐる歴史の国際比較―日本とフランスの比較―』平成二六年度―二九年度科研費研究報告書、二〇一九年。河田敦子「アーネスト・サトウと甲斐の国の人々」『東京家政学院大学紀要』六二号、二〇二二年。河田敦子「ギゾーの *Histoire Général de la Civilisation en Europe* をめぐる交流と伝播―C. S. Henry に英訳されるまで―」『東京家政学院大学紀要』六三号、二〇二三年。

(3) フェルナン・ブローデル著　松本雅弘訳『文明の文法Ⅰ』みすず書房、一九九五年、三一―三三頁。
(4) 小沢栄一『近代日本史学史の研究　明治編』吉川弘文館、一九六八年、一〇五頁。
(5) 西川長夫『地球時代の民族＝文化理論』新曜社、一九九五年、八三頁、一〇〇頁。
(6) 安川寿之輔『福沢諭吉のアジア認識』高文研、二〇〇〇年、四八頁、一五二―一五七頁。
(7) 江藤淳・松浦玲編『勝海舟　氷川清話』講談社、二〇〇〇年、一七八頁。
(8) シュペングラー著　村松正俊訳『西洋の没落Ⅰ』中央公論新社、二〇一九年、四八頁、二七九頁。
(9) アーノルド・トインビー著　山本新・山口光朔訳『戦争と文明』中央公論新社、二〇一八年、二二頁。
(10) フェルナン・ブローデル著　松本雅弘訳『文明の文法　Ⅱ』みすず書房、一九九五年、七〇頁。
(11) フランシス・フクヤマ著　渡部昇一訳『歴史の終わり　上』三笠書房、二〇二〇年、二七四頁、一三〇頁、一五八頁、三七頁、二三一―二七二頁。
(12) ジャック・アタリ著　斉藤広信訳『1492―西欧文明の世界支配』筑摩書房、二〇〇九年、三〇七―三〇八頁。
(13) サミュエル・ハンチントン著　鈴木主税訳『文明の衝突（上）』集英社、二〇一七年、二一四頁、二四七頁。
(14) モハンマド・ハタミ著　平野次郎訳『文明の対話』共同通信社、二〇〇一年、七四―七五頁。
(15) ジャレド・ダイアモンド『文明崩壊（下）』草思社、二〇一二年、四四四頁、七〇頁、四五七頁。
(16) ユヴァル・ノア・ハラリ著　柴田裕之訳『サピエンス全史―文明の構造と人類の幸福―（上）』河出書房新社、二〇一六年、一四三―一四六頁、二〇二頁、二〇六頁。同著上巻、二一八頁などを参照。
(17) ブルントラント・ノルウェー首相（当時）が一九八七年に公表した報告書で取り上げた概念。
(18) 藤田雄二『アジアにおける文明の対抗　攘夷論と守旧論に関する日本、朝鮮、中国の比較研究』お茶の水書房、二〇〇一年、四―五頁、二三頁。「ゼロト主義」とは、トインビー『歴史の研究』中の用語で、「二つの（同時代）文明が接触した時に、優勢な側の文明に対して劣勢な側の文明が示す、いくつかの反応パターンのうちの一つ」である。
(19) 前掲『アジアにおける文明の対抗』二〇七頁、二一七頁、二五四頁、二八四頁。

(20) 許時嘉『明治日本の文明言説とその変容』日本経済評論社、二〇一四年、一三一頁。
(21) 丁奇洙著　金容権訳『韓国と西洋―フランス思想・文学の需要とその影響―』彩流社、二〇〇八年、一七頁、九二―九三頁、八四頁、二八六頁。
(22) 前掲『近代日本史学史の研究　明治編』、一〇五―一〇六頁。
(23) 宮永孝『万延元年の遣米使節団』講談社、二〇〇五年、二二一頁。
(24) 同前書、三二一頁。
(25) 「安芳」は、勝が明治二年から使用した名称。松浦玲『勝海舟』筑摩書房、二〇一〇年、四二七頁。
(26) 江藤淳編『勝海舟全集二　書簡と建言』講談社、一九八二年、二六〇頁。
(27) 熊沢恵理子『幕末維新期における教育の近代化に関する研究』風間書房、二〇〇七年、一八頁。
(28) 永峰秀樹『思出之まま』永峰春樹編・発行、一九二八年、二二頁、永峰秀樹「腐れ行く幕府」(前掲永峰『思出之まま』所収)、四一頁。
(29) 前掲『幕末維新期における教育の近代化に関する研究』、一一七―一二七頁。
(30) 前掲『思出之まま』、一五―一六頁。
(31) 室田充美「西洋開化史訳序」『西洋開化史』印書局、一八七五年。
(32) 東京大学百年史編纂委員会編『東京大学百年史』東京大学出版会、一九八六年、八頁。
(33) 国立公文書館所蔵文書「翻訳局増員ノ議(正院翻訳課十等出仕室田充美)」。
(34) 前掲『近代日本史学史の研究　明治編』、一四九頁。
(35) 伊藤信男『著作権事件と著作権判例』文部省、一九六八年、一三―一四頁。
(36) 佐々木千恵「幕末における幕府の洋学統制―洋学所による翻訳草稿検閲―」『洋学』二〇一九年、一一五頁、一一七頁、一二七頁。
(37) 松浦玲「勝海舟における文明と海軍」『世界』(通号四四九)、一九八三年、二九四頁。
(38) 同前、二九〇―三〇一頁、九六頁。
(39) 岩本善治編　勝部真長校注『新訂海舟座談』岩波書店、一九八三年、一七六頁。

(40) 別所興一「勝海舟の東アジア認識と〝文明開化〟観」『自然と実学』四号、二〇一三年、八八―一〇二頁。
(41) 前掲『明治日本の文明言説とその変容』、六四―七三頁。
(42) 江藤淳編『勝海舟全集一　幕末日記』講談社、一九七六年。
(43) 江藤淳編『勝海舟全集二　書簡と建言』講談社、一九八二年、五六頁。
(44) 前掲『書簡と建言』(二八六頁)と前掲『幕末日記』(二九一頁)の両方に収録されている。
(45) 勝海舟「天道は至誠を助く」前掲『書簡と建言』執筆年不詳、三九四頁。
(46) 前掲『書簡と建言』、三二四頁。
(47) 勝海舟「誠急進者流」(年代不詳)前掲『幕末日記』、三三四頁。
(48) 下田ひとみ『勝海舟とキリスト教』作品社、二〇一〇年。
(49) 安川寿之輔『混迷する日韓関係打開の道―日本の戦争責任・植民地支配責任と「日本軍性奴隷」問題』ほっとブックス新栄、二〇二〇年。家永三郎『太平洋戦争　第二版』岩波書店、一九八六年。
(50) 前掲『韓国と西洋―フランス思想・文学の需要とその影響―』、二一〇頁。
(51) 同前書、二九五頁。

〔付記〕本研究はＪＳＰＳ科研費(課題番号一九Ｋ〇二四三六)の助成を受けたものである。

第一一章　占領初期沖縄群島における本土との教育格差
——中三の「事実上の不就学」問題に着目して

萩原　真美

はじめに

占領下沖縄における戦後新教育は、沖縄戦中の一九四五（昭和二〇）年四月以降漸次学校が再開したことに始まり、同年八月には沖縄独自の教科書の編集作業開始、沖縄諮詢《しじゅん》会教育部の発足（後に沖縄文教部、沖縄民政府文教部へ改組）、一九四六年一月に教員養成校である沖縄文教学校の創設を経て、同年四月、初等学校八年、高等学校四年からなる八・四制が施行された。

一方、日本本土（以下、「本土」）は、一九四七年三月、教育基本法および学校教育法が制定され、同年四月に新学制である六・三・三制の施行により本格的に戦後新教育が開始し、小学校六カ年、中学校三カ年の計九カ年が義務教育期間と定められた。

沖縄の戦後新教育は本土とは異なるものであったが、なかでも沖縄民政府が懸念したのは、本土との教育格差である。沖縄では一九四六年三月に八・四制が制定、同年四月に施行された結果、初等学校八カ年が義務教育期間とされた。その後、一九四七年二月に創設された実業高等学校（修業年限四カ年）が義務制となり、一九四七年度から義務教育期間が一二カ年とされた。[1]本土では九カ年が義務教育期間であることから、沖縄の方が三年間長い計算になる。ただし、実業高等学校の毎週の授業時数は一八時間で、一週間を二つに分けて交代制で就学させるもので、高等学校に比べると実質半分程度の授業時数であった。実業高等学校は、高等学校に通えない青年たちのために設置されたが、義務制を謳いながらも「職業教育に必要な機械、機具の設備の募集購入が出来ず教科書も不十分であったので、若い青年層をひきつける魅力を既に喪ってしまっていた」[2]ことや、「特に軍施設に近い地方の学校は軍労働者としてドッと生徒を吸収され、極単《ママ》に出席率が悪くなって」[3]いたことから、そもそも実業高等学校に進学しない、あるいは進学したとしても欠席が多く、八カ年の初等学校の教育を以て学校教育を終えていた人が多かったと考えられる。[4]

沖縄民政府が本土との教育格差解消のために実施したのが、一九四八年四月に施行された八・四制から六・三・三制への学制改革である。[5]沖縄民政府としては、六・三・三制を導入すれば本土と同様九カ年の義務教育が叶い、教育課程や教科書も本土と足並みを揃えられることから、教育格差の解消につながると考えたのである。そのために急がれたのが新制中学校の設立であった。[6]

占領下沖縄・奄美の新制中学校の設立に関する研究は、奄美群島と沖縄群島を対象としたものがある。奄美群島に関しては、三羽光彦「戦後初期奄美地域における新制高等学校創設に関する一考察—青年学校の町村立実業高等学校への改革に着目して—」[7]が挙げられる。三羽論文では、奄美群島では一九四八年四月に新制中学校が発足した際、「初等学校を卒業した者で高等学校に進学しない一般青年が通う学校」[8]である実業高等学校の前半部分（青年学校普通科二カ年と本科の前半一年）が新制中学校に移行したことが明らかにされている。

沖縄群島に関しては、萩原真美「占領下沖縄群島における新制中学校の設立に関する研究」(9)（以下、萩原論文）が挙げられる。同研究では、沖縄群島の新制中学校の設置状況に関する悉皆《しっかい》調査を実施し、その経緯を検証することで、沖縄群島における新制中学校の設立状況の全体像が明らかにされている。同研究を通じて、沖縄の新制中学校は、初等学校に併設された学校が多く、独立校舎を持つ新制中学校の設置が進まず、実業高等学校を母体として設立された学校が一定数あったという特徴が浮き彫りになった。さらに萩原論文では、沖縄群島では、新制中学校が本土との教育格差の是正を意図して設置されたにもかかわらず、一五歳の不就学問題は解消しなかったことが指摘されている。そればかりか、新制中学校を設置したことで、一五歳すなわち中三の多くの生徒が家事労働や軍用地等での就労により常時欠席する事態が蔓延するという、中三の「事実上の不就学」問題が顕在化したのである。

そこで、本稿では、米軍による沖縄占領の拠点であり、基地建設が優先される状況にあった沖縄群島を対象に、沖縄と本土との教育格差の要因を明らかにすることを目的とする。その要因として、就学よりも就労が優先されたことが想像されることから、年少者の労務に関する米軍指令等の制定時期やその内容に着目して検討していく。

第一節　沖縄群島における新制中学校設立当初の状況

一九四八（昭和二三）年四月に六・三・三制の施行により新制中学校が設立されて以来、一九五二年三月までに開校した沖縄群島の新制中学校は一一三校であった。そのほとんどである一〇七校が新制中学校発足時点で開校していた。ただし、開校時に独立校だった学校は全体の三割程度で、それ以外はおもに初等学校（一部高等学校）に併設されていた[10]。各群島政府（沖縄群島、奄美群島、宮古群島、八重山群島）が琉球政府に統一される直前の一九五二年三月時点で沖縄群島の独立校は四六校と、全体のわずか四〇％に満たない状況であった[11]。

独立校舎が確保できないといった、新制中学校の教育環境の確保・整備に難航した要因として、沖縄戦による公的施設の著しい破壊と米軍基地の拡大が挙げられる。わずかに焼け残った戦前の公共施設や戦災残存校舎は、米軍関係の施設に優先的に利用された。その米軍関係の施設は、軍用地の拡張事業や移転を繰り返していた。それらの移転に伴い出現した跡地には、米軍政府や沖縄民政府の施設等が移転するなど、さまざまな公共施設等がより条件の良い場所を求めて入れ替わる現象が起こっていた。そのような状況下で、新制中学校が優先的に校地を確保することはきわめて困難で、軍事施設や行政施設と比して、より条件が悪い場所に設けるしかなかったのである。

ここで新制中学校設立当時の窮状の一例を紹介したい。真和志中等学校（現在の那覇市立真和志中学校。以下、「真和志中」と略記）の校長を務めた比嘉俊成は、設立当時の校地確保の状況について、次のように回想している。

一九四八年三月三十一日付で職員が任命された。これで教師と生徒とは居るわけだが、校地も校舎もない。紙一枚、鉛筆一本も与えないで校長をより出して四月八日一斉に開校せよと云うのである。土地のことは市町村長の権限だから校地の件は村長に任せておくとするも設立一切を校長に依頼、村長は援助は惜まんが学校のことまで手が及ばんからと、予め了解があつたので、校地選定を速やかにやる様に云つて学校は独力でやるようにした[12]。

新制中学校の校地確保は、市町村長の権限で行うことになっていたが、真和志中では校長（学校）が行ったとある。戦後復興を遂行する中で市町村長の業務が膨大であったことは、当時の真和志村に限ったことではなく、真和志中と同様の事態が散見されたのではないだろうか。

校地の確保に加えて苦慮したのが、校舎・教室の確保である。初等学校の校舎を間借りしていたことから、絶対的な校舎・教室が不足していたことは想像に難くない。露天教室、テント教室を設けるにも、資材の確保はもちろんのこと、地面をならすことから始めなければならなかった。真和志中の場合は、次のような状況であった。

> 校長は専ら校舎設立の交渉に当ることにした。そこで単身米軍の、学校物品係ウイリッツ氏をしげく訪問して2×2、2×4等の資材を、次いで天幕〔テントのこと―引用者〕を貰い受けるように、又先に出来た各学校や役所を歴訪して余材を譲って貰う様に物貫《ママ》ひ行脚をこれ勤め、校舎設立の準備に奔走した。〔中略〕沼地と化し、人丈に余る雑草を刈り除け、この地に天幕教室を職員生徒の手で建設したのである。そこで初めて一校に集つて授業をすることが出来たのであるが、勿論土間で机、腰掛も黒板もない。〔中略〕続いて一〇月残余の貰ひ受け資材を基に村費で請負建築士によつて二教室足らずの茅葺板床付事務室一棟が出来たが、しかしこれは使用もせぬ中に間もなく台風で倒壊してしまつたのである。(13)

校舎や教室を作るのに必要な資材がなかったことから、最初は露天教室、次に天幕校舎を建て教室を設置していった。土地をならすことや教室の備品等の整備は、教職員と生徒、そして保護者をはじめとした地域住民の手を借りて、やっとの思いで実現できたのである。校舎不足は新制中学校に限ったことではないが、新制中学校の新設は校舎不足に拍車をかけたのである。やっとの思いで設置した校舎も、強力な台風によって倒壊したことから、天幕校舎などの仮校舎ではなく「永久校舎」の建設が強く要望された。沖縄民政府が米軍政府に陳情嘆願した結果、復興費によって永久校舎の新築と旧校舎の修理が着工される運びとなり、一九五〇年度復興費によって永久校舎の建設が開始された[14]。その後も校舎の再建は復興費の削減、児童生徒数の大幅増加、台風等の影響、法令の改正等の諸要件により順調には進まず、小学校、中学校、高等学校の必要教室数が確保されたのは、一九五七年度末まで待たねばならなかった[15]。

第二節　中三の「事実上の不就学」問題の発生

新制中学校が設置されてまもない頃、学校現場では他の学年に比して中三の生徒が登校していないという現象が起こっていた[16]。その理由として、中三の在籍者数が少ない、ないし在籍しているが学校に出席しない者が多かったことが挙げられる[17]。なお、沖縄民政府文教部としても、文教部長の山城が「出席率の悪い新制中学三年生の対策についてはこの際父兄と協力、全力をつくしていたゞきたいと思う」[18]と述べているように、中三の出席率の低さを問題視していた。

ここで、中三の在籍者数が少なかった事例を紹介したい。一九四八（昭和二三）年四月時点における高江洲中等学校（以下、「高江洲中」。以下中学校名は同様に略記）の学年別在籍者数は、第一学年が四クラス二〇四名、第二学年は三クラス二〇〇名、第三学年は二クラス一三三名であった。ほかには那覇中では第一学年二八一名、第二学年三〇五名、第三学年一五八名である[19]。高江洲中の中三は他の学年の約三分の二、那覇中は半数強と、圧倒的に中三の在籍者数が少ないことが分かる。

それでは、なぜこのような事態が発生していたのだろうか。沖縄県内の中学校沿革史（誌）や市町村字史（誌）を見ると、六・三・三制が布かれた当初、中三の在籍数・出席数が問題になった記述が散見される。その理由の一つとして挙げられているのが、六・三・三制への学制改革が周知されていなかったことである。兼城中の第一期生である大城良信は、次のように回想している。

〔前略〕今日のように世の中が安定し、マスコミ等が発達した時代であれば学校制度が変わることもすぐに知ることができるのであるが、当時としては衣食住すべてが極貧の時代で各家庭には新聞、ラジオ、テレビなどもなく、日々の生活をするのが精一杯で、学校制度の変革なんて全く無知の状況下にあり、殆どの生徒が小学校八年生で終了するものだと思っていた矢先に突如として中学校三年生に編入することになるということを知らされ、一時は騒然となったこともあり、ある者は、「中学へは行かないで軍作業（駐留米軍雇用員）へ行く」とか、「中学へ行くか行かないかは各自の自由である」とか、いろいろあって同級生の中にも複数人は中学へ編入せずに小学校八年で余儀なく終了した者がいることも事実である。(20)

平安座中の学校沿革史には、「戦争前後の時代を語る」という題目で座談会の記録が収録されている。司会を務めた松田米雄は、平安座中の一期生の状況について、次のように述べている。

平安座中一期生としての卒業生は一〇人です。学制改革の境目の時代で、これまでの初等科八年を終わり、学制改革で新制中学三年生となっても、八年終わったからもういいといってそのまま社会に出て行ったんですね。ですから、同級生と称する人たちは六〇人以上もいるけれども、卒業生は一〇人しかいない。上の学校にいくよりも軍作業に出た方が収入はいいということでそのまま出ているんですね。[21]

これらの回想から、中三の就学率が低かったのは、六・三・三制への学制改革により義務教育期間が一年延長になったことが周知されていなかったことが考えられる。回想にもあるように、当時新聞も十分普及してたわけではなく、周知が不十分であったのは事実であろう。そもそも六・三・三制への学制改革が認可されたのは、一九四八年三月一八日である。[22]当時の沖縄における唯一の新聞である『うるま新報』では、学制改革の決定後新学制が布かれるまでの間に、六・三・三制の施行及び義務教育年限の一年延長については報道されていない。住民側からすれば急な変更であったことから、新制中学校に進学しなかったケースが多くなったと考えられる。

ところで、新制中学校に進学しなかった、あるいは常欠児となっていた中三に対し、中学校側はどのように対応したのだろうか。那覇市内の新制中学校の対応について、次のような回想がある。

中等学校〔新制中学校のこと―引用者〕がスタートしたとき、第三学年の児童の中に不登校の児童が各クラス二、三名でてきた。その児童や保護者は、「初等学校八年で義務教育は終わった。だから学校へいかなくてもよい」あるいは、「中等学校三年はいきたいものがいけばよい」という誤解もあったらしい。だから不登校の児童は、すでに職をみつけ家計を助けていた。クラス担任は、家庭訪問をし、改めて新学制の趣旨を説明し、中等学校の三カ年の義務制の利点を強調して、児童を学校にひきもどすのにひと苦労をしていた。[23]

ところで、沖縄群島では中三の「事実上の不就学」が蔓延していた一方で、教員の働きかけにより全員が就学した中学校がある。伊計島の伊計中では、六・三・三制導入に伴う義務教育年限延長に対する住民側と学校側の意識の差が大きかったことから、中三の就学を促すために教員がゼネストを行った。当時の様相は次のとおりである。

〔前略〕そして同年〔一九四八年―引用者〕六月二九日、中学三年制《ママ》の就学率が悪く、教育に対する理解を促すべく島民に対し学校教員のゼネストを決行した。そして同年六月三〇日、学校において島民大会を開き、話し合いにより学校の要求を受け入れゼネストを解くと。一九四八《ママ》年三月二七日と一九四九《ママ》年度卒業式並びに終業式を挙行する事が出来ました。[24]

このゼネストは一日で終わり、当該学年である一九三三年度生まれの生徒たちは全員復学し、中学校を卒業したのである。[25] 伊計島で中三が全員就学できたのは、「その地域に住んでいる人たちが、その地域の教育を受け持っていたんですよ。その中で中石家、平家、この両家の方々が一生懸命やってくれたんです[26]」とあるように、地元の教員が教鞭を執っていたからではないだろうか。なお、一九四八年三月二七日は一九四九年の誤り、一九四九年度は一九四八年度の誤りと考えられる。

以上、新制中学校の設立当初の状況を検討したが、中三の「事実上の不就学」問題の要因として、六・三・三制への急な学制改革に伴う義務教育年限の一年延長の周知不足ないし理解不足が挙げられる。

沖縄戦という修羅場をくぐりぬけ、混乱と困窮状態を強いられ、子どもでも働かなければ生活が成り立たない当時の社会事情に鑑みると、「事実上の不就学」である中三の生徒たちの多くは、家事労働を含む就労を選択せざるを得ない状況にあった[27]。中三に相当する生徒たちの具体的な就労先等が分かる統計資料は管見の限りないが、市町村字史（誌）や学校沿革史（誌）の記述から、少なくとも軍作業に従事していたことがうかがえる。それではなぜ、中三に相当する生徒たちは、就学よりも就労を優先することが可能だったのだろうか。次節では、年少者の就労に関する米軍の規程等に着目し、その要因を検討していく。

第三節　中三の「事実上の不就学」の要因

（一）年少者の労務に関する規程

表11－1は、占領初期沖縄における年少者の労務に関する規程を整理したものである。一九四六（昭和二一）年三月二二日発の米国海軍軍政府指令第一三九号「軍部隊による沖縄民労務雇用統制規程」（以下、「海軍指令第一三九号」）を皮切りに、米国海軍軍政府指令第一四三号「沖縄労務部機構」（一九四六年三月二八日）、沖縄民政府令第一号「職業紹介規程」（一九四六年五月一日）、沖縄民政府告示第二号の一「職業能力調査規程」（一九四六年五月一日）が相次いで発令された。なお、沖縄民政府令は、米国海軍軍政府指令を受けて発令されたと考えられる。最初に出された海軍指令第一三九号の総則には、「米国式計算による十五才以下の者又は就学八年以下の者は之を雇用することを得ず[28]」とあり、他の指令にも同様のことが示されている。これは、八カ年の学校教育を修了していれば、一五歳未満でも就労可能であることを意味する。よって、就労可能な最年少の者とは、八カ年の学校教育を修了している一四歳の者である。八・四制が施行されたことで初等学校八カ年が

義務教育となり、満六歳から満一四歳までが学齢期とされたわけだが、就労に関する軍指令等の規程と教育制度の制定が軌を一にすることから、学齢期に鑑みて就労可能な年齢を規定したのではないだろうか。なお、八カ年の学校教育を修了した一五歳未満の者とは、六・三・三制施行後は中三に相当する者である。

就労可能なもっとも低い年齢の要件は、一九四七年一〇月二一日に米国軍政府特別布告第二四号（以下、「特別布告第二四号」）の発令を以て変更された。同布令には未成年の雇用は不可とあるが、この未成年とは「アメリカの計算法で一五歳以下の者」を指す。日本の満年齢の一五歳と同様と解釈するなら、一六歳に達しないと就労できないということになる。よって、特別布告第二四号の発令以前まで就労可能だった八カ年の（義務）教育を終えた一四歳以上の者および一五歳の者は、これを以て就労不可となったのである。だが、その約三カ月後である一九四八年一月一九日発の米国政府特別布告第二四号（以下、「改訂特別布告第二四号」）を以て、未成年の定義が変更された。具体的には、同布告の第一条eに「未成年とはアメリカの計算法に従って一五才未満の者である」と定められ、一五歳以下から一五歳未満へと変更された。このことにより一九四八年一月一九日以降は、一五歳以上であれば合法的に就労可能となったのである。

改訂特別布告第二四号が発令された三カ月後の一九四八年四月、六・三・三制が施行され、初等学校六カ年・中等学校三カ年の九カ年が義務教育となり、満六歳から一五歳になった学年の三月三一日までが学齢期となった。六・三・三制の施行時点における就労に関する規程は、改訂特別布告第二四号である。よって、中三で一五歳に達すれば、合法的に就労可能であることを意味する。六・三・三制が施行された一九四八年四月時点で、一五歳以上であれば就労可能という規程が改訂されなかったことが、中三の「事実上の不就学」を蔓延させた要因と言えるのではないだろうか。

表 11-1　占領初期沖縄における年少者の労務に関する規程

年月日	指令等	主題	15 歳の労務の可否	内容
1946.3.22	米国海軍軍政府指令第 139 号	軍部隊による沖縄民労務雇用統制規程	就学 8 年以上は可	総則　一「…米国式計算による十五才以下の者又は就学八年以下の者は之を雇用することを得ず」
1946.3.28	米国海軍軍指令第 143 号	沖縄労務部機構	就学 8 年以上は可	三（イ）米国式計算に依る十五歳未満の者は雇用する事を得ず、但し十五歳未満なるも八年間の学校課程を修了せるものは雇用する事を得。
1946.5.1	沖縄民政府令第 1 号	職業紹介規程	就学 8 年以上は可	第 5 条「…求人者は米国式計算による年令十五年以下の者を雇用することを得ず（初等教育八年の課程を修了せし者を除く）」
1947.10.21	米国軍政府特別布告第 24 号	雇用と労務に関する軍布告	不可	第 3 条犯罪 一、雇用者の場合（ハ）未成年者の雇用 ※未成年者＝アメリカの計算法で十五才以下の者
1948.1.19	米国軍政府特別布告第 24 号	労務と雇用	満 15 歳を迎えれば可	第 6 条犯罪 1「C　未成年者を雇い入れること」 ※未成年者＝アメリカの計算法で十五才未満の者
1949.6. 28	琉球諸島軍政府特別布告第 32 号	刑法並に訴訟手続法典	不可	第 2 部第 8 章第 1 項の 1 雇用者において「c 幼者を雇用すること。この関係に於てのみであるが「幼者」とは合衆国の計算法による 15 才以下の者である」
1953.1.17	琉球列島米国民政府布令第 97 号	労働基準令	満 15 歳を迎えれば可	第 10 条　雇用主は、年少者を雇用してはならない。年令はすべて生年月日から起算し、この布令では、十五才未満の者を年少者とみなす。雇用主は、米国民政府労務課から就職許可証を下附された被雇用者については、その法令年齢を立証する必要はない。
1953.8.18	琉球列島米国民政府布令第 116 号	琉球人被用者に対する労働基準及び労働関係法	不可	第 53 条　満 15 才未満の者を被用者として雇用してはならない。但し、満 14 歳以上の者で、法規で定める義務教育の課程又はこれと同等の若しくはこれ以上の課程を修了した者については、この限りではない。

（出所）文教局研究調査課編『琉球史料』第 5 集　社会編 2（琉球政府文教局、1959 年）を基に作成

(二)年少者の労務に関する規程の再改訂

六・三・三制導入から一年以上経った一九四九年六月二八日発琉球諸島軍政府特別布告第三二号(以下、「特別布告第三二号」)が発令され、再び少年の就労に関する基準が変更された。同布告の第二部第八章において、「雇用並びに労務規程に関する罪」が規定され、年少者の就労に関しては、「第一項の一　雇用者においてｃに、「幼者を雇用すること。この関係に於てのみであるが「幼者」とは合衆国の計算法による一五才以下の者である」[29]と定められた。これをもって、一五歳以下の者、すなわち中三は就労不可と規定されたのである。

ところで、特別布告第三二号の発令により、中三の「事実上の不就学」がどの程度改善したかは不明である。同指令の発令後も「事実上の不就学」が見られた例として、一九五〇年のコザ中では、全校生徒約一五〇〇人中約一〇〇〇人が常欠児で、中学生ぐらいの少年たちが大人たちに交じって軍作業に出ていた状況が挙げられる[30]。コザ中の例だけでは一概に言えないが、同布令の発令が、中三の「事実上の不就学」の改善に効果があったとは考え難い。

特別布告第三二号の発令を以て、中三が合法的に就労できないよう定められた数年後、年少者の労務に関する規程は再び振り出しに戻る。一九五三年一月一七日、琉球列島米国民政府布令第九七号「労働基準令」(以下、「布令第九七号」)が発令され、年少者の労務条件について次のように定められた。

第一〇条　雇用主は、年少者を雇用してはならない。年令はすべて生年月日から起算し、この布令では、一五才未満の者を年少者とみなす。雇用主は、米国民政府労務課から就職許可証を下附された被雇用者については、その法令年齢を立証する必要はない(傍線は引用者による)[31]。

これにより、再び一五歳以上であれば就労可能となったことが分かる。さらには年少者であっても、米国民政府労務課から就職許可証を下付されれば就労可能となった。これは、中三よりも年齢が低い子どもたちも合法的に就労可能になったと解釈できる。就労によって就学が阻まれないようにするどころか、さらに幅広い学齢期の子どもたちを就労可能にしたという意味において、大幅な「改悪」と言える。

その「改悪」の七カ月後である同年八月一八日、再び年少者の労務規程が変更された。発琉球列島米国民政府布令第一一六号「琉球人被用者に対する労働基準及び労働関係法」（以下、「布令第一一六号」）が発布され、その序文には、「七．児童は教育を受けることができ、且つ、その労働が搾取されないようにするため、労働することを禁ずる」[32]と示された。なお、序文の「児童」の定義は明記されていない。年少者の最低年齢については次のように定められた。

第五三条　満一五才未満の者を被用者として雇用してはならない。但し、満一四歳以上の者で、法規で定める義務教育の課程又はこれと同等の若しくはこれ以上の課程を修了した者については、この限りではない（傍線は引用者による）[33]。

ここでいう義務教育の課程とは、小学校六カ年および中学校三カ年の計九カ年である。同布令が発令された一九五三年時点では六・三・三制下であることから、一四歳で義務教育を終えている者は存在しない[34]。序文と第五三条に鑑みると、一五歳に達した中三は雇用可能と解釈できることから、布令第一一六号を以て全学齢期の者の雇用を完全には禁止できなかったと言える。

おわりに

本稿では、占領初期沖縄群島における本土との教育格差が生じた要因について、沖縄群島における中三の「事実上の不就学」に着目して検討した。その結果明らかになったのは、次の四点である。

第一に、一九四八（昭和二三）年度に新制中学校第三学年に相当する多くの生徒及び保護者が、就学を選択しなかった、あるいは常欠児が実態として蔓延していた点である。その主な要因として、当事者の声からは八・四制から六・三・三制への学制改革が急であり、その周知が不十分であったことが挙がっていた。

第二に、義務教育が九カ年になったことが周知された後も、不就学ないし中三の常欠児、すなわち「事実上の不就学」が問題となっていた点である。その解消のために一九四九年六月二八日発の特別布告第三二号を発令したのではないだろうか。だが、中三の「事実上の不就学」問題は、同布告の発令によってすぐには解決しなかった。その背景として、年少者も就労しなければ生活が成り立たないほど困窮していた社会情勢が挙げられる。

第三に、八・四制から六・三・三制への学制改革で義務教育の修了年限が変更されたにもかかわらず年少者の労務に関する規程がそれに合わせて変更されなかった点である。一九四六年三月「海軍指令第一三九号」の発令以来、八カ年の義務教育を終えれば一五歳未満であっても就労可能と規定された。その年少者の就労に関する規程は度重なる変更がなされ、一五歳に達した中三の就労が禁止されると解釈できる規程に変更された時期もあったが、六・三・三制施行後も八カ年の（義務）教育が修了していれば、一五歳未満であっても就労可能という内容の軍指令や布令が成立している状態であった。

第四に、中三の雇用を完全に禁止する法令上の規程は、一九五三年八月の布令第一一六号の発令を以ても完全にはできなかった点である。同布令の序文には、児童の労働を禁ずることが定められたが具体的な児童の定義はされず、第五三条では一五歳に達した中三が就労可能な内容であった。よって、同布令の発令により、満一四歳の中三までが就労により教育を受ける権利を奪われないことが規定されたが、一五歳に達した中三までは網羅できなかった。

沖縄と本土との教育格差においてもっとも看過できない点は、中三の不就学、つまり一カ年の教育格差である。ただし、これはたんなる時間的な格差が問題なのではない。六・三・三制下において中三で不就学を選択するということは、中学校の課程が未修了、すなわち義務教育が未修了であることを意味する。具体的には、義務教育未修了の弊害は、高等学校への進学ができないこと、美容師や調理師などの資格試験の受験資格が得られず、安定した収入が得られる職業に就く機会が制限されることである。その結果、沖縄はいわゆる単純労働や不安定な仕事に従事せざるを得ない人々が、本土に比して多く実在する社会構造になっているのである。

本稿では、中三の「事実上の不就学」問題の要因について、おもに米軍指令の規程に着目して検討した。だが、その実態については十分に検討することができなかった。各新制中学校における「事実上の不就学」の実態を明らかにするには、在籍者数や出欠者数等の統計調査を要する。だが、沖縄民政府・米軍政府ともに占領初期沖縄における正式な統計データはなく、断片的にしか残されていない。そこで活用できるのが、現存する学校日誌の記録や学校沿革史である。学校や時期により偏りがあることが想像されるが、可能な限りデータを収集・整理することは不可能ではないだろう。また、不就学および事実上の不就学であった人々、具体的には義務教育を十分に受けることができなかった人々の聞き取り調査や聞き書きの分析を進めることで、その実態に迫ることが可能だろう。これについては今後の課題としたい。

注

（1）実業高等学校ではなく高等学校に通う場合は、義務教育を受けたとみなされた。
（2）山城篤男「新学制〝6・3・3〟を語る―山城文教部長と一問一答」『新教育』第一号、沖縄教育連合会、一九四八年、五頁。
（3）同前。
（4）萩原真美「占領下沖縄群島における新制中学校の設立に関する研究」『財団創設七〇周年記念　野間教育研究所調査研究論文集』野間教育研究所、二〇二二年、二四頁。
（5）沖縄における八・四制から六・三・三制への学制改革の様相は、萩原真美『占領下沖縄の学校教育』（六花出版、二〇二一年）第四章を参照されたい。
（6）占領下の沖縄では、六・三・三制の制定により誕生したいわゆる新制中学校を、「中等学校」と称していた。本稿では戦時下の中等学校（旧制中学校、高等女学校、実業学校）と区別するため、「新制中学校」または「中学校」と称する。なお、学校名に関しては、〇〇中と略記する。
（7）三羽光彦「戦後初期奄美地域における新制高等学校創設に関する一考察―青年学校の町村立実業高等学校への改革に着目して―」『中等教育史研究』第二一号、二〇一四年、四一―六四頁。
（8）同前、四四―四五頁。
（9）前掲「占領下沖縄群島における新制中学校の設立に関する研究」。
（10）同前。
（11）同前、一二頁。
（12）文教局研究調査課編『琉球史料』第三集　教育編、琉球政府文教局、一九五八年、二〇四頁。
（13）同前、二〇四―二〇五頁。
（14）「校舎建設の状況」（一九五一年五月二十八日）（前掲『琉球史料』第三集所収、一八九頁）。
（15）佐久本嗣善「校舎建設の状況と将来の計画」『今日の琉球』一九五八年（前掲『琉球史料』第三集所収、一九六頁）。

(16) うるま市具志川市史編さん委員会編『具志川市史』第六巻　教育編、うるま市教育委員会、二〇〇六年、一八〇頁。
(17) 同前。
(18) 前掲「新学制〝6・3・3〟を語る―山城文教部長と一問一答―」。
(19) 同前。
(20) 記念誌編集委員会編『兼城中学校創立50周年記念誌』兼城中学校創立50周年記念事業期成会、一九九八年、五七頁。
(21) 記念誌編集委員会編『与那城町立平安座小中学校創立百周年記念誌　夢　雄飛』与那城町立平安座小中学校創立百周年記念事業期成会、二〇〇三年、一四三頁。
(22) 関連文書沖縄知事覚書第一五号「沖縄学校制度改正請願に関する回答」一九四八年三月一八日（沖縄県教育委員会編『沖縄の戦後教育史』沖縄県教育委員会、一九七七年所収、四〇頁）。
(23) 与儀利夫「就学を促すのに汗だく」（那覇市教育委員会編『那覇市教育史』通史編、二〇〇二年所収、二〇八頁）。
(24) 与那城町立伊計小中学校百周年記念誌編集部編『与那城町立伊計小中学校創立百周年記念誌　あやはしの里　いちはなり』与那城町立伊計小中学校百周年記念事業期成会、二〇〇二年、二六六頁。
(25) 同前、二六五頁。
(26) 同前。
(27) 本稿が対象としている一九四〇年代後半の沖縄の社会情勢については、若林千代『ジープと砂塵―米軍占領下沖縄の政治社会と東アジア冷戦　１９４５―１９５０』（有志舎、二〇一五年）、謝花直美『戦後沖縄の復興と「異音」―米軍占領下　復興を求めた人々の生存と希望―』（有志舎、二〇二一年）に詳しい。珊瑚舎スコーレ編『まちかんてぃ！動き始めた学びの時計』（高文研、二〇一五年）は、戦後の混乱状況を体験した方の聞き書きを収録しており、当事者である子どもの立場から、学校に通えなかった事情をうかがい知ることができる。

(28) 文教局研究調査課編『琉球史料』第五集　社会編2、琉球政府文教局、一九五九年所収、一五八頁。
(29) 同前、一七五頁。
(30) 前掲『具志川市史』、一八一頁。
(31) 前掲『琉球史料』第五集、一八〇頁。
(32) 同前、一八六頁。
(33) 同前、一九八頁。
(34) 日本の「労働基準法」(一九四七年四月七日)には、「第五十六条　満十五才に満たない児童は、労働者として使用してはならない。但し、満十四才以上の児童で、命令で定める義務教育の課程又はこれと同等以上と認める課程を修了した者については、この限りでない」とあることから、同法に倣って定めたが、沖縄の実情に即して修正しなかったと推定できる。

第一二章　一九五〇年代における横浜市の青少年施策と夜間中学校

大多和　雅絵

はじめに[1]

神奈川県横浜市では一九五〇（昭和二五）年に「横浜市青少年指導対策委員会」による事業の一環として、一〇校の中学校に「特設学級」（本稿では夜間中学校と位置づける）を開設した[2]。横浜市は当時一〇区制であり、各区に一校の開設が企図されたが、一九五〇年時点では金沢区を除く他九区に開設となった。一九七八年刊行の『横浜市教育史』（下巻）において、夜間中学校の開設は、青少年不良化防止における施策として社会教育課が管轄する「横浜市青少年指導対策委員会」の事業の一環であり、一九五二年度には主要な施策の一つとなっていたことが示されている[3]。実現はしなかったものの、開設以降漸次生徒が増加するなかで一九五二年度には夜間中学校の増設も見込まれていた。教育委員会が関与して開設された夜間中学校の嚆矢とみられる神戸市の駒ヶ林中学校に開設されたのは一九四九年二月であり、それに続き他地域に先駆けて開設されたといえる。

浅野慎一は「一九五〇年、横浜市・京都市でそれぞれ約一〇校の夜間中学が一斉に創設された。これは、個々の教師による自発的開設というより、教育委員会による政策的設置である」[4]と指摘する。都市部を中心とし夜間中学校の開設がみられるようになった一九五〇年代には、文部省は夜間に義務教育段階の学校（学級）を開設することは教育制度上前提としてはいないことや、結果的に年少労働を助長することになる等の理由から対外的に反対の意向を示していた。そうした文部省の方針に反し、自治体によっては不就学・長期欠席者への対策として夜間中学校の開設が選択されたということになる。

本稿は、このように行政側の政策の一環として夜間中学校が開設されたという事象を射程におく。これまで、横浜市の夜間中学校の歴史としては、横関理恵[5]や江口怜[6]の研究に代表されるように、漁業地域特有の事情を背景に成立した夜間中学校の事例として、神奈川区にある子安浜の漁業協同組合事務所に開設された東浜分校・西浜分校の実践と本校である浦島丘中学校の実践が着目されてきた[7]。これは、一九四八年頃から漁に出る子どもを対象とし非公式的な学校として地域の漁業組合と小中学校の連携のもとで発足したものであった。この非公式的に始まった東浜・西浜の「夜学」は、一九五〇年に横浜市が夜間中学校を一〇校開設する際には近隣の浦島丘中学校にも設置されたため、そちらが「本校」となり、浦島丘中学校の「分校」としてその後も存続した。しかし、一九五〇年代中頃には、子安浜に工場が進出し始め、海岸の埋め立てや海水汚染の影響で漁業の水揚げ量が減少し、しだいに漁業での生活が追い詰められるようになると、分校の生徒数も減少していった。そして、一九六三年五月に西浜分校、一九六五年四月に東浜分校は閉校となった[8]。すなわち、横浜市においては、いわば漁業地域の子どもたちの実情から非公式的にはじまった夜間中学校（東浜・西浜分校）と教育委員会の政策のひとつとして行政主導で開設された夜間中学校が一九六〇年代中頃までともに存続したという特徴があるといえる。本稿が照準を合わせる横浜市の教育委員会の主導による夜間中学校の開設経緯は、先述の通りその概観はすでに捉えられているものの、これまでとくに事例研究として焦点づけられたり系統的に示されてはおらず、それを成立せしめた内実が十分描き出されているとは言い難い。したがって、本稿は一九五〇年の横浜市の夜間中学校の開設について、それを支えた動きとその背景を詳らかにし体系的に位置づけることを目的とする。

第一節　教育委員会主導による夜間中学校の開設の背景

(一)教育行政における五大都市間の連携

一九五〇年代には五大都市（以下、「五大市」）——京都市、大阪市、神戸市、名古屋市、横浜市——において夜間中学校の開設に踏み切る状況がみられた。一九五三（昭和二八）年には一〇都府県に七一校（生徒数三一一八名）開設されているが、そのうち五大市では横浜市に一〇校、名古屋市に二校、京都市に一四校、神戸市に六校開設されており、全体の半数近くを占める[9]。大阪市では、一九四七年頃から生野第二中学校内に「夕間学級」が現場の教員たちにより開かれていたが、一九五〇年に閉鎖されている。赤塚康雄によれば、建前上は在学生の通学区域が校下でなくなったために夕間学級が廃止されたとされているが、実際は来阪した文部省係官から廃止の圧力がかかり、当初は好意的であった大阪市も態度を変えるようになったという[10]。しかしながら、先述のように文部省は夜間中学校の開設については対外的には反対の意向を示しつつも事実上は黙認していた状況もあり、強硬的に閉鎖に追い込む事例は例外的であったのではないかと思われる。他都市の史料を確認するなかでは、管見の限りとくに文部省との極度の緊張関係はみられない[11]。たとえば、他に名古屋市では一九五二年に開設されているが、四〇〇〇名に近い長期欠席者のために市教育委員会がその「打開策を考え他の四大都市の例に倣って」開設したという[12]。先行研究においても田中勝文は名古屋市が長期欠席問題とさらに社会問題として不良化防止の面から他の五大市を意識していたことを指摘する[13]。江口怜もまた一九五一年以降の「夜間中学」の増設の背景として、一つは五大市で統一して「夜間中学」開設を推進しようとする動きがあったこと、二つ目は当時の部落解放運動の中で「夜間学校」の開設が要求されたことを指摘している[14]。

横浜市においては、当時の市教育委員会の調査課長によれば「文部省もさることながら、なにしろ軍政部が反対だった。『日本人は法をきめておきながら自分の手でそれを破る。それは全くよくない。憲法で国民の生活を保障しておきながら、どうして社会保障でそれをやらないか』といって強く反対され、いくら説明してもとうとうわかってもらえなかった。そこで委員会ではこの法の精神を生かすには、しばらくこの法を破るより他にないと思い、思い切った措置をとったわけである。しかし、夜学生はあくまで許可にならないまま継続し、夜学と言わず二部授業の延長として取りあつかった。それで夜学を二部学級と呼んだ[15]」という。文部省と米軍政部双方の方針に反して、「思い切った措置」として夜間中学校を開設したことが回想されている。

このように、その開設に法的裏付けがないまま開設された夜間中学校は、あくまでも始業時間がずれる中学校の二部授業という位置づけが便宜上用いられた[16]。米軍政部との関係としては、当時の市教育委員会の教育課長は「当時の教育行政は、もとより占領軍としての米軍の監督指導の下にあり、殆ど毎日のようにベーカーさんとの話し合いや折衝を続けなければならなかった[17]」と振り返っている。横浜市における夜間中学校の開設には、文部省のみならず米軍政部も障壁のひとつであったといえる。

五大市の教育委員会間の連携について、先述の調査課長は教育委員会の発足に立ち会った経歴があるが、一九四八年一一月一日に初代の横浜市教育委員会が成立し、その後六・三制の完全実施にあたり不足する教育予算の確保のため、五大市教育委員会連絡協議会として協力し、中央政府当局や米軍政部に頻繁に陳情を行っていたという[18]。さらに、たとえば一九五〇年三月二七日には「五大市教育長会議」が横浜市で開かれ、五大市の標準義務教育費と青少年不良化防止が議題として挙げられており、標準義務教育費については大都市としての実情に即し、算定に関する基準について政令公布の際には適切な措置が採られるよう陳情が行われている[19]。この他にも「五大都市教育委員会小委員協議会」などあり、五大市の教育委員会は密接に連携していたとみられる。また、東京都を加えた「六大市中学校長連絡協議会」など学校現場の校長間も連携を図っていた[20]。

一九四八年に施行された教育委員会法により、都道府県と五大市に公選制の教育委員会が発足した。他市に先駆けての発足であったこともあり、手探り状態のなかで五大市間では教育委員会が抱える問題も共通するものが多く密接に連携を図っていた。こうした関係性も、五大市において足並みを揃えるかのように夜間中学校の開設が進められたことに結び付いているものと考えられる。横浜市をはじめとする五大市における夜間中学校の開設には、教育予算の不足や不就学・長期欠席問題等の学校教育をめぐる問題や、青少年の非行や不良化など、大都市ほど深刻化した青少年を取り巻く問題を共有する五大市の関係性も影響しているとみられる。

(二)一九五〇年代における青少年指導対策との関係

一九四〇年代、五〇年代には青少年の非行や不良化の問題が深刻化し、青少年への指導対策が求められた。鳥居和代は、一九五〇年代の千葉県の漁村地域における子どもの長期欠席の問題を対象とした研究[21]のなかで、一九五〇年前後になると、子どもの不良化防止対策の延長線上に、政府全体による青少年問題対策が用意され、その過程で子どもの長期欠席に照準があてられていったと指摘する。政策面では、子どもの犯罪や不良化傾向への危機を背景に青少年問題対策協議会および中央青少年問題協議会を軸とした政府施策との関連において、長期欠席が問題として顕在化する契機が作られたが、それには青少年犯罪・不良化という治安上の要請がむしろ大きかったと指摘する。さらに、子どもの犯罪や不良化の原因となりうる事態に対応するための組織や制度が都道府県および市町村単位でも整備されていったという。夜間中学校を対象とした研究でも、江口怜は、中央省庁が不就学・長期欠席を問題として把握する際のキーワードが「教育の機会均等や児童労働の禁止、児童の福祉等」であり、これらを束ねつつ強力に作用していたのが「青少年の不良化防止」を掲げる言説であったことを指摘している。(22) このように、先行研究において、子どもの不就学や長期欠席問題が青少年犯罪や不良化に繋がる現象とみなされたことで青少年指導対策問題と結びつき、その指導対策は治安維持の対象としても要請があったことが示されている。

横浜市においても、教育委員会調査課が行った「長期欠席児童生徒の調査」結果が一九五〇年七月発行の『よこはま教育時報（8）』(23) に掲載されているが、調査の趣意として「青少年の不良化犯罪化に関連すると思われる学齢児童生徒の長期欠席の状況を調査」したことが示されている。調査日は不明であるが、全児童生徒のうち小学校では約六％、中学校では約九％が長期欠席状態であった。小学校では約九割は病気が理由であったが、中学校では家事や家業を手伝うことや家計を助けるための欠席がみられ、年少者の労働にたいする保護が問題となっていた。また、一九四九年に犯罪により検挙された子どもの約七割が中学生であり、中学生の犯罪行為や不良化が問題視されていた。(24) こうした状況下で、横浜市警防犯少年課は諸機関と連携を図り積極的に補導対策をおこなっていることが新聞報道でたびたび報じられている。(25) 横浜市における夜間中学校の開設もまた不就学・長期欠席という事象が青少年の非行・不良化問題と結びつき、地方レベルでその組織や制度が整備された青少年指導対策の流れのなかに位置づくものであると考えられる。

第二節　横浜市における夜間中学校の開設の経緯

これまで横浜市の夜間中学校の開設について記述する際の代表的な史料としては、横浜市夜間中学校研究会会長飯田赳夫編・発行『横浜市夜間中学校―十五年の歩み―』（一九六五年）、二〇年史編集委員会編『浦島丘中学校20年史』（一九六七年、発行者は飯田赳夫）が挙げられ、回想録を中心とする学校現場で編まれた史料からその歴史を捉える作業が主になされてきた。[26] 本節では、こうした史料に加えて『横浜市報』や『よこはま教育時報』など行政側がオンタイムに施策を報じた史料を用いて、一九五〇（昭和二五）年の横浜市における夜間中学校の開設の経緯を詳らかにしたい。

まず、夜間中学校の開設について新聞報道を確認する。『神奈川新聞』（一九五〇年三月二八日）では次のように報じている。なお「中学にも」という見出しにあるように、「中学生に進学の道」として定時制高等学校を一〇数校開く準備をしていることも同時に報じられている。

中学にも特設学級
義務教育であるにもかかわらず家庭の事情その他で学校にゆかない中学生が横浜市には千五百名もいるが、このうち約四百名は授業時間さえ短ければ就学出来る者なので横浜市教育課ではこれらの生徒達のために四月十五日頃から市内十中学校に特設学級を設ける。〔中略〕この学級では放課後の五時頃から三時間ぐらいずつ毎日国語、数学、社会科等の必須科目を勉強させ三年後には昼間の生徒と同じに卒業証書を与えようというもの、但しこの学級に入れるものは事情を厳密に調べたうえに真にやむを得ないと認められたものに限ることとなっている。

さらに、『読売新聞』（一九五〇年三月一〇日）では「悪の芽へ新試み　長欠者に夜間学級　ハマ教委、困窮者には学資も」という見出しで、長期欠席と青少年の非行・不良化の問題がより直接的に報じられている。「目下学級を編成中で、また生活苦から登校できない生徒のため予算三十万円を計上、生活保護法を適用して一人年間千三百円の学資を与えるほか被服代として二千余円を支給する」と報じられており、生徒には生活保護法を適用し経済的支援を行うことが計画されていたことは注目される。

それでは、より具体的に夜間中学校の開設について「横浜市就学奨励対策協議会」と「横浜市青少年指導対策委員会」の設置、夜間中学校と高等学校「特別定時制分校」（以下、「特別定時制分校」）の開設という事象から捉えていきたい。とくに本節では青少年への指導対策の一連の動きの中で、夜間中学校と「特別定時制分校」の開設が同時的に施策として展開されたことに着目する。

（一）「横浜市就学奨励対策協議会」の設置

横浜市では一九五〇年四月一〇日付で「横浜市就学奨励対策協議会規程」[27]が定められている。全一〇条からなるが、第一―三条では次のように定めている。

第一条　横浜市における学齢児童、生徒の就学の万全を期するため、横浜市教育委員会（以下教育委員会という。）に、横浜市就学奨励対策協議会（以下協議会という。）を設ける。

第二条　協議会の事務所は、教育委員会事務局内に置く。

第三条　協議会は第一条の目的を達するため、次の事項を審議調査する。
一　経済的理由によって、就学困難と認められる学齢児童、生徒の調査方法並びに選定基準に関する件
二　その他就学奨励対策に必要な事項

なお、審議のなかでは、「この協議会は不良化防止対策の一環であると考えられるので連繋したものを作る方が妥当である」という発言が委員のなかからあるなど、就学奨励対策と青少年の不良化防止対策が関連付けられていることがこうした場面でもうかがうことができる。「横浜市就学奨励対策協議会規程」が定められた四月一〇日同日には高田三郎教育委員会委員長のもとで横浜市教育委員会定例会が開かれ、「中学校特設学級設置について」さらに「定時制高等学校の設置計画について」が付議事項の一つとなっている。この日の会議では、教育部長から「青少年不良化防止対策の一環とし、港中学校外九校の特設学級設置及び定時制高等学校設置の必要について」説明があり、定時制高等学校の教員の手当や専任教員の配置の必要等の質問の後、委員長会議に諮り異議なく可決されている(28)。

このように、「就学奨励対策協議会」は経済的理由によって就学が困難と認められる学齢児童・生徒の調査方法や選定基準を審議調査する機関として設けられたものであった。とくに就学奨励費との関連があるものとみられる。夜間中学校に引きつければ、対象となる生徒を調査により浮き彫りにすることや、夜間中学校が開設された後は、長期欠席の理由を調査したうえで入学を認める方針であったとみられ、その際には「就学奨励対策協議会」が機能したものと考えられる。

(二)「横浜市青少年指導対策委員会」の設置と具体的活動内容

次に、夜間中学校の開設に直接関連する「横浜市青少年指導対策委員会」についてみていく。「横浜市青少年指導対策委員会」は各中学校の学区を中心に組織され、学区内におけるＰＴＡ、青年団・少年団・婦人団体・民生委員・警察少年補導係等、その他の関係団体の代表者によって協議会を開き、その地域の実情に根差した運動を展開した。一九五〇年五月一〇日付の「横浜市青少年指導対策委員会規則」[29]では目的は「第一条　本市青少年指導の強力な推進を図るため、横浜市教育委員会（以下教育委員会という）に横浜市青少年指導対策委員会（以下委員会という。）を設ける」と示されている。構成としては、中央委員会及び学区委員会からなり、中央委員会は教育委員会事務局に、学区委員会は各市立中学校にそれぞれの事務所を置くとなっている。この委員会に係る事務として「一　青少年の生活実態調査」「二　青少年指導の啓蒙活動」「三　青少年指導の施設整備」「四　青少年の就学督励」「五　青少年の就職指導」「六　青少年の余暇指導」「七　その他必要な事務」と七つ示されている。

「横浜市青少年指導対策委員会」の学区委員は先に挙げた七点の事務を行うが、「横浜市青少年指導対策委員会規則」では、委員長は学区の市立中学校長をあて、委員はその学区内の小中学校の全教員のほか、青少年指導に関心の深い者の中から教育委員会が委嘱すると示されている。

青少年への指導体制としては、学区委員は自主的な立案・計画によって指導対策を実施するもので、教職員および学区内の児童委員、少年保護司、青少年団関係者、婦人団体関係者、警察関係者、ＰＴＡ、その他青少年指導に関心の深い社会人をもって構成された。教育委員会にはその中央委員会を設け、学区委員会の自主的な計画を援助するために幻灯、スライド、紙芝居、映画上映等の実施、青少年指導者講習会の開催、「母と子

表 12-1　学区委員会の活動内容

中区	・長期欠席生徒の家庭訪問をし、又、調査を行って向学への督励をする。
	・夜間の特設学級について父兄によくしらせる。
西区	・地域的に生徒会をつくり、校外生活の指導をする。
	・運動への熱を昂揚し、対抗競技等による自主的訓練を行う。
	・出身の小学校側と新入生徒について懇談会を促す。
	・「生徒は家庭に何を希望するか」の調査。
	・善行者の表彰。
南区	・長欠生徒の就学督励。
	・卒業生の就職斡旋。
	・地域別ホームルームを中心に青少年会を開催する。
	・学区委員と父兄の懇談会を催す。
	・警察署長の防犯についての講演会を開催する。
磯子区	・町内別父兄と懇談をし、青少年赤十字団と連繋をとる。
	・スポーツ熱を通じて積極的に指導をする。
	・児童福祉司を囲む座談会。
	・卒業生の就職依頼。
金沢区	・長欠生徒の家庭状況を調査する。
	・教職員を各地に派遣して研究させる。
戸塚区	・区内小・中・高等学校並びにPTAの連絡協議会開催。
	・青少年の夜間の出歩きを防止する。
	・スポーツ熱の奨励と、学校図書館を充実し整備する。
	・防犯劇による啓蒙宣伝を図る。
	・農閑期を利用して卒業生の指導レクリエーション・行事の開催。
鶴見区	・欠席生徒の家庭訪問と出席への督励。
	・学区委員・民生委員・警察等の連絡強化を図る。
	・部落会を結成し、校外巡観による生活指導をする。
	・地区別少年団の結成と校外自治訓練をする。
神奈川区	・不就学生徒の調査及び指導をする。
	・各小・中・高等学校の対策委員会の内容・活動方法についての研究発表会。
	・児童・生徒のレクリエーション的施設を計画し実施する。
	・卒業生を母校へ召集し、映画会を兼ねて風紀の問題について講演し定時制高校入学の勧誘をし出席者の半分が手続をした。
	・公署・社会諸団体との密接な連繋を図る。
	・部落毎に細則をつくり、協議会の開催。
港北区	・委員会を中心とした体操早起会・子供会・講演会・運動会・野球大会・幻灯会・紙芝居等の開催。
	・生徒の生活実態調査。
	・不就学生徒の調査・家庭訪問・出席督励。
	・困窮家庭に絵本・玩具等を寄附によって提供する。
	・就職の斡旋指導。
	・区内各学区委員会との連絡協議をする。
保土ヶ谷区	・校外に生徒委員会を組織して自主的生活指導をする。
	・町内別父兄母姉座談会の開催。
	・長欠生徒の調査と家庭訪問。
	・要注意者のリスト作製、個人別対策を樹立する。
	・休日における生徒の補導。

（備考）横浜市教育委員会事務局調査課『よこはま教育時報（8）』1950年11月20日、3頁により作成。

の歌」の指導、就学奨励のための施策として特設学級を各区に一校設置すること、その他都心農村に一校全日教育のできる厚生施設をつくり青少年の生活指導の便を提供することが意図された[30]。このように「横浜市青少年指導対策委員会」の事業として社会教育課が管轄する青少年教育の施策の一環として夜間中学校が位置づいている。また、一九五〇年には「青少年指導対策費」として五〇〇万円の予算を計上していることが示されている。

中学校を中心として展開される青少年の指導対策における学区委員会の具体的な活動は**表12―1**のようになっている。長期欠席者の家庭を訪問し就学を督励することや卒業生への就職・進路の斡旋をすること、また青少年指導対策として民生委員や警察、ＰＴＡなど諸機関との連携を図っていたことが分かる。なお、「横浜市青少年指導対策委員会」はその後一九五三年の「青少年問題協議会設置法」にもとづき「横浜市青少年問題協議会」へと発展的に解消されている。

(三)高等学校「特別定時制分校」の開設

一九五〇年に横浜市では不就学・長期欠席状態にある中学生を対象に「特設学級」(夜間中学校)を、さらに昼間の高等学校に進学していない(進学できていない)中学校卒業生を対象とし、高等学校定時制およびその分校を開設した[31]。後述するが、とくに分校は市立高等学校の定時制として、一年間の職業教育に特化した課程であり、市立中(小)学校内に設置されたという特別な形態であった(後に定時制四年の課程となり高等学校修了の資格が付与されることとなった)。本項では、これを「特別定時制分校」とする。端的に特徴が示されている記述によれば「中学卒業生に職業的な技術を身につけてやり、安心して就職できるように」することを目的とした「定時制の高校の形で発足し、実質は高校の別科制なるもの[32]」であったという。つまり、表面上は高等学校の定時制の扱いであったが、一年以上の職業教育を施す機関として別科的な性格をもつものであったとみられる。また、この「特別定時制分校」は市教育委員会としても他の定時制とは区別して扱っていたとみられる。たとえば、一九五三年二月の月末統計では、「全日制」「定時制（独立校）」「特別定時制」と区別され、「特別定時制」は分校が六校あり、男子生徒が一五一名、女子生徒が一〇八名在籍していたことが示されている。[33]なお、別科も設置する横浜商業高校の『Y高百年史』の年表には一九五〇年に「金沢中学校及び共進中学校内に、定時制職業課程の分校を設置した（四月）」と示されている。[34]残念ながら、この特別な形態として発足した「特別定時制分校」に関しては、現時点では史料的な限界があり、本項では全体像を明らかにはできないが、どのような実態のもとで行われていたのか可能な限り描き出していきたい。[35]

一九五〇年三月発行の『よこはま教育時報（7）』[36]には、教育委員会事務局教育課より次のように提示されている。

家庭や工場で働いている少年たちのための中学校特設学級が設置されました。（教育課より）
六三制が実施され義務教育の年限が九カ年となった。憲法や教育法規に義務教育が完全に実施される様に規定されているが、役に立つ様になった子供を家庭で働かせたり工場に働きに出している親が本市には少なくない。いろいろの手順を尽して登校を勧めても事情があって仲々出席しない。然し教育の機会均等の見地に立ち、特に義務教育であるという立場から、これを傍観している訳にはいかない。そこで中学校の始業時刻を遅くして、その様な生徒を就学させ中等普通教育を施すために必要のある地に一学級づつ数校に特設学級を設けた。

あなたは就職するまでどうしていたらよいでしょうか。定時制高等学校をしっておりますか。（教育課より）

最近の経済事情や社会の状勢によって中学校卒業者の就職問題は極めて憂慮すべきものがある。中学校は出たけれど家庭の都合上全日制高等学校に進学しない。さればと言って就職の機会を得ることもできない。家庭で何等なすことなく生活せざるを得ないという者が非常に多い現状である。

この対策としてかゝる者のために、就職までの間に職業教育をして技能を身につけさせ、就職後有為な職業人となれるように或いは又家庭にあって、家事を手伝う者には教養ある人となれるように定時制高等学校を設置した。

加えて、「最初は高等学校の別科的性格を持った課程を設けたが、社会情勢によって将来も永く続き生徒数も多いようならば、完全な定時制高等学校として単位修得者に全日制卒業者と同等の資格を得られるようにしたい」と示されている。さらに、女子のみは昼間通学できるようにしたこと、「高等学校の先生ばかりでなく出身中学校の校長先生や主任の先生も特に協力願って、将来の世話は勿論、希望を失って不良化などしないよう生活の善導もして下さることになっている」[37]と、中学校の教員との連携体制も示されている。分校は中（小）学校内に設置されたため、中学校教員も高等学校との連携の上で生活指導の一端を担っていたことが推察される。

また、高田三郎教育委員長による回顧の記述では、「横浜市教育委員会綱領」のもとで示された施策について振り返っているが、そのなかで「二、教育の機会均等は人種、性別、門地などによっては何らの不均等もない、唯経済的理由に依って能力あるにも拘らず就学困難な者に対しては、充分とは言えないまでも相当額の就学奨励費（二五二万円）と育英資金が支給される、又勤労少年に対しては定時制及び夜間学校が開設されたのである」と示されている。回想では、青少年の不良化防止の施策についても述べられているが、「定時制及び夜間学校」についてはあくまでも教育の機会均等のための施策に位置づけられている。「夜間学校」が夜間中学校を示す／あるいは含まれているのかは明示的ではないものの、こうした回顧録からも「定時制及び夜間学校」は教育委員会の肝いりの施策であったことがわかる。

表 12-2　「特別定時制」分校の設置課程

本校	分校名	課程	募集人数	修業年限	設置
鶴見工業	大綱分校	木工科	50	1年	大綱中内
鶴見工業	大綱分校	被服科	50	1年	大綱中内
鶴見工業	汐田分校	自動車科	50	1年	汐田中内
横浜商業	共進分校	商業科	50	1年	共進中内
横浜商業	金沢分校	商業科	50	1年	金沢中内
戸塚高校	大正分校	被服科	50	1年	大正中内
桜丘高校	幸ヶ谷分校	被服科	50	1年	幸ヶ谷小内
桜丘高校	幸ヶ谷分校	商業科	50	1年	幸ヶ谷小内

（備考）横浜市教育委員会事務局『よこはま教育時報（22）』（1953 年 2 月 25 日発行）35 頁より作成。

一九五三年二月発行の『よこはま教育時報（22）』[38]には、「昼間の高校や定時制の高校にゆけない青少年のために横浜市では次のような特別定時制の高校を設けて青少年の皆さんの職業技術の修得を希望しております」とし**表12―2**が掲載されている。ちなみに、先述の一九五〇年三月発行の『よこはま教育時報（7）』にも「特別定時制分校」の課程等が示されている。その時点ではそれぞれの分校で開設される課程は複数示されていたが[39]、一九五三年二月には木工、被服、自動車、商業課程と大枠となり、大綱分校、幸ヶ谷分校以外は一課程ずつの設置となっている。

この「特別定時制分校」は、修業年限は一年とし、高等学校の分校として中（小）学校内（一校は小学校内）に設置された。一九五三年二月時点での募集人員はそれぞれの課程で五〇名、鶴見工業高等学校大綱分校（大綱中内）、鶴見工業高等学校汐田分校（汐田中内）、横浜商業高等学校共進分校（共進中内）、横浜商業高等学校金沢分校（金沢中内）、戸塚高等学校大正分校（大正中内）、桜丘高等学校幸ヶ谷分校（幸ヶ谷小内）の六校設置された。いずれも、横浜市立高等学校が母体となっていた。一九五三年度をもって横浜商業高等学校金沢分校、共進分校、戸塚高等学校大正分校の三校が、一九五五年度をもって鶴見工業高等学校大綱分校、鶴見工業高等学校汐田分校、桜丘高等学校幸ヶ谷分校は廃止された。ところで、港北区にある大綱中学校には夜間中学校と「特別定時制分校」の双方が一九五〇年に同時に設置され、一九五〇年代中頃に廃止されていたことになる。さらに、一九五〇年には中学校を卒業した一般の成人を対象として「教養の向上、情操の醇化、職業的基礎教育」を目指して教育長を学校長とする「横浜市成人学校」が開設され、共進中学校を会場として六月から八月まで第一期が開講されている(40)。共進中学校には「特別定時制分校」が設置されていたが、成人学校も開催されていた。

　夜間中学校と「特別定時制分校」の開設の背景について、その開設に立ち会った中学校長が次のように回想している(41)。

一　夜間中学校と高等学校の二部

昭和二十五年だったと記憶する。世は不況で各学校とも卒業生の就職について、ずいぶん頭を悩ました。岡野中学校長〔氏名略─引用者〕主唱により、市内各学校長と協議の結果

1．卒業生の未就職者の就職の《ママ》斡旋する。

2．就職が決定するまで、当該学校に預かり、補習教育をする。

右の決議事項を、横浜市当局においても尊重されたが、高等学校夜間部設置となった。〔中略〕

不況は中学校の在学生まで襲った。義務教育だとはいえ、生活困難の結果、昼間の学校出席不可能の生徒は、日増しに増加していく一方である。そのために、貧窮に悩む家庭の子を収容して、教育することに決定した。

> 横浜市は十区である。一区に一校を選定して夜間授業を行ない《ママ》。他の学校は貧窮生徒をこれに送り込む。費用その他はその区にある学校全体で負担する。
> その後夜間部担当の教師には市より月額五百円也の手当が支給された。

この回想からは夜間中学校と「特別定時制分校」の開設は、学校現場からの要請もあったことがうかがえる。夜間中学校は、区内の開設校に対象となる生徒を通学させ、その費用は区内の学校全体で負担するという柔軟な運営となっていた。さらに、生徒会費や学級費等をはじめ、学習に必要な教材費などの費用も一切徴収せず、貸与するか本人に与えるかたちで運営されていたという。[42] 入学者は一九五〇年度は六校（四校分は人数不明）合わせて二〇六名、一九五二年度がもっとも多く二九二名、一九五〇年代後半からは生徒数の減少がみられ、一九六三年度になると一〇〇名を切る。[43]

さらに、「特別定時制分校」に関して飯田赳夫元中学校長による回想がある。飯田は大綱中学校に夜間中学校と「特別定時制分校」の双方が設置されていた当時の校長でもある。回想によれば、「青少年の不良化対策の一つとして、中学校卒業後の青年に少しでも技術を身につけ生活安定の『ヨスガ』にとも考えられて、昭和二十五年四月に特別定時制高校」が開設された。しかし、一年間の修業であり、既習した学科についてのみの単位修了であり、「定時制の高校にあこがれて学校へ来たものの」二・三単位の取得のみで、学生定期券も発行されない状態であった。そこで、生徒の向学心を満足させるために、本校と連携し、本校の教科課程の二年分を分校で取得させ、三年目から本校に通い、四年の定時制の課程を修了し高等学校の卒業資格を得られるようにした。しかし、毎年四、五〇名の三年生が増加することは本校にとっては負担となり、分校としても一時は二百数十名の高校生を中学校に抱え込んでいたが、予算の関係もあり、一九五四年頃には教育委員会から縮小の方針が示され、生徒を市立高等学校に分散したという[44]。

「特別定時制分校」は、表面上は定時制として発足し、別科的な性格をもつ市立高等学校の分校として中（小）学校内に設置され、職業教育に特化した一年の課程という形態で始められた。回想にはいつ頃からかは示されておらず実態は不明確ではあるが、後の展開としては二年間は分校で学び、三年次からは本校に通い四年の定時制の課程を修了し高卒の卒業資格を得られるようになったことが示されている。先述のように、一九五〇年に開設された当初から、はじまりは高等学校の「別科的性格」を持った課程を設けたが、状況によっては完全な定時制高等学校として卒業資格を与えることが目指されていたため、それが実現されたものとみられる。

夜間中学校も「特別定時制分校」もその開設には中学校側からの要請も働いていたとみられ、いずれもその背景のひとつには青少年の不良化防止が目論まれていたとみられる。さらに、高等学校と中学校の設置者がいずれも横浜市教育委員会であることから、運営上の管理面でも連携が図りやすく、中学校内に設置されることは進路が確定しない中学校卒業生を把握し管理することも容易であったと考えられる。夜間中学校と「特別定時制分校」はいずれも中学校の校舎を利用して設置されたわけだが、都市部においては校舎（教室）が不足し二部授業の問題が深刻であったなかで、横浜市の中学校は教室整備が比較的進んでいたため[45]、空き教室を利用できたことも夜間中学校や「特別定時制分校」の開設を可能とした背景のひとつであったと考えられる。

このように、横浜市においては中学校の不就学・長期欠席状態にある学齢期の子どもたちの問題と、中学校を卒業したものの就職も進学もできないままに置かれた学齢を過ぎた子どもたちの問題が同時的に生起していたことで、教育機会の均等や青少年の指導対策上、彼らの（今日的なことばで言えば）居場所をいかに確保するのかという問題が際立つものとなった。それゆえ、例外的ではあるものの実情に即した二つの形態の学校の開設が進められたとみられる。夜間中学校は結果的にはその後も存続するが、「特別定時制分校」は六年間という短い期間の暫定的な措置となった。夜間中学校の開設に視点を向ければ、青少年の指導対策として二つの施策が中学校を軸として同時的に展開されたことで、その開設の障壁が比較的低く抑えられたとみられるのではないだろうか。

まとめに代えて――青少年問題への対応策としての夜間中学校のすがた

学齢期の子どもの不就学・長期欠席と青少年の非行・不良化が結び付き問題視されるなかで、この問題への対策として展開されたのが横浜市における夜間中学校であった。本節においては、横浜市における夜間中学校の社会的機能を図12―1のように位置づける。

まず、一九五〇年代初頭の学齢期の子どもの不就学・長期欠席の問題は学校教育の問題でありながらも、その背景には家庭の絶対的な貧困状態があった。貧困家庭への支援や対策は本来的には社会保障（福祉）で対応すべき問題であり、その問題を背後に抱えつつ成立した夜間中学校は福祉の不備を露呈したり、補完したりするものであるという位置づけもこれまでなされてきた[46]。さらに、青少年の犯罪や不良化への対応は長期欠席問題と同様に学校教育上の問題でありながらも、対象とする年齢層も広く、一般的には主に学校施設外の場所での行動が保護育成対象となる。ゆえに青少年に関連する施策は行政では社会教育課管轄の事業と位置づけられ、主として社会教育の領域に位置づいている。つまるところ、横浜市における夜間中学校の開設は不就学・長期欠席問題と青少年指導対策が結び付くことで、これらの問題解決を学校教育に求めたものといえる。すなわち、不就学・長期欠席状態にある子どもを学校に囲い込むことで非行や不良化も防ぐことが同時に目論まれたといえよう。そこで選択されたのが夜間小学校という前例のある「夜間に授業を行う」学級の開設であった。昼間に就労を余儀なくされている子どもには教育機会を保障することが可能となり、非行や不良化のおそれがある子どもは学校に囲い込み、保護育成し、かつ管理の対象とすることも可能となる教育機関として期待されたといえる。横浜市という都市の特殊な環境で、子どもたちの置かれた状況を改善するために、より実態に即した暫定的な措置として選択されたものと考えられる。かくして、夜間中学校は学校教育でありながらも社会保障の代替措置として、かつ青少年への指導対策に対する施策のひとつとして、すなわち社会的な機能としては、社会保障領域と社会教育領域をつなぐ機能としてそのあいだに位置づく学校教育機関であったと考えられる。

図 12-1　夜間中学校の位置づけ

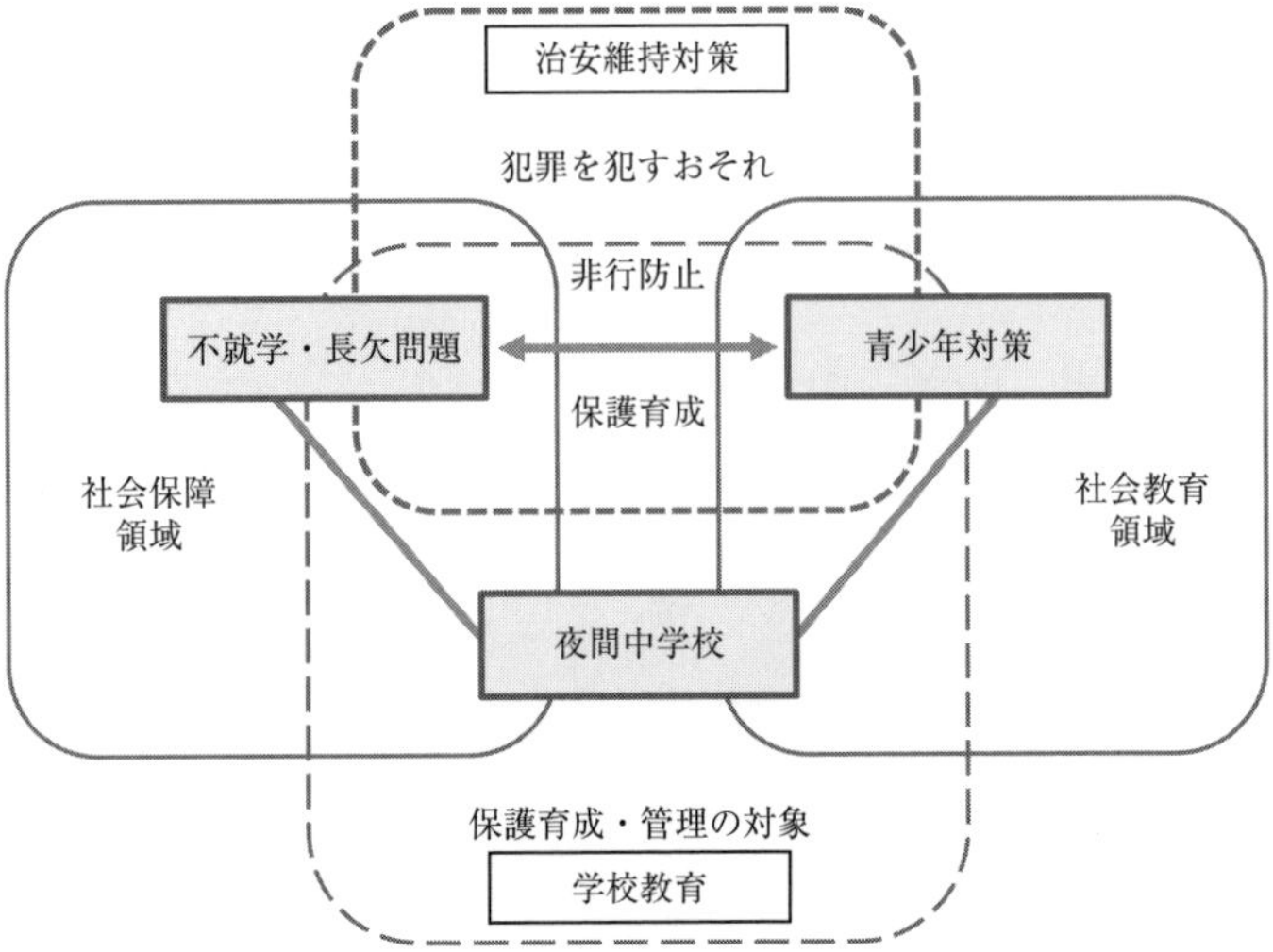

筆者作成

注

（1）本稿は、①大多和雅絵「1950年代における横浜市の夜間中学校—開設の経緯に着目して—」教育と歴

史研究会（二〇一九年一一月一六日）（於：上智大学）、②大多和雅絵「1950年代における都市の青少年の教育問題と夜間中学校—東京都・神奈川県横浜市を中心に—」地方教育史学会第四五回大会シンポジウム「都市の教育問題」（二〇二二年五月二二日）（於：札幌エルプラザ）での報告が基になっている。

（2）設置校は中区港、西区西、南区平楽、南区蒔田、磯子区浜、戸塚区戸塚、鶴見区豊岡、港北区大綱、保土ヶ谷区保土ヶ谷、神奈川区浦島丘中学校。豊岡中学校は一九五一年度より校名は鶴見中学校となった。【夜間中学校の新設・閉鎖状況】保土ヶ谷中は一九五五年度、大綱中・浜中は一九五六年度、港中・戸塚中は一九六六年度をもって閉鎖された。生徒数や土地の情況から浜中に代わって一九五七年度に金沢中に新設され一九六一年度をもって閉鎖された。一九六七年度からは五校（蒔田中、平楽中、西中、浦島丘中、鶴見中）体制となった。二〇〇〇年度をもって平楽中の夜間中学校が閉鎖され、代わって中区仲尾台中に新設された。二〇一三年度をもって蒔田中一校に統廃合され、二〇一四年度から二〇二三年度現在は蒔田中に設置された一校（「夜間学級」）となっている。

（3）横浜市教育委員会編・発行、五七八頁。一九五〇年の横浜市における夜間中学校の開設については、古くは夜間中学校に関し体系的にまとめた代表的な研究の一つである尾形利雄・長田三男『夜間中学・定時制高校の研究』（校倉書房、一九六七年）においても言及されている。

（4）浅野慎一「戦後日本における夜間中学の卵生と確立—1947-1955年—」『神戸大学院人間発達環境学研究科研究紀要』第七巻第二号、二〇一四年、一五九頁。

（5）横関理恵「戦後における公立夜間中学の開設過程とその運営—1950年代の横浜市立浦島丘中学校に焦点を当てて—」『拓殖大学北海道短期大学紀要（二）』二〇二二年。

（6）江口怜『戦後日本の夜間中学—周縁の義務教育史—』東京大学出版会、二〇二二年。

（7）他に草京子・浅野慎一「1947～1955年における夜間中学校と生徒の基本的特徴（前篇）」『神戸大学大学院人間発達環境学研究科紀要』第一一巻第二号、二〇一八年に詳しい。

（8）二〇年史編集委員会編『浦島丘中学校20年史』一九六七年、三三―三五頁。

（9）文部省初等中等教育局・中央青少年問題協議会『夜間に授業を行う学級をもつ中学校に関する調査報告書』

一九五四年、一七頁。調査基準日は一九五三年一二月一日。
(10) 大阪市の夕間学級については、赤塚康雄『新制中学の誕生―昭和のなにわ学校物語―』（柘植書房新社、二〇一九年）一九二―二〇〇頁に詳しい。
(11) 文部省の意向は夜間中学校の開設を左右するものではあった。鳥居和代は、一九五〇年代中頃に千葉県では長期欠席者への対応として、教職員組合等から夜間中学校の開設の要望があったが、県教育委員会は文部省の消極的な方針に忠実に従ったため実現しなかったと指摘する（鳥居和代「千葉県漁業地域における子どもの長期欠席問題」「1950年代教育史」研究部会『1950年代教育史の研究』野間教育研究所、二〇二〇年、四三三―四三四頁他）。
(12) 前掲書『夜間に授業を行う学級をもつ中学校に関する調査報告書』、二二頁。「夜間学級を開設するに至った事情」の学校長の回答より。
(13) 田中勝文「『夜間中学』にみる教育と福祉の問題」小川利夫・土井洋一編『教育と福祉の理論』一粒社、一九七八年、二七九頁。
(14) 前掲書『戦後日本の夜間中学』、八四―八五頁。五大市のなかでも京都市での動きは同書に詳しい。
(15) 前掲書『浦島丘中学校20年史』、三四頁。
(16) 夜間中学校の二部授業としての位置づけをめぐる動きや、一九五〇年代に暫定措置として開設された夜間中学校がその後も存続する過程については、大多和雅絵『戦後夜間中学校の歴史―学齢超過者の教育を受ける権利をめぐって―』（六花出版、二〇一七年）に詳しい。
(17) 横浜市立小・中学校校長会新学制二十年記念誌刊行委員会編・発行『礎』一九六七年、九三―九八頁。
(18) 同前書、一一三―一一七頁。
(19) 横浜市教育委員会事務局調査課『よこはま教育時報（8）』一九五〇年七月二〇日。
(20) 須田将司によれば、「都道府県五大市教育研究所所長協議会」が一九六一年に発足したが、横浜市が主催する「五大市教育研究所連盟集会」は一九五二年に第一回集会が開催されている。教育研究所においても五大市の連携がみられる（須田将司「1950年代における自治体立教育研究所と国立大学附設教育研究所」前

掲書『1950年代教育史の研究』、二八三―二八四頁)。
(21) 前掲書『1950年代教育史の研究』、三九一―四〇八頁。
(22) 前掲書『戦後日本の夜間中学』、五〇九頁。
(23) 前掲書『よこはま教育時報 (8)』、一五―一七頁。
(24) 同前、四―七頁。
(25)『神奈川新聞』(一九五〇年二月八日、三月七日)等。二月八日の記事では、「浮浪児」を積極的に補導し関係機関と連携を図り更生救済すること、三月七日の記事では市警が街商する少年少女の実態を調査した内容が報じられている。
(26) これらの資料は、飯田赳夫元中学校長(夜間中学校が開設された大綱中、西中、浦島丘中校長を歴任。一九六二年度(第九回大会)―一九六六年度(第一三回大会)全国夜間中学校研究会会長を歴任)の尽力によるものであると考えられる。なお、筆者は二〇一四年一〇月に市内一〇校への「夜間学級(夜間特設学級)」の開設に関する教育委員会の会議内容に関する情報公開請求を行ったが、横浜市教育委員会の回答は「保存年限(30年)経過により既に廃棄済みであり保有していない」というものであった。
(27)『横浜市報』(No.989)一九五〇年四月一五日発行、七二―七三頁。
(28) 前掲『よこはま教育時報(8)』、二四―二五頁。
(29)『横浜市報』(No.993)一九五〇年六月一日発行、一二〇―一二一頁。
(30) 同前、二―三頁。
(31) 高等学校定時制分校については、大島宏「1950年代における高等学校定時制分校―山梨県を対象として―」前掲書『1950年代教育史の研究』に詳しい。大島は一九五〇年代には教育の機会均等の実現から定時制課程が重要な役割を担っており、定時制課程における分校の位置づけも決して小さなものではなく、五〇年代は「分校の時代」であったと指摘する。
(32) 横浜市教育委員会『よこはま教育時報(36)』一九五八年二月発行、五頁。なお、「本市産業教育の変遷」としてまとめられた記述では、鶴見工業高校の汐田分校が一九五三年、大綱分校が一九五四年に短期産業教育研究指定校として設備の補助を受けたこと、分校は財政的な理由で廃止されたことも述べられている。
(33) 横浜市教育委員会事務局『よこはま教育時報（23）』一九五三年三月三一日発行、三三頁。
(34) Y高百年史編集委員会編『Y校百年史』Y高百年史編集委員会、一九八二年、表―一六。
(35) 現時点で確認できている史料では「特別定時制分校」に関して、その実態面は関係者の回想等に頼らざるを得ない。夜間中学校との関係でも、夜間中学校の卒業生が「特別定時制分校」に入学するケースはあったのかなど、その連携についても明らかになっていない。引き続き史料収集を行い、別稿を用意できればと考えている。
(36) 横浜市教育委員会事務局調査課『よこはま教育時報（7）』一九五〇年三月三〇日発行、七―八頁。
(37) 同前。
(38) 横浜市教育委員会事務局『よこはま教育時報（22）』一九五三年二月二五日発行、三五頁。
(39) 前掲『よこはま教育時報（7）』七頁。たとえば、設置コースがもっとも多く示されている鶴見工業高等学校大綱分校では、「手芸、裁縫、珠算、簿記、電気、機械、木工」となっている。またこの時点では、分校以外に戸塚（別科）、鶴見工業（同校夜間部）、横浜工業（同校昼間部）も設置されるなかに示されている。戸塚（別科）、鶴見工業（潮田分校）、桜ヶ丘（幸ヶ谷分校）は女子のみ、横浜商業（共進分校）は男子のみとなっている。
(40) 横浜市教育委員会事務局調査課『よこはま教育時報（10）』一九五〇年一一月二〇日発行、六―七頁。
(41) 前掲書『横浜市夜間中学校―十五年の歩み―』、六―八頁。立石実信元校長の回想「夜間中学校の創設に参画して」。立石元校長は、夜間中学校が開設されていた横浜市立西中学校、平楽中学校長を歴任。一九五六年（第三回大会）・五七年（第四回大会）には、全国夜間中学校研究会会長を歴任している。
(42) 同前書、一六七頁。「夜間学級入学についての要項」より。他に、遠足や見学等に必要な費用は半額程度徴収することもあることが示されている。
(43) 前掲書『横浜市夜間中学校―十五年の歩み―』一九六五年、一五八頁、「横浜市夜間中学校校別年度別在籍生徒数」より。

(44) 横浜市教育委員会『よこはま教育時報(35)』一九五七年九月三〇日発行、一三頁。同誌には立石実信元校長による「中学校夜間学校」の回想も掲載されている。

(45)『神奈川新聞』一九五〇年一月九日。

(46) たとえば、田中勝文は夜間中学校は、「国民の生活問題への対応策＝社会福祉行政の不備」によって生みだされた階層の子どもたちを対象としていること、「福祉行政の不備」が続く限り夜間中学校の対象者がなくならないことを指摘している(前掲書『教育と福祉の理論』、三一二—三一三頁)。また、江口怜は京都市の教育実践を「福祉」の視点から捉えている(前掲書『戦後日本の夜間中学』、三八七—四一八頁)。

第一三章

一九五〇年代初頭の漁村にみる標準語教育の模索

――千葉県安房郡富崎小学校と大田堯らのかかわり

鳥居　和代

はじめに

本稿では、一九五〇年代初頭の千葉県安房郡富崎村（一九五四年五月、館山市に編入）という漁村の小学校における標準語教育と方言の扱いをめぐる問題に焦点を当てる。なかでも、東京大学教育学部助教授であった大《おお》田《た》堯《たかし》（一九一八―二〇一八）と研究室の大学院生らが、一九五三（昭和二八）年に千葉県教育研究所と共同で実施した富崎村調査をもとに、漁村の教育計画を分析・評価するにあたり、富崎村立富崎小学校[1]の標準語の指導を俎上に載せたことに着目する。大田研究室は富崎小学校の標準語教育のどこに課題を見出し、また現場の教師たちは大田研究室による問題提起を受けて、どのように実践を見直していったのか。五〇年代初頭の千葉県の一漁村の小学校にみる標準語教育の模索とその意味を考察することが、本稿の目的である。

戦後日本の標準語と方言に関する国語政策や教育実践を扱った研究として、小《こ》国《くに》喜《よし》弘《ひろ》の研究が挙げられる。

小国は、方言を書きことばとして教育実践に取り入れた無着成恭《むちゃくせいきょう》の『山びこ学校』（一九五一年）に光を当て、方言をふさわしくない不完全なことばとみなしてきた国語教育の常識とは異なり、無着の実践では、村の生活の論理においては方言が使用されながらも、方言の翻訳や近代化を志向する場面では標準語が使用されるといった使い分けによって、子どもたちに伝統の意味や近代的価値を問い直させようとした点に注目している。ただし、一九五〇年代には文部省とそれに対抗的な民間教育研究団体（日本作文の会、教育科学研究会国語部会）のどちらの陣営においても、日本語の標準化というナショナリズム自体は深く前提とされており、無着の方言教育は理解されなかったと述べる。(2) 小熊英二の研究においても、五〇年代の日本教職員組合の教研集会の議論では、共通語の指導を肯定する意見が優勢を占めたことが指摘されている。(3)

関連して小国は、文部省の国語政策が実施されるなか、標準語教育が「東北地方や沖縄といった、戦前期において『内国植民地』と目された地域においては苛烈なまでに実施され」るなど、その取り組みには「地域的な偏り」があったこと、また文部省が話しことばにおける方言矯正を主に問題としたのに対し、これに反対する国分一太郎ら革新派の国語教師たちは、書きことばにおける方言矯正に熱心に取り組んだことを論じている。(4) 他方、国分の議論については、永田和寛が論じているように、生活という評価尺度によって既存の「国語」の内容を更新させ、標準としての「国語」のあり方を問い直す契機をはらむものであったとの評価もある。(5)

いずれにしても、先行研究はことばの教育実践について、文部省の国語政策からの距離の置き方にかかわらず、標準語教育を通じた国民統合の実現への志向性（言語ナショナリズム）からどれだけ自由であったかが問われなければならないことを示唆している点で重要である。同時に、次のような検討課題も浮かび上がる。第一に標準語教育の「地域的な偏り」を検討するためには、東北地方や沖縄はもとより、中央に対するいわば辺境としての農山漁村地域の問題をさらに対象化する必要があること、第二に現場の教師の取り組みとして、生活綴方や作文教育などの書きことばを主とした標準語教育や方言（方言尊重）教育のみならず、話しことばを主とした教育実践の掘り起こしがなお求められること、第三に学校現場のことばの実践への教育学者のかかわり、すなわち標準語と方言をめぐる研究と実践の結びつきを検討する余地があることである。

そこで本稿では、千葉県房総半島の最南端に位置する漁村・富崎をフィールドに、一九五〇年代初頭の富崎小学校の話しことばを主とした標準語教育と漁民の生活言語である方言の扱われ方を考察する。大田堯らの調査報告を機に、同校の標準語教育がどのように再考を促され、どのような課題に直面し、その課題がどのように克服されようとしたのかを、大田らと現場教師の問題意識や省察のありようとともに、明らかにしたい[6]。

第一節　戦後初期の話しことばに関する文部省の方針

一九五〇年代初頭の富崎小学校の事例を取り上げる前に、戦後初期の文部省の国語政策にみる話しことばに関する教育方針について、小学校学習指導要領[7]や文部省編集「国語シリーズ」をもとに大略を述べる。

小学校学習指導要領・国語科編の一九四七（昭和二二）年試案[8]では、国語科学習指導の目標において「なるべく、方言や、なまり、舌もつれをなおして、標準語に近づける」ことが示された。「話しかた」の学習指導上注意すべき点としては、第四学年から第六学年について「できるだけ、語法の正しいことばをつかい、俗語または方言をさけるようにする」といった項目が確認できる。その後、五一年改訂の試案[9]では、「話すこと」の具体的な目標の一つに、「標準的なことばづかいや、正しいいいまわしで、礼儀正しく話すことができる」ことが新たに設定された。また、この改訂試案では、国語のさまざまな能力を児童の発達段階に照らして学年別に一つの表として組織・配列した「国語能力表」が着目される。それによれば、「話すことの能力」において、第一学年から第三学年まで継続して「なまりのない発音で話すことができる」こと、さらに第四学年から第六学年まで継続して「方言を使わないで話すことができる」ことが掲げられた。そのほか、話すことの学習指導の進め方が学年ごとに示され、おおむね低学年ではなまりのない発音で、高学年では方言を使用しないで、漸次的に正しい語法で標準語を話せるよう指導することが推奨された。ただし、文部省告示による五八年の小学校学習指導要領[10]では、国語科の目標に方言や標準語（共通語）に直接関係する記載はみられない。学年別の事項の中に、第四学年では「全国に通用することばとその土地でしか使われないことばとの違いを理解すること」、第六学年では「必要な場合に全国に通用することばで話すこと」といった内容が確認される程度である。

このように一九四〇年代後半から五〇年代にかけての国語科の学習指導要領では、主として第四学年以降に比重を置いて、方言を使わずに標準語（共通語）を話せるよう、話しことばの指導を行うものとされた。留意すべきは、文部省の方針は、規範的な標準語の制定を第一義とした、標準語と方言の場面による使い分け、いわば二重言語主義に基づく漸次的な標準語教育の実施を企図していた点である。このことは、文部省編集「国語シリーズ」にみる標準語と方言に関する議論にも明らかである。ここでは一例として、方言学者の東条《とうじょう》操《みさお》（学習院大学教授）が執筆にあたった五三年発行の『方言と国語教育』（国語シリーズ一一）に触れておく。

東条は、「わたくしは標準語と方言とは併存すべきものだという持論の所有者である」[11]と言明し、日本には「正真」の標準語がまだないために、かりに東京語を全国の共通語として間に合わせている、方言改良は焦って進められるべきものではなく、「急ぐべきことは方言を東京語化することよりは、むしろ一日も早く正しい美しい標準語をつくりあげることにある」と論じた。[12]あくまで「正真」の標準語の確立を最優先とする立場である。そのため東条は、「家庭や郷党の間では、その社会に最も適応しており、日常使い慣れている方言で心安く話をすることを勧めたい」とし、「かつて、沖縄で行ったような、家庭内にまで方言の使用を禁じ、標準語を強制することは不自然であり、無理であり、有害である」[13]とさえ述べる。公の場面では標準語を使用し、「家庭や郷党の間」では方言を使用する二重言語の推奨である。こうした東条の主張は、じつは戦前期から連続していた。東条は方言だけに優位性をみるのではなく、同時に「日本」という統一国家をつくり、維持するうえで、標準語にも重要性を見出し、すでに一九三〇年代から二重言語生活を提唱していたからである。[14]

そのほか、東条は小学校の低学年への早期の標準語教育の導入には慎重な立場をとった。「1～2年の教育が方言の上に言語能力を伸ばすことを主眼としたのに対し、3年以上は標準語教育のほうに重点を移したい。それも3～4年は準備期として、なお方言の併用を認め、5～6年は完成期として、教室内では標準語だけを使わせたい」[15]とし、学年に応じた標準語教育の段階的な実施を提唱した。

総じて、上述した『方言と国語教育』をはじめ、『標準語と方言』第一集（国語シリーズ二八、一九五六年）や『標準語と方言』第二集（国語シリーズ三一、一九五六年）など、一九五〇年代の文部省編集「国語シリーズ」の論調は、標準語と方言との二言語併存を支持し、方言からしだいに標準語（共通語）へという立場において一貫していた。正しく美しい、真の標準語の確立と普及を第一義とすればこそ、いまだ改良の途上にあった標準語を、小学校低学年から早急かつ徹底して指導することには後ろ向きだったのである。

ところが、このような文部省のお墨付きを得た、東条に代表される二重言語主義に基づく標準語教育の方針は、秋田県の国語教師・近藤国一の提起を発端とする「標準語教育論争」（一九五四年）[16]に象徴されるように、なまりや語法に著しい特徴のある地域の学校現場から批判を浴びることにもなった。近藤は、標準語と方言の「併存すなわち二重言語を以て規範とすることははたして一国の言語政策として適切なものでありましょうか」と文部省の国語政策に疑問を呈した。加えて、小学校における標準語教育の実施時期についても、「小学校入学と同時に、的確なカリキュラムのもとに標準語指導を開始すべきである」とし、入学当初からの早期導入を主張した[17]。事実、一九五〇年代初頭には、秋田や鹿児島の例[18]のように、文部省の国語政策よりも徹底した話しことばの標準語化を求める動きが、学校現場では生じていたのである。大田堯が東京大学の大学院生らとともに、千葉県の地域教育計画を見直すための実地調査にかかわったのは、このような時期であった。

第二節　大田堯研究室の富崎村調査と教育計画の見直し

千葉県では、一九五〇（昭和二五）年六月「千葉県基準カリキュラム編成委員会」が発足[19]、五一年四月「基準能力表」および「基準単元表第一次試案」、五二年三月「資料単元…社会科、理科、職業家庭科」、同年四月「基準単元表改訂案」の構成・改訂が進められた[20]。千葉県教育研究所は、県基準カリキュラムをよりよく地域教育計画に活かすため、地域の子どもと家庭・社会環境を貫く問題の所在の把握が必要と考え、五〇年代に県内の特定地域の教育計画に関する研究報告を次の研究所紀要にまとめた。①『漁村の教育計画—安房郡富崎村に於ける調査—附 二つの教育計画—』一九五四年（第一四集）、②『農村の教育計画—市原郡平三村における調査—』一九五五年（第一七集）、③『漁村の教育計画　第二集　計画篇』一九五五年（第二二集）、④『農村の教育計画—台地農村—』一九五六年（第二六集）、⑤『農村の教育計画—水田単作農村—』一九五六年（第二七集）、⑥『近郊都市の教育計画』一九五六年（第二九集）の計六冊である[21]。⑥を除くすべての教育計画の検討と見直しに大田堯が関与していたのは注目される。このうち標準語教育をめぐる問題が論点になったのは、①と③の漁村（富崎村）の教育計画においてであった。

①は大田研究室から富崎小学校の教師らに宛てた通信、③は富崎小学校の教師から大田研究室に宛てた返信（実践報告）であり、加えて再返信として大田研究室の所見も③には掲載されている。この①と③の資料から、富崎村の教育計画をめぐる研究と実践の相互のやりとりを読み取ることができる。また、大田堯「漁村の教育計画―富崎村調査報告―」[22]や、千葉県教育研究所の所員であった山崎鶴雄の論考[23]などにより、富崎村の教育計画について大田が着目した具体的なケースを知ることができる。主としてこれらの資料に基づき、富崎小学校の標準語教育をめぐる問題に本稿では焦点を当てる。なお、①と③からの引用箇所は、たとえば①の四六―四七頁からの引用の場合、（①四六―四七頁）のように末尾の丸カッコ内に表記することとする。

大田研究室は千葉県教育研究所の協力のもと、一九五三年三月、七月、九月の三回にわたって実施した富崎村調査の報告において、富崎小学校のことばの教育の問題を筆頭に、県基準カリキュラムに基づく教育計画にみられる諸種の問題点の析出を行った[24]。それは、標準語教育をはじめ、生活に根ざす劣等感、子どもの労働、教科学習、子ども郵便局、ＰＴＡ、青年学級など多岐にわたるものであった。同校の「学校日誌」[25]には、大田や院生、研究所の所員らの頻繁な来校記録を確認できる。大田研究室の分析において一貫していたのは、富崎村の歴史的・社会的構造のもと、「浜者」（漁民）と「岡者」（漁民以外）との階層間に大きな溝があると捉え、富崎の教育が村の主体である浜者の生活を素通りして、岡者による上からの働きかけになってしまっているとの問題認識であった[26]。大田は、広島県豊田郡本郷町の本郷プラン以後、村の階層格差などによってもたらされる因襲の克服により焦点を置き、社会改造的な色彩を強めたとされる[27]。当時、富崎村では職業別世帯数六三二世帯中、三九八世帯（全体の六三％弱）が水産業に従事し[28]、沿岸部での釣漁業が主に行われていた[29]。大田らは、富崎村の大部分を占める浜者の立場に立って漁村の教育計画を捉え返し、「真に漁民の中から盛上つて来た力によるものでなく、支配階級たる一部の岡者が上からの力として、働きかけた教育であつたのです」（①四六

―四七頁）と批判的に総括した。また、「教育が働く漁民の生活の中に盛上つて来る力を作り出し、それを見つけ出して伸ばして行かない限り、如何なる新教育も総て、漁民の中に浸み透る事は出来ません」と述べ、「どうか、生きた人間の具体的な生活を、働く漁民のなまなましい喜びや悲しみを教育の出発点として下さい」（①四七頁）と訴えかけた。生身の漁民の生活を考えずに、抽象化された人間の生活を対象とする限り、地域教育計画は上滑りせざるを得ない。こうした視点から、大田研究室は富崎小学校における標準語教育の問題にも切り込んでいくこととなる。

大田研究室による富崎村の教育計画への分析・評価をめぐっては、富崎小学校とのあいだで考え方や実践の進め方に齟齬を来すこともあったのは確かである。[30]ただし、標準語教育に関しては、後述するように、富崎小学校の教師たちが、人により考え方の深さや広さに違いはあったにしても、大田研究室の問題提起を契機としてみずからの実践を振り返り、そこから新たな実践を紡ぎ出していったこともまた確かであった。

第三節　富崎小学校の標準語教育の実際

一九五二（昭和二七）年の千葉県基準カリキュラム「小学校単元表」の国語科では、おおむね学習指導要領に即して、第四学年以降になまりのない話しかたや標準語と方言の違いを理解する学習が目安とされた。[31]当時の富崎小学校では、方言を避けて標準語を奨励する実践が「当然」「自明」のように行われていた。[32]富崎方言の音韻は、①シとス、チとツが区別されないことがある、②シュ、チュは〔sï〕、〔tsï〕となる傾向が強い、③語中・語尾の〔k〕、〔t〕が有声化する傾向がいくらかある、④ダ行音とラ行音がしばしば混同される、⑤〔kwa〕、

〔gwa〕の音節がある、⑥〔ai〕は〔ei〕になる、⑦アクセントは東京語に似ている、などの特徴を有する。(33) 大田研究室は富崎小学校の教育活動を参観した際、次の事例に着目し、ことばの教育のあり方を問題視した。

算数の授業に飽きて騒ぐ一年生の子ども達に、先生は黒板に切り抜き絵をはりつけて気分の転換をはかる。先生は紳子《ママ》風の絵をさして「これは誰でしょう」「おとっつあん」と子ども達、次々に「おっかあ」「ばばあ」と非常に威勢よく答える。これに反し先生は当惑して、参観者の顔を見、気の毒な程惨めな苦笑を洩らす。この先生は完全な標準語を使っている。(34)

富崎小学校では、第一学年の子どもを対象に入学当初から標準語教育が授業の中で意識的に行われていた。教師の標準語での問いかけに、子どもたちは方言で日常的な家族の呼び名を元気よく口にする。教師の「当惑」と「苦笑」は、子どもたちが「おとうさん」「おかあさん」「おばあさん」などと標準語で応答しなかったことを恥ずべきことであるかのように捉えていた証左である。

このほか、大田研究室はK先生が担任する六年生クラスにおける子ども会の準備の様子にも目を向ける。(35) このとき、クラス全員三九名中、発言のなかった子どもは二三名であり、発言のあった一六名中一二名が男子であった。発言傾向や発言者は平常のそれと同様であった。当クラスにおいて精神発達の遅れが認められたのは、男子二名、女子八名であった。大田らは、男子に比べて全体に発言が低調であった女子に焦点を当てて、**表13―1**に示されるように、クラスの女子一七名の授業における発言の有無を、保護者の職業階層、子どもの知能指数、成績（「劣等児」のみ「劣」と表記）とあわせて調査した。なお、表中の職業階層は、「岡上」が政治的・経済的基盤を持つ「旦那」層、「岡中」がサラリーマンや中層商人などを含む層、「岡下」が一定した俸給のな

表 13-1　クラスの女子の発言状況と知能指数・成績・家庭の職業

知能指数	A	B	C	D	E	F	G	H	I	J	K	L	M	N	O	P	Q
	128	114	107	99	98	97	95	93	93	89	89	89	89	86	80	70	不明
発言者○ 無口な子●	○	○	○	●		●	●			●	○	●			●	●	●
成績						劣						劣			劣	劣	劣
職業	漁上	岡中（公務員）	漁中	漁下	岡中（雑貨商・会社員）	岡下（山口県水産課勤務）	漁下	漁下	漁上	漁下	岡上（鮮魚商）	岡中（漁協事務員・商業）	漁下	岡中（船大工）	岡下（生活保護）	漁下	岡下（生活保護）

（備考）大田堯「漁村の教育計画—富崎村調査報告—」（東京大学教育学研究室、1953 年）39 頁より作成。

い層、「漁上」が動力船や網を持つ層、「漁中」が無動力船を持つ層、「漁下」が乗子など船を持たない層を示す。

大田研究室は、子どもの性差や本人の性格特性が発言状況に及ぼす影響については掘り下げていない。大田らがこの調査結果において着目したのは、D・G・Jの無口やKの発言の多さをどう考えるかであった。知能指数からしてDとG（漁下）はなぜ無口なのか、また、K（岡上）がよく発言するのに対し、知能指数が同じJ（漁下）の無口はどこから来ているのか、という問いである。大田らは、よく発言する子どもの多くが標準語に長じ、教師もそれを勧めており、また学習が子どもの生活から遊離している点に原因をみた（①七頁）。そのうえで、次にみるように、富崎小学校の標準語教育が上からの押しつけとなって漁民の子どもをすくませ、方言を封じて自分の生活を語らせないものになっていると痛烈な問題提起を行ったのである（①八頁）。

「ばばあ」、「おつかあ」と言う生き生きした子供の言葉、この漁民の言葉を使わせないで、どうしてこの子供達は自分の生活を語れましょう。子供の経験を大事にし、それを語らせる事は、この言葉によつてしかありません。こう言つた方言を封じる為に、多くの漁民の子を無口にし、精神発達を妨げてしまうと言う様な事になるのではないでしょうか。〔中略〕上からの標準語による国語教育は物を言わせない、又書けない国語教育となり、子供達を縮少《ママ》させて了う様に思われます。無口というのは自分を縮少させる事ではないでしょうか。

第四節　富崎小学校における標準語教育の模索

(一)標準語教育の見直しとことばの解放

富崎小学校の教師たちは、標準語教育に対する大田研究室の指摘を受けて、「反省」とともに「いろいろの疑問」も湧くなか、「職員の間で何回も集まり、県の研究所の方々とも話し合って共通の到達点へ向かおうと努力し」た(③七頁)。そして従来の標準語の指導のあり方を改め、ことばの教育の軌道修正に着手することになる。

まず、一年生クラスの担任Y先生の実践[36]である。Y先生は「『教科書にはぼくと書いてあるが、富崎ではおんだというね。』とおんだをぼくに矯正しないようにし」た。子どもたちは外で遊ぶとき、「おんだ、わらといって活発に動いている」にもかかわらず、教室へ入ると「『おすわり』調のお上品な子ども」に帰ってしまい、「教室内では、おんだと誰かが言うと笑う」という状況であった。そこでY先生は「家の人や自分たちのへいぜい使っていることばが恥ずかしいものではない、教室でもどんどん言ってもよいと教え」、Y先生自身も富崎ことばを使った。すると、「子どもたちの発言が多くなってきただけでなく、子どもの目の色が生き生きとして、動作まで活発になってき」たというのである。

次に、六年生クラスの担任A先生の実践である。A先生は「それぞれの子どもに応じて、一番話しやすいことばで話させるようにし」（③七頁）、「人の言うことを笑ったりしないで、まじめに聞くように指導し」た[37]。もっとも、「学校言葉で話す子ども」には、富崎のことばで話すように注意したわけではなかった。A先生がまず気にかけたのは、「学級内で、誰でも自由に話せるように、ことば使いなどを気にして話せないような子どものないように」することであった。こうしなければ「学級の子どもが何でも話せる仲間になれない」と考えたからである。そのようにして「仲間作りができたら、標準語を指導しょう《ママ》と考え」たのであった（③七頁）。

ところが、こうした標準語教育の見直しは、大きく二つの課題に直面した。一つは、親による標準語教育への要求、もう一つは、子どもたちの「ことばの解放」にともなう指導上の困難であった。

（二）親の標準語教育への要求――直面した課題①

従来の標準語の指導を改めた富崎小学校のことばの教育は、すぐに「親からの反撃」に遭うこととなった（③七頁）。父親が「勤人」で「もらい子」であった三年生の子どもは、「ＰＴＡの授業参観の翌日、先生のところへ、母親が『いいことばを使わしてくれなきやだめだ』といっていたと伝えに来」た（③七頁）。また、「銀行に勤めているある父親」は、以前、館山（旧館山市）の親戚に子どもを連れて行った際、子どもが富崎ことばで話し出すと、「服装ばかり江戸っ子のようでも、ことばは富崎で……」と笑われた経験から、「末の女の子は標準語で……」と考え、家中の者が気をつけているため、この子と外出しても「恥ずかしい思い」はしないと教師に話した（③七―八頁）。標準語教育を求めたのは、岡者の親ばかりではなかった。ある「貧困な漁夫」は、「自分たちは、ＰＴＡの会や村の会合に出席しても、標準語を要領よく使えないため、なかなか発言出来ない。せめて、子どもたちには、標準語を使って自分の意志を自由に話せるような子にしたい」と語った（③八頁）。標準語で話せないために公の場で無口を強いられてきた浜者の親は、本来方言であれば話せたはずの「自分の意志を自由に話せる」手段を標準語に求めたのである。標準語に長けていなければ、自分の声が封じられてしまいかねないと思わせるほどに、村社会の中で貧しい浜者が置かれた境遇は、肩身が狭く閉塞感を抱かせるものであったと受け止めるべきであろう。

富崎小学校の教師たちは、親の標準語教育への要求に、東京―館山―富崎のあいだ、あるいは岡者―浜者とのあいだの「優越感」と「劣等感」が働いているものと捉えた。そうである以上、「親の要求だからといって、ただうのみにして標準語を教えることの危険なこと」を教師たちは自覚していた（③八頁）。ただし、それは標準語を教えなくてもよいということではなく、富崎を離れて就職する子どもたちの前途に待ち構える「ことばの苦労」を見据えたとき、標準語の勉強が必要になってくることも教師たちは認めていた。とくに富崎を離れる子どもたちの就職とことばの問題をめぐっては、具体的に次のような懸念が示されていた（③八―九頁）。

富崎の女子の多くは、中卒後、東京方面に女中奉公に行き、結婚までに働きに出ます。そうした女子が始《マ》め《マ》て休暇をもらって帰ってきた時には、きまってことばの苦労を訴えます。「一番困ったのは、ことばでした。一言話すのにも気をつかい、なれるのに半年ぐらいかかりました。学校時代にもっと標準語を練習しておいたらよかったと思います。」と明子は、恥ずかしい思いをしながら、ずい分苦労してきたことを、Y先生に話したことがありました。光子も、「電話かける時など、つい富崎のことばが出てしまって、先方に分らないので、電話がかかってくると、いつも東京の人に出てもらっています。お客さんが来た時も、出て話が出来ないので、やはり東京の人に出てもらいます。」といっていました。

男の場合でも、不漁につぐ不漁で、富崎の見透しの暗いところから、今まで以上に、漁船の乗組員として、店員や工員として、富崎を離れていく者が増加していくことが考えられます。

一九五四（昭和二九）年度の安房郡市における中学校卒業者の職業調査(38)によれば、富崎を含む南房沿岸地域では、卒業者に対する就職率は男子が五一・三％、女子が一七・六％であった。女子は卒業後、家事従事者（ほとんどが農業従事）が四二・四％でもっとも多かった。男子は就職者一三五人中「漁業及び水産養殖業」が八五人で最多、次いで「工員」などの「製造業」一八人、「運輸通信及び其の他の公益事業」一四人の順で多かった。また、女子は就職者三三人中、いわゆる「女中」として働く「サーヴィス業」が一四人で最多、次いで「小売業及び卸売業」八人の順であった。「漁業及び水産養殖業」に就いた男子の約七六％が自町村内に就職し（六五人）、女子では「サーヴィス業」や「小売業及び卸売業」に就いた者の約八二％が東京都内への就職であった（一八人）。

当時、千葉県の南房沿岸地域では、中学校卒業後、男子の就職者は自町村内で漁業・水産業に従事することが多く、標準語を使えなくてもそれほど支障はなかったと考えられる。同様のことは、卒業後に農業・家事従事のために自町村内にとどまった半数近くの女子についてもいえる。他方、中学校を卒業した女子の中でも二割に満たない就職者については、ほとんどが東京へ働きに出ていた。女子の進路について、先に引用した「富崎の女子の多くは、中卒後、東京方面に女中奉公に行」くとの富崎小学校の認識は、女子就職者に限っていえば、おおむね実態に即した把握であったとみることができる。

留意したいのは、将来の進路に備える意味において、富崎小学校では標準語の必要性が認められながらも、ことばの具体的な指導として「第一に」考えられたのは、富崎ことばについて「不当な劣等感をなくしていく」ことであった点である（③九頁）。この「第一の問題の解決の上に」（③一〇頁）、標準語の指導が考えられていたのであった。次にみるように、一年生クラスの担任Y先生の授業では、富崎ことばを尊重した話しことばから書きことばへの教育実践の展開をみることができる。

書く方では、Y先生は二学期から自分の絵のお話を書くことから、作文を始めました。富崎ことばで書くもの、標準語でまじったものなどいろいろありました。その中で「わたしはきのうおかあさんのおてつだいをしましたら、おりこうさんといってほめられました」と書いた子に話をさせました。「きんにょうの、ちゃーちゃんがの、井戸端で洗濯してたかんの、おんだがの、そばへ行って『水くんでやろか』というとの、ちゃーちゃんが『みち子はいい子だから、いっぺくんでくらっしぇ』といったかんの、水いっぺくんでやったらの、ちゃーちゃんが十円くれた」というのである。この話には初めの「わたしは……」という作文よりずっと内容があり、この子の姿が生き生きと表現されています。Y先生はやはり子どもたちに自分のことばで書かせなければと思いました。しかし、教科書で習うだけでは、「きんにょうの、ちゃーちゃんがの」と富崎ことばを書くことができないのです。そこで教科書できのうと出てくると「富崎ではきんにょだね」と書いてやりました。「木のはがぱらぱらちってきました」は「木のはっぱがおんもりおちてきた」と対照して教えています。[39]

「おんだ」であるみち子が、井戸端で洗濯をする「ちゃーちゃん」のためにたくさん水汲みをしたら一〇円のお小遣いをもらったことを、母子の会話のやりとりとともに富崎ことばで伸びやかに表現した発言と、標準語で書かれたみち子の作文との違いは歴然としている。Y先生は、富崎ことばに長く慣れ親しみ、教科書で習うような標準語が「自分のことば」になっていない状態では、話すこと、書くことから方言を退けてしまうと、子ども自身に子ども不在のことばを話させ、書かせるだけに終わることに気づいていた。「きのう」や「ぱらぱら」といった標準語の表現も、「きんにょ」や「おんもり」といった生活に根ざした方言に翻訳されてはじめて、とりわけ漁民の子どもたちにとって、知性や感性に響くような「自分のことば」となるということであろう。

(三)「ことばの解放」＝「生活の解放」がもたらしたもの――直面した課題②

富崎小学校では、標準語教育の見直しによる「ことばの解放」が「生活の解放」に結びつくために生じてくる子どもの言動の変化にも課題が見出された。一年生クラスの担任Y先生は、次のように述べる（③九頁）。「ことばを解放したら、子どもたちは、おんだ、わらと自分たちの生活を元気よく語りはじめ」、「本来の姿に立ちかえって、教室内で活発に動きはじめ」た。「これは嬉しいこと」であったが、同時に「悩み」の種でもあった。「自分たちのことばをとり返すとともに、お上品さがなくなって、持ち前の大きな声、木のぼりなど粗野な言動もとり返し」たからである。つまり、「ことばの解放が、単にことばに止まらず、彼らの生活の解放になっていること」、「逆に、彼らのことばを批判すると、声も小さくなるし、行動でも不活発にしてしまうことに気がついた」。ところが、一年生であるだけに「何をいってもよい、何をしてもよい」との姿勢が子どもたちに端的に表れたことを「ありがたからぬ副産物」と捉えるようにもなっていた。

このように富崎小学校では、「ことばをよくすることは、とりもなおさず、子どもたちの生活をよくすることだ」（③一〇頁）との認識が生まれていた。以前、教師たちが「悪いことば」を調査し、先生と子ども会が「悪いことば」、たとえば「うぬ」「にし」（二つとも「君」にあたる）や、「このかってぼ」（罵倒のことば）などをなくそうとしたことがあった。しかし問題は「このことばとともにあったよくない対人感情、それを生むような人間関係をよくすること」（③一〇頁）であったと思い至った。このことは、富崎小学校において、ことばの問題から「対人感情」「人間関係」といった生活指導の問題への着眼点の変化がみられたことを意味する。おそらく前述した六年生クラスの担任A先生の実践に関連して、「標準語の指導は、仲間関係ができてからというように考えていましたのが、非常に形式的で、機械的に割り切った考えだと気がついてき」たとし、「仲間関係が標準語の指導と無関係なように考えるのも誤り」（③一〇頁）であると省みていることからも明らかである。

富崎小学校の教師たちが「ことばの解放」＝「生活の解放」という視点を得ていたこと、ことばの背後にある子どもたちの「人間関係」「仲間関係」への着目がみられたことは注目に値する。ただし、ここで重要なのは、ことばの問題と生活の問題とをどのような相互連関のもとに捉え、指導につなげるかにあったと思われる。大声や木登りなど教師の目に「粗野」と映る言動や、相手を「罵倒」することばについて、ことばの解放がもたらした「ありがたからぬ副産物」とみなされるとき、ことばの教育はともすれば、子どものことばづかいを改めさせることによって生活を改めさせるといった、教師による生活の管理・統制の発想にも陥りやすい。

この点について、富崎小学校の実践報告を読んだ大田研究室は、「しんけんにことばの問題に取り組まれていること、よく考えておられることがわかります」（③一〇頁）と評価したうえで、次のような所見を述べた。すなわち、「一般に、ことばの問題で注意しなければならないことは、ことばの使い方だけで子どもをかえるというように、問題をあまり技術的に考えていくと誤りがおきやすいということ」である、「標準語か、土地のことばか、問題はそこにあるのではなく、教室のなかで本当のことがいえるかどうか」、「思うことが自由にいえるという雰囲気を作ることが根本であ」り、「それは人間関係を正しくしていくこと」であるというのである（③一〇―一一頁）。また、「その場で思いついたことを、無責任に、方言でしゃべるのは解放ではなく、あまやかしたにすぎ」ず、「しんけんに思いつめたことが、標準語のわずらわしさにとらわれないでいえるというところに、方言の価値を見出すべき」とも大田らは主張している（③一〇―一一頁）。

しかしながら、子どもの場当たり的な、あるいは真剣さが足りないようにみえる（大田らがいうところの「無責任」な）発言の中にも、とりわけ漁民の子どもが自分を表現したい初発の思いの現われ――たとえ洗練されたものでなかったとしても――があるとみなすことはできる。それをことばの解放とは別物の「あまやかし」だとして安易に退けてしまうことには、慎重でなければならないことはいうまでもない。子どもが真剣に考えていることを自由に話せること、その話をクラスの皆もまた真剣に考え合うこと、そのための表現活動として方言で話すことの価値が見出されるべきことを、大田研究室は期待した。標準語か方言かという二項対立を超えたところに、ことばの問題が捉え返されたのである。教室内に「本当のことがいえる」「思うことが自由にいえる」雰囲気をつくり、子どもたちの「人間関係を正しくしていく」ことが事の本質であると考えられていた。ここに生活綴方実践に通底する視座を読み取ることもできるだろう。実際、大田の話しことばにおける方言の価値の重視については、富崎村調査の翌一九五四年からの西堀青年学級（埼玉県北足立郡土合村）における「ロハ台」の仲間との生活綴方的方法による実践に相通じるものがある[40]。

以上のような仲間づくり・人間関係づくりという生活指導の視座は、富崎小学校がことばの教育実践を通じて辿り着いたそれと重なる。大田らと富崎小学校の教師たちが、緊張感のある対話を重ねながら、方言の値打ちを損ねることのない標準語教育をともに模索するなかで見通していたのは、教室内に持ち込まれた岡者と浜者との階層的な差異を直視し、村社会に根づいた両者間の「優越感」と「劣等感」の解消に向けた、新たな子ども同士の関係性の構築であったといえるだろう。

まとめに代えて――ある漁民と大田堯との出会い

一九五〇年代初頭、標準語と方言の併用と場面による使い分けを推奨した文部省の話しことばの方針を超えて、地方の学校現場では標準語教育を率先して進める例がみられた。千葉県の漁村にある富崎小学校でも、方言を避けて標準語を奨励する教育実践が自明のごとく行われていた。東京大学の大学院生らを率いて一九五三（昭和二八）年に富崎村調査を実施した大田堯は、富崎小学校の標準語教育が漁民の中に無口な子どもを生み出している問題を析出した。これを受けて、同校の教師たちの実践の振り返りと模索が始まった。標準語の指導を求める親の要求との板挟みのなかで、教師たちは将来、離村して就職する場合に備えた標準語教育の必要性を認めながらも、富崎ことばの尊重と「不当な劣等感」の解消を何より重視すべき課題と考えた。やがて「ことばの解放」と「生活の解放」との結びつきから来る子どもたちの言動の奔放さにも対峙しつつ、問題の根本は子どもが思うことを自由に発言できる人間関係づくりにあるという点において、教師たちは大田研究室と認識を共有するに至った。標準語と方言とのあいだの対立軸を超越・包含した、生活指導の次元へと向かう実践の方向性がそこにはあった。漁村の社会構造に由来する階層意識から子どもたちを解放し、真剣に思い詰めたことを互いに共有できる関係づくりへの展望を、岡者である教師との出会いを通じて、大田は獲得していたのである。

それでは、大田にとって、浜者である漁民との出会いはどのようなものであったのだろうか。大田は富崎村の教育計画の検討にあたり、「真に漁民の中から盛上つて来た力」（①四六頁）を捉えるべく、漁民の生活世界に進んで入り込むことはしなかった。ただし後年、大田は著書『教育とは何かを問いつづけて』（一九八三年）

の中で、一九五一年頃（一九五三年頃の誤りか）の「漁民からの告発」の衝撃について書き記している。[41] 千葉県の漁村での「多分二回目の調査のとき」とあるから、五三年七月の富崎村調査の時期と推測される。大田が富崎小学校とみられる漁村の小学校のＰＴＡで話をした際、「色の白い」岡者の母親たちに一人混じって、「ひときわたくましく赤銅色の肌をした漁夫」が大田のすぐ前でじっと話を聴いていた。大田が無事に話し終わって質問を受け付ける場面で、その中年の漁民が手を挙げて司会者に指名されたとき、大田は何を言うのかと思い、「じつのところ私はギョッとし」たと率直に書いている。漁民は、質問ではないがと断って、自分はこの小学校で学んだ者であると話し、小学校四年の国語の時間に、先生に促されて「顔」を「ツラ」と発音したら、できる子どもにどっと笑われ、先生には「だめだばかだ」というようなことを言われ、以来、学校へ行くのも嫌になったなどと訴えたのであった。この漁民は当時、事物の意味するところをきちんと理解していた。大田はこのような漁民からの告発のエピソードを通じて、日本の公教育の思想や教師の思想を問うとともに、「それまでのもっともらしい社会調査の枠をもふみ超えた真実の吐露への直面とでもいうべき出来事」であったとみずからを省みている。

富崎村調査の実施当時、村の主体と位置づけられた漁民と大田自身とのあいだには、いまだ詰めることの困難な距離がおそらくあった。大田は生身の漁民をどこかで恐れ、その存在に圧倒されていた。ＰＴＡの講演で、一人の漁民が大田に突きつけたのは、血肉となったことばとそれを話す人間がさげすまれる教育の場とは一体何であるのかという根源的な異議申し立てであった。この出来事は、大田が社会調査の場面では十分な実感を持てずにいたであろう「働く漁民のなまなましい喜びや悲しみ」（①四七頁）に触れた瞬間でもあったはずである。富崎小学校の教師だけでなく、富崎村の漁民たちとも真に渉り合う、ことばの教育と生活指導の実践へと開かれた地域教育計画の再考の可能性が、ここにこそあったといえないだろうか。大田は、生き生きとした子どものことばと生活とを封じる漁村の教育に疑義を呈したが、そもそも、浜者として生きる人々の具体的で切実な労働と生活の中から湧き上がる「真実の吐露」としての要求や声に、大田自身が、また教師自身が、当時どれほどの深さで耳を傾けることができていたのか、そこが問われなければならない。

注

（1）富崎小学校の沿革は次のとおり。一八七四年布良《めら》村龍樹院・相浜村蓮寿院仮校舎にて開校、八七年布良・相浜両校を統合し、布良尋常小学校と改称、八九年布良・相浜両村を合併、富崎村と称し、校名を富崎小学校と改称、九三年富崎尋常高等小学校、一九四一年富崎国民学校と改称した。四七年新学制実施により富崎村立富崎小学校となり、五四年館山市に合併、館山市立富崎小学校となった。二〇一二年に休校、一七年に閉校となり、神戸小学校との統合により館山市立房南小学校が開校した（館山市教育委員会提供の沿革史などを参照）。

（2）小国喜弘「方言教育の戦後―無着成恭の『山びこ学校』を手がかりとして―」『ことばと社会』第七号、二〇〇三年。

（3）小熊英二『〈民主〉と〈愛国〉―戦後日本のナショナリズムと公共性―』新曜社、二〇〇二年、三七八頁。

（4）小国喜弘「方言をめぐる言語政策と教育実践」『ことばと社会』第八号、二〇〇四年。なお、戦後沖縄の標準語教育（運動）を扱ったものに、小国「戦後沖縄と国民教育―反復される記憶―」（『アジア遊学』第五三号、二〇〇三年）、小国『戦後教育のなかの〈国民〉―乱反射するナショナリズム―』（吉川弘文館、二〇〇七年）第五章「反復される記憶―地理的統合とポスト植民地主義―」、および長谷川精一「『戦後』沖縄における『標準語』指導」（『相愛大学研究論集』第三〇巻、二〇一四年）などがある。

（5）永田和寛「冷戦の中の綴方復興―国分一太郎にとって生活綴方とは何か―」（駒込武編『生活綴方で編む「戦後史」―〈冷戦〉と〈越境〉の一九五〇年代―』岩波書店、二〇二〇年、第二章）。

（6）本稿は、教育史学会第六三回大会（二〇一九年九月二八日、静岡大学）における口頭発表「1950年代初頭の漁村にみる標準語教育の模索—千葉県安房郡富崎小学校の実践と東京大学大田堯研究室のかかわりを軸に—」をもとに執筆したものである。

（7）小学校学習指導要領・国語科編については、話しかた、話すことの学習指導における「標準語」「共通語」「全国に通用することば」「方言」「なまり」などの扱いに関する項目を対象とする。

（8）文部省『昭和二十二年度（試案）学習指導要領　国語科編』中等学校教科書株式会社、一九四七年。

（9）文部省『昭和二十六年（一九五一）改訂版　小学校学習指導要領　国語科編（試案）』中央書籍、一九五一年。

（10）文部省『小学校国語学習指導要領—文部省告示（昭和三三年一〇月一日）—』東京書籍、一九五八年。

（11）文部省『方言と国語教育』一九五三年、五頁。

（12）同前書、七頁。

（13）同前。

（14）福間良明『辺境に映る日本—ナショナリティの融解と再構築—』柏書房、二〇〇三年、七八—八一頁参照。

（15）前掲書『方言と国語教育』、一八—一九頁。

（16）標準語教育論争とは、近藤国一の「標準語教育に関する質問書」が『実践国語』誌上に掲載されたことを機に展開された論争のことである。本論争については、安田敏朗『〈国語〉と〈方言〉のあいだ—言語構築の政治学—』（人文書院、一九九九年）第三章第四節に詳しい。

（17）近藤国一「〈時評〉標準語教育に関する質問書」『実践国語』第一五巻第一六一号、一九五四年。

（18）近藤国一「ことばなおしの運動—秋田の実践活動—」（『実践国語』第一六巻第一七五号、一九五五年）、原田大樹「昭和三〇年代の鹿児島県における共通語指導—『ことばのほん』を中心に—」（『日本教科教育学会誌』第三三巻第一号、二〇一〇年）などを参照。

（19）千葉県教育研究所編『千葉県基準カリキュラム　第四部　小・中学校の部　単元表と展開資料改訂試案—後期—』教育文化研究会、一九五二年（千葉県立中央図書館所蔵）、三頁。

（20）千葉県教育研究所編・発行『基準カリキュラムの地域化』千葉県教育研究所研究紀要第一〇集、一九五二年（千葉県立中央図書館所蔵）、四頁。
(21) 第一四集は和洋女子大学メディアセンター所蔵、その他は千葉県立中央図書館所蔵の冊子を閲覧利用した。
(22) 大田堯「漁村の教育計画―富崎村調査報告―」東京大学教育学研究室、一九五三年。本資料の複製（欠頁あり）を東京大学教育学部図書室において閲覧した。
(23) 山崎鶴雄「漁村の小学校にみる進路指導の問題―標準語と方言の問題をめぐって―」『教育技術』第一〇巻第一二号、一九五六年。なお、山崎の論考では、大田堯研究室を「T大の調査団」と記している。
(24) 大田研究室による富崎村の教育計画へのかかわり全般については、鳥居和代「1950年代の漁村の教育計画―東京大学大田堯研究室の千葉県安房郡富崎村調査から―」（『教育実践研究』第四五号、二〇一九年）参照。
(25) 富崎小学校「昭和二十八年度　学校日誌」（館山市立博物館本館所蔵）。
(26) 前掲「漁村の教育計画―富崎村調査報告―」、六頁参照。
(27) 小国喜弘「本郷プラン後の地域教育計画―若き日の学問の模索―」（上野浩道・田嶋一編著『大田堯の生涯と教育の探求―「生きることは学ぶこと」の思想―』東京大学出版会、二〇二二年、第一章）。
(28) 前掲「漁村の教育計画―富崎村調査報告―」、六―七頁。
(29) 千葉県総務部統計課『沿岸漁業臨時調査の結果概要（臨時漁業センサス）昭和三三年一一月一日現在』一九五九年、一一一―一一二頁。漁業種類別経営体数では、釣漁業は一〇一と最多であった。
(30) この点について詳しくは、前掲「1950年代の漁村の教育計画―東京大学大田堯研究室の千葉県安房郡富崎村調査から―」参照。
(31) 前掲『千葉県基準カリキュラム　第四部　小・中学校の部　単元表と展開資料改訂試案―後期―』による。
(32) 富崎小学校では従来、標準語の奨励と指導は「当然」かつ「自明」とされ、「標準語指導を考えるより、まず子どもたちのことばを大切にしよう」との意見に対して最初かなり強い反発があったという（③六頁、六八頁）。
(33) 富崎村（布良）の方言音声については、日本放送協会編『全国方言資料』CD―ROM版、第二巻関東・

甲信越編（ＮＨＫ出版、一九九九年）一九七―二三四頁参照。
(34) 前掲「漁村の教育計画―富崎村調査報告―」、五〇頁。
(35) 同前、三八―四〇頁、前掲「漁村の小学校にみる進路指導の問題―標準語と方言の問題をめぐって―」、①五―七頁などを参照。
(36) 前掲「漁村の小学校にみる進路指導の問題―標準語と方言の問題をめぐって―」。
(37) 同前。なお、山崎の論考では、六年生クラスの担任は「Ａ先生」とあるが、③の『漁村の教育計画　第二集　計画篇』では「Ｙ先生」とある。本稿では一年生クラスの担任Ｙ先生との混同を避けるため、Ａ先生と記す。
(38) 千葉県安房教育研究所『安房地方に於ける教育の現況（紀要第一号）』一九五六年（安房教育研究所所蔵）、一八六―一九四頁参照。
(39) 前掲「漁村の小学校にみる進路指導の問題―標準語と方言の問題をめぐって―」。
(40) 大田堯「農村のサークル活動」一九五六年（大田堯『地域の中で教育を問う』新評社、一九八九年所収）を参照。大田は、青年たちが土地のことばで語り合う場面を「話し合いの記録」として大田自身が綴ることから始めた。この意味で西堀青年学級は本来、青年たちの方言による話しことばの実践でもあったと位置づけることができる。
(41) 大田堯『教育とは何かを問いつづけて』岩波書店、一九八三年、八九―九二頁参照。

〔付記〕本研究はＪＳＰＳ科研費（課題番号一七Ｋ〇四五三四）の助成を受けたものである。

あとがき

本書は、筆頭編者である米田俊彦先生が、二〇二四（令和六）年三月末日をもってお茶の水女子大学を定年退職されるにあたり、戦後教育史をメインにした論集の刊行を企画したことに始まる。本書の出版企画に際して、鳥居和代（金沢大学）、齋藤慶子（日本女子大学）、大多和雅絵（川口短期大学）、松島のり子（お茶の水女子大学）の四名が企画趣旨と基本方針を検討し、執筆者を募ったところ、編者を含めて一三名と多くのOGが企画に参加することになった。こうして集まった原稿一本につき、米田先生をはじめ編者三名を充て、原稿の形式・内容の確認作業を分担して行った。そして各執筆者にコメントを返し、適宜修正のうえ原稿の再提出をお願いすることにした。著者校正は初校までと決まっていたため、入稿までに可能な限り原稿の完成度を高めておく必要があったからである。

このようにして編まれた本書は、各部・各章のタイトルに示されるように、研究対象もテーマもバラエティに富んでいる。これは「学生の研究テーマを尊重し、学生が決めたテーマでの論文執筆を指導、支援してきた」（本書「まえがき」）米田研究室の伝統ともいうべきスタイルを出発点として、そこから各自が研究の射程を広げてきた結果と考えている。このように多種多様な研究テーマを掲げる人たちが、戦後教育史の新たな側面を明らかにしたり、また戦前・戦中期を主に扱う場合でも、そこで明らかになったことがらをふまえて戦後教育史への展望や見通しを示したりすることを意識しつつ、論集の執筆にあたったはずである。戦後教育史をひらこうとする個々の挑戦が、収録論文においてどれほど実を結んでいるかは、最終的に読者のご判断に委ねたい。

本書の編集にかかわって、米田先生の教育史研究に通底するスタンスについて、これまで感じ取ってきたことを以下に書き留めておく。それは、いわゆる相対主義に対して、あるいは特定の立場にくみしていながら相対主義を装う態度に対して、厳しくあらがう研究姿勢である。教育をめぐる価値観もいっそう多様化しつつあるなか、自らの立場性をあいまいにし、どこに立ってものを見たり考えたりしているのか無自覚なままか、無自覚なふりをしたままで、または第三者的な立場を決め込んで高みに立ったままで、教育の歴史事象を扱う態度とは一線を画した研究への向き合い方を貫くということでもある。この場合、個々の研究対象に臨む際に、いったん自らの立ち位置を明確に意識したうえで、それをいかに突き放して客観的・実証的に教育の歴史を叙述するかが、一人ひとりに問われることになる。もちろん、個々の立場性を前面に押し出した議論は、とりわけ厳密な実証を手法とする歴史研究にあっては、慎重でなければならないだろう。しかしそうであるにしても、自らが拠って立つところの見方や考え方を一度はっきりさせ、同時に歴史資料と対峙するなかでその立場性と厳粛に距離を置きながら、自らの歴史認識を鍛え上げていくことは、実証主義の立場と矛盾するどころか両立さえする。このようなスタンスに立って、研究対象と誠実に向き合おうとする一連の粘り強い作業を積み重ねてこそ、教育史研究者が書くもの・語るものに客観性と説得性とが保証されるとはいえないだろうか。少なくともそう信じたい。

本書のカバーに使用した絵画は、藤田嗣治（ふじた つぐはる／レオナール・フジタ 一八八六―一九六八）による一九四九年の作品《猫の教室》である。一九二〇年代にパリ画壇で脚光を浴びた「乳白色の下地」の技法で知られる藤田は、一九三〇年代に中南米の国々や日本での活動を経てフランスに戻るものの、まもなく第二次世界大戦が勃発すると日本に帰国し、《アッツ島玉砕》（一九四三年）に代表される戦争画の制作に従事した。しかし、日本の敗戦後は美術界の戦争責任が問題とされるなか、藤田は失意のうちに日本画壇を去り、再びフランスに渡ることになる。藤田の《猫の教室》は、フランスへの入国が可能になるまでのニューヨーク滞在期間中に描かれた戦後初期の作品の一つであった。「この作品の中の猫たちは、人間のように学校の教室で勉強をしている。質問をする教師、真面目に答えている子、後ろを向いている子、ケンカをする子たち、床に寝そべる子までいる。ありふれた学校の楽しい日常の一コマは、平和が回復した時代への喜びを伝えているかのようだ」との解説もある（軽井沢安東美術館編『藤田嗣治　安東コレクションより　猫の本』世界文化社、二〇二三年、九頁）。藤田が描く擬人化された《猫の教室》の風景には、冷戦体制が進みつつも、平和の訪れを人々に期待させた〝戦後〟の始まりの解放感に満ちた教育への願いと祈りが込められているのかもしれない。本書の刊行にあたり、《猫の教室》の画像を提供してくださった軽井沢安東美術館、およびフランスの著作権管理団体（ＡＤＡＧＰ）への許諾申請の手続きでお世話になった日本美術著作権協会の関係者の皆様には、深く感謝の意を表したい。

末筆ながら、これまで米田研究室のＯＧたちの学位論文の書籍化を少なからず手がけ、このたびの論集の出版企画についても快くお引き受けくださった六花出版の山本有紀乃代表、そしてきめ細やかに編集・校正作業を進めてくださった同社編集部の黒板博子さんと岩崎眞美子さんに、この場を借りて厚くお礼申し上げたい。

編者を代表して　鳥居　和代

執筆者紹介（執筆順）

まえがき／序章　米田 俊彦（よねだ としひこ）　お茶の水女子大学名誉教授

第 一 章　橋本 萌（はしもと めぐみ）　信州大学教職支援センター助教

第 二 章　桜井 恵子（さくらい けいこ）　元小田原短期大学保育学科教授

第 三 章　松島 のり子（まつしま のりこ）　お茶の水女子大学基幹研究院人間科学系講師

第 四 章　奥村 典子（おくむら のりこ）　聖徳大学教育学部児童学科教授

第 五 章　齋藤 慶子（さいとう けいこ）　日本女子大学人間社会学部教育学科教授

第 六 章　宇津野 花陽（うつの かよう）　白鷗大学教育学部准教授

第 七 章　吉岡 三重子（よしおか みえこ）　立教大学立教学院史資料センター助教

第 八 章　金 智恩（きむ ちうん）　お茶の水女子大学グローバルリーダーシップ研究所特任講師

第 九 章　山崎 奈々絵（やまざき ななえ）　聖徳大学大学院教職研究科教授

第一〇章　河田 敦子（かわた あつこ）　東京家政学院大学現代生活学部教授

第一一章　萩原 真美（はぎわら まみ）　琉球大学博物館協力研究員

第一二章　大多和 雅絵（おおたわ まさえ）　川口短期大学こども学科専任講師

第一三章／あとがき　鳥居 和代（とりい かずよ）　金沢大学人間社会研究域学校教育系教授

戦《せん》後《ご》教《きょう》育《いく》史《し》をひらく

編者——米田俊彦・鳥居和代・齋藤慶子・大多和雅絵・松島のり子

発行日——二〇二四年一一月二五日　初版第一刷

発行者——山本有紀乃

発行所——六花出版

〒一〇一-〇〇五一　東京都千代田区神田神保町一-二八　電話〇三-三二九三-八七八七　振替〇〇一二〇-九-三二三五二六

校閲——黒板博子・岩崎眞美子

組版・印刷——モリモト印刷

製本所——青木製本

装丁——臼井弘志

ISBN978-4-86617-250-7　